The Unique World

方
寸

方寸之间　别有天地

大英博物馆

东南亚简史

A HISTORY IN OBJECTS

SOUTHEAST ASIA

［英］亚历山德拉·格林——著

Alexandra Green

花蚀——译

社会科学文献出版社

SOCIAL SCIENCES ACADEMIC PRESS (CHINA)

目 录

东南亚

中国
福建
台湾
广东

南 海
岘港
会安

南

科迪勒拉
吕宋岛
太 平 洋
马尼拉
民都洛岛

菲 律 宾

棉兰老岛

加拉毕高原
沙巴
塔劳群岛
伊甘河
文 莱
沙捞越
巴兰河
拉让江

三发
加里曼丹岛

马鲁古群岛

苏拉威西岛
印 度 尼 西 亚
马马萨
塞兰岛
安汶

望加锡
乌鲁良
（乌戎潘当）
卡伊群岛

孙多罗火山
阿贡火山
登安南佩格林辛甘
里塔贝尔
塞梅鲁火山
龙目岛
索洛岛
塔宁巴尔群岛
巴厘岛
卡马桑
乌布
松巴岛
东 帝 汶

＊本书中插附地图系原文插附地图

前　言

　　东南亚成为一个特定的区域概念是在第二次世界大战之后，如今，它几乎被 1967 年成立的东南亚国家联盟（简称"东盟"）所囊括。这个区域分成两个不同的部分：大陆区域，包括缅甸、泰国、柬埔寨、老挝和越南；岛屿区域，包括印度尼西亚、马来西亚、文莱、新加坡、东帝汶和菲律宾。两个部分都是讲多种语言的不同族群的家园，即使在今天，大型复杂社会依旧和小型狩猎采集社区在此共存。鉴于"东南亚"一词包含的语言、宗教、社会和文化极具多样性，同时这一地区与中国南方、印度东北部、斯里兰卡还有马达加斯加存在着牢固的文化联系，人们对"东南亚"一词的有效性进行了大量讨论。即便如此，东南亚内部在文化、历史和物质上依旧有着清晰的联系。

　　东南亚的多样性源于地理的多样性，源于独特的多河流、多浅海（2）、多高山的环境与人群之间的相互作用：河流和浅海为这种作用提供了便利，高山则带来了阻碍（1）。水稻成为低地居民（3）的主要淀粉来源，而在高山或者部分岛屿区域（尤其是印尼东部岛屿）难以种植这种作物，这里的人群主要依靠西米、木薯或旱稻度日。东南亚资源丰富，盛产丁香、檀香之类在其他区域找不到的物产，本地居民在故土获取、使用它们，并开发了交换路线（5）。斗转星移，这些交换路线组成网络，在东南亚及其他区域持续扩张。作为南亚次大陆与中国之间的海路要冲，东南亚成了贸易中心，每年都会出现的稳定季风，迫使东来西往的客商必须在这里盘桓数月，等待顺风来临，才能前往目的地。国际化的港口和城市也因此发展，

1. 泰缅边境附近的山地，位于泰国夜丰颂（Mae Hong Son）府
多条南北向的大河流淌过东南亚的大陆区域，湄公河、红河、伊洛瓦底江和湄南河及其支流造就了适宜种植水稻的低地河流平原。图中所示的高地河流以及茂密的热带丛林，构成了陆路旅行的主要障碍。这些山区不适合发展大规模农业，因此带来了沿海、河流民族与高地、内陆民族之间的文化差异。时至今日，高地地形依旧养育着规模较小的半游居社会。

尤其是历史名城巨港、马六甲、文莱*、莫塔马（马达班）、阿瑜陀耶、会安以及近现代繁荣起来的岘港、雅加达（巴达维亚，6）、新加坡。在这里，阿拉伯人、泰米尔人、古吉拉特人、华人、东南亚人以及后来的西方人进行了互动和融合（7）。开放的东南亚，将新思想不断融入当地文化框架，创造了无数艺术形式。当然，思想和信息的流动是相互的，术语、技术和艺术形式的广布，证明它们背后的思想也在流传。

对东南亚人来说，世界上居住着无数看不见的精魂、祖灵、恶魔和神祇，它们同来自印度次大陆的印度教、佛教的概念及图像融合，与通过阿拉伯人、印度穆斯林商人传播的伊斯兰信仰交织，当然也混入各种基督教派中。直到如今，东南亚的艺术依旧无法和手工艺、表演或者日常生活分开，它由社会各阶层创造，又服务于各个阶层。一种材料也不一定比另一种更艺术，持久或速朽，昂贵或

易得，都被用于不同的场景——从供奉神灵的石头庙宇，到抬高门望的宗祠木雕，再到日常使用的漆器、树叶编织的祭物、辟邪的文身、实用或用于装饰的篮筐、各种戏剧使用的面具和木偶。物品最重要的功用是展示社会等级和地位，让某个场所更恢宏或强力，同神灵和精神世界沟通，祭祀祖先以获取对家庭、社会乃至世界的当前保佑和未来加持。东南亚的艺术家通常不会在自己的作品上签名，许多类型的文物都是合作的产物。自 19 世纪以来，为艺术而艺术的生产不断增加，人们用艺术记录特定事件，例如越南的抗美救国战争以及当时的越南社会（7）。如今，东南亚当代艺术亦在蓬勃发展。

自 18 世纪末起，欧洲人开始设法获取东南亚各种文化的创作，到了 19~20 世纪，这些艺术品被越来越多地捐赠给了博物馆。大英博物馆的藏品是根据 19~20 世纪殖民统治下东南亚的区域划分来组

2. 帕达尔（Padar）岛景观，位于印度尼西亚科莫多（Komodo）群岛东努沙登加拉（East Nusa Tenggara）省

东南亚的半岛和岛屿群，是地质稳定区和板块冲撞造就的地震带的结合，从苏门答腊岛向马鲁古群岛、苏拉威西岛穿越菲律宾再向北形成了火山弧。像爪哇岛的一些区域，拥有肥沃的土壤和适宜的季风气候，能够养育高密度的人口。但在火山区域之外，岛屿缺乏肥沃的土壤，只能养活少量人口，例如加里曼丹岛中部就是如此。浅海和红树林环境是海洋游猎民族［例如罗越人（Orang Laut）］占据的领土，他们在历史上是海洋物产和海军士兵的提供者。

3. 印度尼西亚巴厘岛的稻田

稻米是东南亚种植最广的粮食作物，有数千个品种，可以种植在水淹田、沼泽地区、梯田或是山坡上。稻米种植是劳动密集型产业，产量很高，尤其是在低地的水田。稻米的种植，在 2500 多年前为阶级社会的出现提供了物质基础，并创造了土地统治者一直延续到 20 世纪的对劳动力的渴求。

织的，这也体现在本书的结构中（20 世纪 60 年代以来，印度尼西亚的巴布亚省和西巴布亚省在博物馆的文化分类中被归入大洋洲，因此不在本书范围内）。因此，东南亚藏品与殖民历史相关，尤其代表了英国人作为殖民者或商人介入的国家及地区：缅甸、马来西亚（包括东马来西亚的沙巴州和沙捞越州）、爪哇岛、苏门答腊岛和泰国。不可避免的是，这些藏品反映的是收藏家和策展人的兴趣及想法，而不是东南亚人的喜好。例如，斯坦福·莱佛士爵士（Sir Stamford Raffles，19 世纪初英国东印度公司的官员）收集了大量爪哇岛上制造的印度教、佛教的金属造像等小型金属物件（4），不光因为便携，也因为在欧洲的标准下这些物品更能体现它们背后的辉煌文明，将它们分成一个文化组别也遵循了现代欧洲的科学收藏准则。同样，英国殖民统治者查尔斯·霍斯（Charles Hose）参与了对加里曼丹岛猎头习俗的镇压（他试图用赛艇比赛取而代之），因此能够在 19 世纪末至 20 世纪初收集大量猎头装备。20 世纪后期，

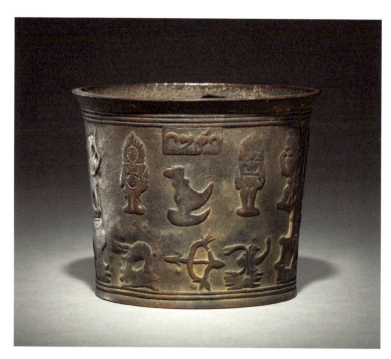

4. 装饰着黄道十二宫和天界形象的碗

在东爪哇的腾格里地区以及巴厘岛，这样的仪式碗用来装圣水，但我们不知道这种器物在14世纪首次出现时的作用。碗上通常有两排形象，下排是从水瓶座到摩羯座的黄道十二宫，上排可能是代表天上星座的神圣形象。许多早期的碗上，上排都有个日期，表明它们被用在特定的事件中，这一件的日期位于鸟的上方。

1329
印度尼西亚，东爪哇
铜
直径 14.5 厘米，高 11.4 厘米
威廉·莱佛士·弗林特
（William Raffles Flint）捐赠，
斯坦福·莱佛士收藏
馆藏编号 1859,1228.139

大英博物馆从马来木偶师托·阿旺·拉（Tok Awang Lah）那里收购了一些哇扬皮影，又从越南收购了陶瓷作为丰厚中国陶瓷收藏的补充。东南亚藏品中有很多是在特定时刻入藏的，而非随着时间的推移系统收集，因此它们更通常呈现为众多东南亚文化的"快照"，而不是变化世界的完整记录。

　　尽管如此，书中讨论的物品依旧丰富地展示了东南亚亘古至今民族、文化、材料和技术的多样性。虽不能面面俱到，本书的各章还是由东南亚历史的几大主题贯穿：山水、地理、贸易、交流、跨文化互动、精神、祖先、宗教兼容性以及社会和政治结构。第一章探讨了东南亚的古代，着眼于不断变化的社会结构、材料的使用和技术的发端，在一些特殊的地点出现了一些共同的趋势，其中一些持续到20世纪。第二章讨论了王国与早期帝国的崛起和繁荣，见证了东南亚先人加入广阔的印度教–佛教文化圈，接触新思想并对其

5. 丁香船

丁香原产马鲁古群岛，是香料贸易的主要原动力。这样的模型船，是用一粒粒的丁香穿绳编成的，几百年来常被作为赠礼。它在原产地是否会作为祭祀用品不得而知。船对东南亚来说有着巨大意义，既满足了从渔猎到奴隶贸易的生计需求，也在社会和信仰系统中占据了重要地位。

印度尼西亚，马鲁古群岛

丁香、纤维

长 58 厘米，高 30 厘米

馆藏编号 As1972,Q.1944

进行改造，以适应当地政治和宗教需求的过程。随后伊斯兰教出现了，顺着商路蓬勃发展。第三、第四、第五、第六章并非以时间线索排序，它们着眼于自约 1500 年至今东南亚社会的方方面面。这并不是在暗示这几百年间的东南亚文化是永恒和不变的，它反映的是热带气候下物品的短暂寿命，这使得想要用物品来展现完整历史无比困难。第三章从货物、商品、社区和艺术的角度讨论了帝国的外交和贸易。第四章讨论了传统、习俗、信仰的系统和文化表达方法——其中的一些存续至 21 世纪，而另一些伴随着东南亚的现代化而过时。第五章和第六章聚焦于几个尤为重要的艺术形式：故事、戏剧、织物和编篮。它们可作为许多 1500 多年前的叙事延续至今的代表。

鉴于戏剧的短暂性，它的历史并不十分明晰。但自 15 世纪起，许多地区文本、游客笔记以及石头上的浮雕，揭示了它的盛行。多

The City of BATAVIA in the Island of Java and Capital of all the Dutch Factories & Settlements in the East Indies.　I　La Ville de BATAVIA en l'Isle de Java et Capitale de tous les Comptoirs et Établissements Hollandois dans les Indes Orientales.

样和创新的织物，是东南亚的伟大成就之一。不太为人所知的是编篮，这是个相对被忽视的领域，但对东南亚人来说它同时具有实用和象征双重用途。最后的第七章，探讨了第二次世界大战后出现的众多趋势中的部分代表，特别是殖民主义的终结和现代民族国家经常陷入的困境。旅游业的蓬勃，现当代艺术运动的发展，传统手艺的消逝，新材料的实际应用，全球化的深入，都影响了东南亚，但这些现代趋势同样依旧在适应东南亚人，依旧在他们的概念框架下被塑造成形，就像几千年来一再发生的那样。

本书中的所有物品都代表了一系列点子、材料、信仰和技术的结合，使得人类能够创造文化的奇观。年复一年，这些创造被重新制作以适应新来者，它们的变化因环境与人类的共同作用而无法一一记录。为了便于查阅，本书经常标示一些物品与特定的民族国家相关，但其中的许多国家实际上直到 20 世纪才出现。

6. 爪哇岛上的巴达维亚，荷属东印度群岛诸殖民地的首府，扬·范·赖恩（Jan van Ryne）绘制

1619 年，荷兰东印度公司在爪哇岛西北的海岸上建立了一个港口，命名为巴达维亚。19 世纪，荷兰的殖民地位越发巩固，这座城市成为荷属东印度群岛的首府，这幅版画就是在此时制作的。这一区域成为现今印度尼西亚的主体部分。巴达维亚的港口由人工河分割，构成网格状布局，像一处沼泽，而农业用地位于郊区。1949年，巴达维亚更名为雅加达，成为新成立的印度尼西亚的首都。

1818
伦敦
纸上版画
高 30 厘米，长 42.5 厘米
E.E. 莱格特（E. E. Leggatt）
捐赠
馆藏编号 1916,0411.60

7. 越南岘港的同庆（Dong Khanh）街拐角处，光寿（Quang Tho）绘制

岘港既是 19 世纪越南的一处重要港口，也是 1965 年美国侵越时登陆的地方。入伍的艺术家被鼓励记录当代越南人的生活，而不仅仅记录越南抗美救国战争期间的战斗。20 世纪中叶。光寿上校（1929~2001）因其艺术成就获得了无数奖项，他的作品被多家博物馆收藏。

1967
越南
纸上水彩素描
高 27.5 厘米，宽 39 厘米
馆藏编号 1999,0630,0.66

东南亚万花筒一般的文化很难简单分类和描述，但我希望这本书能够让大家更好地认识和理解这片区域及它美妙的物质文化，并激励读者用另一种视角审视自己对它的认识——东南亚是近 7 亿东南亚人民的家园，并且正在成为全球第四大经济体。

大事年表

约 150 万年前	早期原始人类出现在东南亚
约 26000 年前	出现最早的岩画证据
约 10000 年前	出现石片工具技术的证据
10000~8000 年前	海平面上升，岛屿区域形成
约 8000 年前	陶器生产的开端
5000~2500 年前	南岛人——可能来自中国的台湾岛——开始在菲律宾定居，然后穿越大洋，占据岛屿区域
约公元前 3600~公元 200 年	泰国的班清（Ban Chiang）文化综合体
约公元前 3000~公元前 2000 年	出现大规模人口流动的证据
	与中国的长江流域产生联系
	大陆区域出现稻米种植
	海上交换网络开端
	以马罗斯箭头（Maros Points）为代表的托阿连（Toalean）文化综合体
约公元前 3000~公元前 300 年	柬埔寨的三隆森（Samrong Sen）定居点
约公元前 2500~公元前 1500 年	越南北部的丰原（Phung Nguyen）文化
约公元前 2000~公元前 1000 年	大陆区域开始使用青铜
约公元前 500 年~公元 1 世纪	擅长金属加工的中国云南滇人
约公元前 500~公元前 300 年	最早的东山（Dong Son）铜鼓在越南北部生产
约公元前 500~公元前 200 年	大陆和岛屿区域间出现大规模人口迁徙
	岛屿区域兴起稻米种植
	岛屿区域出现青铜加工
	大陆和岛屿区域进入铁器时代
	东南亚与南亚、中国的贸易迅速扩大
	出现了类似村庄的有防御定居点
	公元前 111 年 中国汉朝将越南北部纳入统辖
1~5 世纪	从史前金属时代到有史可载时期的过渡

1

早期文明

约 26000 年前至约公元 500 年

有证据显示，早期的原始人类自 150 万年前就出现在了现在的东南亚地区。但直到 50000 年前，考古记录才变得丰富和多样。许多人类存在的证据已经丢失，因为在约 10000 年前，末次冰期结束，海平面上升，淹没了东南亚的低洼地区，使得苏门答腊岛、爪哇岛、巴厘岛、加里曼丹岛与其他区域间的陆地消失，造就了如今印度尼西亚诸岛这样的岛链。当海平面稳定在目前高度时，东南亚就被分割成了两个不同的区域——大陆区域和岛屿区域。二者的景观具有极高的多样性，从高耸的山峰（1）、平坦的高原、狭窄的河谷到一泻千里的低地洪泛平原、河口和广阔的海岸线。在险峻的地形中，河流和海洋成为最容易的旅行路径，人类最早的跨海航行就发生在东南亚（4）。

东南亚大部分地区位于热带，但降水量变化很大，缅甸中部是半干旱的，而到了菲律宾东部就成了终年有雨。许多地区因东北季风和西南季风的定时转换而有明显的干湿季节。气候不同，地理各异，东南亚的动植物种类繁多，但由于各生态位

1. 爪哇岛的塞梅鲁（Sumeru）* 火山

塞梅鲁火山是爪哇岛最神圣的山。史前时期，洞穴和山脉不仅具有重要的物理意义，也是东南亚仪式和信仰的一部分。这种精神联系一直持续到今天。

---

* 即梵语中的"须弥山"。——译者注。如无特别说明，本书注释皆为译者注。

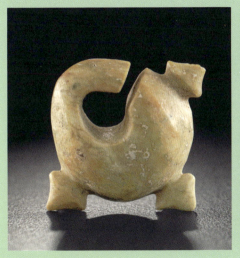

2. 玲玲珏（Lingling-O）

一种有狭缝、带环的耳饰或者挂坠，主要有两种类型：一类有三个突脊；一类有两个兽头，可以用多种石头、金属或贝壳制作，分布很广。这种广泛分布和南岛人的迁徙紧密相关。这种饰品的存在时间从公元前 500 年一直到公元 500 年。有一些样本的玉石材料进口自中国台湾。

1~5 世纪
越南中部或南部
玉石
高 2.6 厘米
亚洲文明博物馆藏
2007-56435

3. 珠饰

三隆森贝丘遗址位于如今柬埔寨首都金边以北，洞里萨湖东南，距离海岸约 200 公里。此处出土的文物显示，当地有人类长期居住，并同湄公河三角洲及越南东北部的群落有联系。尽管这些发现的考古背景较为欠缺，但鱼钩、网坠和贝壳装饰品（如右上图片所示）都和水资源紧密相关。

约公元前 3000~公元前 300 年
柬埔寨，三隆森
贝壳
长 5.6 厘米，高 1.4 厘米
1890,0208.48

所占环境的绝对面积普遍偏小，特定物种的个体数也就相对较少。因此，早期人类必须开发大量的食源物种，当他们在已知的各个就食点移动时，就出现了游居、半游居的生活方式。各群体在资源获取方面发展出了各自擅长的项目，随着时间的推移，为了获得更广泛的材料，群体之间开始相互交易。这种互动模式一直持续到 20 世纪，促进了东南亚广泛存在的交换网络的发展。

考古发掘表明，大约 5000 年前，东南亚内外经历过一段时间的大规模人口流动。南岛人从现在的中国台湾到达菲律宾，并进一步向印度尼西亚诸岛和越南南部迁徙。在大陆区域，通过中国西南部的云南和越南北部的定居点，东南亚人与长江流域的第一批农学家产生了联系。大约 2500 年前，东南亚的岛屿和大陆之间，发生了进一步的迁徙。

最初，人们定居在沿海地区，通常会选择河口附近，然后沿着河流而上，生活在内陆河流或溪流沿岸，这样的倾向是为了获取贝类等水中资源，并方便旅行、运输。东南亚地区的农业发展以及引入水稻种植是渐进的，大陆区域发生在公元前

4. 支腿独木舟

支腿是一种位于船一侧或两侧的稳定突出结构，可能是公元前 1000~公元前 500 年在东南亚发明的，和它伴生的还有其他一些能够促进人类迁徙的航海技术。有证据表明，东南亚人早在公元前 2000 年左右就掌握了相关造船、航海技术和可供交易的贸易产品以前往南亚，而到了公元前 1000~公元前 500 年，他们又掌握了前往非洲的知识。1000 多年前，东南亚人移民到了马达加斯加岛。如图所示，大、小船上都使用了支腿，并且至今仍在普遍使用。

1934~1935
印度尼西亚，苏拉威西岛
摄影师：维拉·德尔维斯·布劳顿（Vera Delves Broughton）
明胶照相法，纸上银盐冲印照片
高 21.4 厘米，宽 29.1 厘米
第一代莫恩男爵沃尔特·吉尼斯（Walter Guinness）捐赠
馆藏编号 Oc,B57.15

3000 年到公元前 2000 年，岛屿区域发生在公元前 500 年。有证据显示，这个时期出现了已知最早的村庄式聚落。许多遗址，例如三隆森、班清和乌鲁良（Ulu Leang），都有人类在很长一段时间内聚居的证据（3）。一些群落发展成定居的稻农群落，另一些则仍旧是狩猎采集者群落，这种结构在某些环境中延续至今。牙齿磨损的情况显示，这两个群体间有互动，一些人在两种类型的群落中都生活过一段时间。

　　由于东南亚地貌的多样性，各区域采用石器、青铜与铁器这些新技术的时间各不相同，农业的发展也是如此。新技术的到来，也不一定会对社会结构产生直接影响。早期狩猎采集者使用的石器包括用于烹饪的可加热石材、用于制作颜料的赭石以及作为工具的片状石器。在接下来的几千年里，群落成员们开始研磨、抛光他们的石器，好让其使用效率更高，并烧制陶器，制作贝壳等材质的个人装饰品和陪葬品，这又暗示了他们的信仰中存在来世。公元前 2000 年到公元前 1000 年，大陆区域开始使用青铜。目前的证据表明，岛屿区域在大约公元前 500 年开始生产青铜和铁，但马来半岛的考古发掘表明，这个结论可能需要修改。坟墓中发现的物品数量是在不断增加的，这说明社会的复杂性在不断增加。挖掘工作中发现了大米、锛子、珠宝、珠子、贝壳、玻璃、陶瓷、从树皮布到丝绸在内的各种纺织品、半宝石（如红玉髓、蛇纹石和玉石）以及武器。其中部分使用当地材料制作，但也有一些来自进口——既有完全在其他区域制作的，也有进口原料在本地制作的。有些坟墓中有数百甚至数千件陪葬品，显示在东南亚不断发展的等级制度中，进口物品、个人装饰和美学这些元素尤为重要。

早在3000多年前，东南亚就已经出现了海上交换网络。早期的交流也发生在内陆居民和沿海社区之间，并逐渐演变成共生关系：商品或是海产品被运往河流上游，换来原材料或森林物产，再从沿海港口出口。因此，在内陆深处的坟墓中，也发现过奇异的珍贵物品。

印度、东南亚和中国之间的贸易规模自大约2500年前开始迅速扩张，再加上农业和盐业带来的财富，促成了贸易政体的出现以及政治、社会和文化结构的共享。这开启了一个重大变革时期，不断扩大的社会结构，在1世纪左右发展成为一系列酋邦和王国。公元前500年左右，这些亚洲的海上、内陆网络连接外部的通路，创造了一个从地中海延伸到印度次大陆、东南亚和中国的互动景观。东南亚不仅在这种通路上位于印度和中国的中间位置，它自身的物产如丁香和肉豆蔻，声名同样远达罗马。人和货物的流动刺激了艺术生产，外国工匠也定居在了东南亚。

1 | 1 狩猎采集社会和新石器时代群落

在东南亚，史前狩猎采集社会的遗迹主要存在于沿海地区，特别是河口处，以及内陆的河流边与森林中。获取水源对于各种天然资源的利用非常重要，包括寻找制作工具所需的卵石等石材（2）。考古记录表明，早期东南亚人经常在一系列地区间来回迁徙，他们会随着不同的食物，因狩猎，捕捞（5），收集水果、蔬菜或是加工食品而定期返回某些地点暂居。岩画似乎是记录景观的一种方式，也可能和信仰相关（1）。由于资源种类繁多，但数量有限，早期东南亚人需要能灵活适配各种任务的工具。已知的工具材质有骨、贝壳、石头，也有证据显示石制工具会被用来制作竹器和木器（3，4）。长期使用的场地可以追溯技术的变化。在泰国的一些地方，例如科帕侬迪（Khok Phanom Di）遗址出土了锄头和镰刀等专用工具，表明植物的驯化程度不断提高；班纳迪（Ban Na Di）遗址出土的泥偶则显示了猪、水牛等家畜的重要性。

1. 老挝琅勃拉邦省帕泰姆（Pha Taem）岩壁上的壁画
在东南亚各地的悬崖表面、洞穴和岩石掩体中发现了大量使用红赭石颜料画成的岩画，这些岩画被用作墓地或临时居住地的装饰。绘画的年代从大约26000年前一直延续到20世纪。老挝南欧江边的帕泰姆岩壁上有牛、人、狗、船和手印的图像。水牛大约在5000年前被驯化，狗大约在4000年前才被驯化，这些画作应是在这两种家畜都被驯化之后创作的。

2. 卵石锤

如此天然的一个锤，当然要用来捶打其他石头，制作片状石器。这种类型的锤子和早期石器技术相关。

公元前 3000～公元前 1000 年
柬埔寨，三隆森
浅黄色花岗岩
高 6.1 厘米，直径 6.3 厘米
馆藏编号 1890,0208.25

3. 石锛预制件

这是一件还没完成的石锛。随着时间的推移，这类工具从简单的片状石器，演变出可用于抛光、斜切、边缘磨削的多种类型。

约公元前 2000～公元前 1000 年
马来西亚，吉兰丹州
石
高 23.8 厘米
H. 里德利（H. Ridley）捐赠
馆藏编号 1951,0725.6

4. 石锛

形状规则——通常为四边形——的抛光锛子是片状石锛的升级版。这件藏品出色的石质让人觉得它应该是件礼器，但磨损显示它确实被使用过。

约公元前 2000～公元前 1000 年
马来西亚，槟城州，巴东拉浪（Padang Lalang）
石，可能是碧玉
长 7.4 厘米
阿德莱德·利斯特（Adelaide Lister）捐赠
馆藏编号 As1914,1012.52

5. 渔网坠

鱼是史前东南亚重要的食物来源，因此在这一时期的考古发现中经常出现捕鱼装备。这块石头可能被绑在植物纤维网的边缘，让渔网甩得更远，沉得更快。

约公元前 3000～公元前 500 年
柬埔寨，三隆森
石
直径 2.4 厘米
馆藏编号 1890,0208.42

1 | 2 乌鲁良和良布鲁（Leang Burung）

由于半游居的生活方式和人类在东南亚及周边区域的分布格局，考古遗址常常会显示该地区内外之间的联系。但是，因为某些区域地理上的特殊性，也会造就仅见于狭窄范围的独特习俗。一个例子位于今日印度尼西亚的苏拉威西岛西南，考古证据显示当地的人类居住史可达30000年。20世纪60年代到70年代，在乌鲁良发现的坟场和在良布鲁发现的岩石庇护所揭示了当地存在一个作为独特技术综合体的狩猎采集社会，考古学家将其命名为托阿连。

在这两个遗址的发现中，最早期的工具是种类繁多的刀状石片和小小的细石器，后期进一步出现了尖骨工具（2）、贝壳刮刀以及通常由燧石制作的锯齿状、基部掏空的石箭头（1），这些都是典型的东南亚岛屿技术。这类带有锯齿状边缘的石制箭头，也就是所谓的马罗斯箭头，表明托阿连文化在东南亚是独一无二的（3）。该文化还创作了岩画。贝类、野生动物（例如猴子、野猪、灵猫和侏水牛）以及野生的种子和坚果构成了该地区人类的早期饮食，后来他们也采食野生谷物，可能包括稻谷。该地区发现过玻璃珠，这可能和约公元前3世纪时印度尼西亚的铁器使用相关，此外还发现过本地制作的陶器（4）。后期出现的带釉陶瓷显示，自托阿连文化起，苏拉威西岛的陶瓷市场就被来自中国的进口商品占领了。

1. 片状石器

考古学家在乌鲁良发现了许多小型石片工具，这是早期的技术成果。有些石器在使用后没有重新磨锐，这说明它们是一次性的。一部分石器有光泽但并非来自抛光，而是切割植物材料后留下的痕迹。

约公元前4000~公元前2500年
印度尼西亚，苏拉威西岛，乌鲁良1号墓葬群
燧石
长3.8~4.7厘米
伊恩·格洛弗（Ian Glove）与印度尼西亚共和国政府捐赠
馆藏编号2000,1209.1-3

2. 骨器

乌鲁良遗址中发掘出了早期东南亚文化中最大的一批骨制工具，而其他地方更常用石头、木材和竹子。乌鲁良骨器主要由大型哺乳动物的骨头切割而成，分为三种主要类型：两端各有一个尖头的实心对称工具，末端粗而尖的实心工具以及空心尖头工具。它们的具体用途尚不清楚，但与其他东南亚文化一样，这些工具可能同时具有多种功能。

约公元前4000~公元前2500年
印度尼西亚，苏拉威西岛，乌鲁良1号墓葬群
骨
长3.1~6.7厘米
伊恩·格洛弗与印度尼西亚共和国政府捐赠
馆藏编号2000,1209.11-15

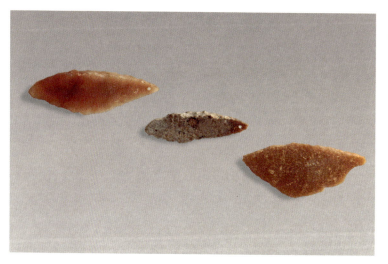

3. 马罗斯箭头

马罗斯箭头是苏拉威西岛南部独有的，在经过抛光、绘画、切割和有压花装饰的陶器出现后，马罗斯箭头变得特别常见。这昭示着一系列新技术的发展。尚不清楚这是当地人类在苏拉威西岛独立发展的，还是与其他地区人类共同发明的。空心的马罗斯箭头，两侧均加工有锯齿状边缘，锋刃交汇成一个锐利的点。

约公元前4000~公元前2500年
印度尼西亚，苏拉威西岛，乌鲁良1号墓葬群
燧石
长大约1厘米
伊恩·格洛弗与印度尼西亚共和国政府捐赠
馆藏编号 2000,1209.4

4. 彩绘陶片

这块陶片出自一件器皿，上面有雕刻图案和黑、红、白V形图案组成的彩绘装饰。乌鲁良出土的陶器不多，其中只有一小部分带有装饰，但装饰的方法很复杂，运用了绘画、压花、切割和贴花等多种技术。装饰形状包括贝壳纹、人字纹、曲水纹等几何形状。

1~8世纪
印度尼西亚，苏拉威西岛，乌鲁良2号墓葬群
陶器和颜料
宽9.3厘米
伊恩·格洛弗与印度尼西亚共和国政府捐赠
馆藏编号 2000,1209.16

1 | 3 陶器生产

陶器是考古记录的重要组成部分，它们能跨越时间长久存在。显然，陶器也受到东南亚史前民族的高度重视，因为在他们的坟墓中存在许多陶器。除了独立发明之外，制陶术还通过周期性的人类迁徙和贸易传播到整个东南亚，其中就有大约 5000 年前由南岛语族的早期人类自中国台湾带到东南亚岛屿区域的。

人们最初认为，最早的陶器生产出现在定居并开始进入农耕阶段时，但现在我们知道这不准确。在东南亚，甚至在农耕阶段开始前，人们就在暂居处生产陶器，同时开发当地的季节性资源。泰国西北部的鬼神洞（Spirit Cave）出土的文物显示，这种事情早在 8000 年前就已发生。最初的陶器装饰方式是添加简单的绳纹或编篮纹、切划和抛光（2）。东南亚最早的陶器是在帝汶岛发现的，可以追溯到大约 4500 年前。此后不久，用薄薄的液化红泥层装饰陶器并压印圆形等图案的装饰方法出现了。从中国台湾到菲律宾、印度尼西亚，甚至远至密克罗尼西亚，都发现了此类碎片。陶器生产出现后不久，装饰就变得很普遍，这一事实解释了审美对早期东南亚人的重要性（1）。后来的陶器上都有压花、绘画或雕刻，通常带有复杂的几何、曲线设计（4）。除了罐子等容器外，史前人类还用制陶术制作弹弓的弹丸、固定渔网的坠子以及纺轮（3），最终制造了铸造青铜器的模具，也就是陶范。

1. 陶杯

越南红河流域已知最早的定居点属于丰原文化，他们活跃在大约公元前 2500~公元前 1500 年。丰原文化的早期陶器上刻有 S 形的平行线条，后来出现了充满点状凹痕的条带，再后来出现了曲线图案。在这件器皿上，点状凹痕与曲线相结合。陶器与骨器、石器和青铜器共存，同时生产。

公元前 2500~公元前 1500 年
越南
陶器
直径 14.7 厘米，高 21 厘米
A.W. 弗兰克斯（A. W. Franks）捐赠
馆藏编号 Franks.3100

2. 喇叭口器

马来半岛沿岸的几个新石器时代遗址中，出现了这类陶器。条纹表明，它们是在慢轮（陶轮的最早形式）上制作的，它们的上表面被抛光了，器身周围有绳纹。从八字脚的陶杯到像这样的喇叭口器，这些器皿形状各异。针对它们的研究很少，可能用于烹饪、储水，也可能用于仪祭和殡葬。

约公元前 2000~公元前 500 年
马来西亚，玻璃市州，东姑伦布武吉（Bukit Tengku Lembu）
陶器
口径 24.9 厘米
马来亚联合邦国家博物馆捐赠
馆藏编号 1956,1118.14

3. 陶纺轮

陶纺轮在东南亚许多地方都有发
现，在制作纺织用的纱线时，陶
纺轮被用作锭子的配重。这件作
品上刻有几何图案，表明它生产
于较晚的时期。这件陶纺轮来自
洞里萨湖边的磅通（Kampong
Thom）省，该湖与湄公河相
连。尽管纺织品没有幸存，但残
留在黏土上的印痕和图案留下的
痕迹依旧提供了早期纺织生产存
在的证据。

公元前 500~公元 500 年
柬埔寨，磅通省
陶器
直径 3.8 厘米，高 4.2 厘米
H. 里德利捐赠
馆藏编号 1951,0725.74

4. 骨灰坛

这样的骨灰坛发现于上层人士的
坟墓中，这显示重视炫耀已成为
许多东南亚社会的重要元素。泰
国的班清遗址时间可上溯至公元
前 3600~公元 200 年。此坛为
晚期作品，它有着典型的外翻
式口沿和高足，在浅黄色的底
座上有着红的螺旋曲线，非常
独特。

公元前 3~公元前 1 世纪
泰国，班清遗址
陶器
口径 18.6 厘米，高 25.4 厘米
馆藏编号 1972,0919.1

1 | 4 青铜加工

东南亚大陆区域的红铜和青铜技术，是在 4000 多年前通过玉石交换贸易网络从中国北方传入的。岛屿区域则是不同的传播轨迹，青铜技术和铁器显然是在约 2500 年前同时出现的，但更进一步的考古工作可能会改变这种认知。青铜是一种重要的贸易品，在东南亚以铸锭和成品器物的形式进行交换。青铜随葬品的出现，表明社会日益复杂。

青铜会用于制作仪式性的装饰品和器物，也会用于制造武器和其他装备（1）。公元前 1000～公元前 500 年，出现了大型、复杂的青铜器，这需要高超的技艺才能铸造成功。东南亚的铜匠会使用双壳陶范（将两半陶范合在一起，中间注入铜液）和失蜡法（蜡模裹上泥制成模具，加温排出蜡，再往空腔内注入铜液）铸造。最让人印象深刻的青铜器是鼓和钟。其中，最早的作品是公元前 500～公元前 300 年由越南北部的东山文化制作的铜鼓，它们带有浅浮雕和程式化的人物以及几何图案。这种铜鼓的生产规模很大，许多鼓作为名品沿着既有的贸易路线在东南亚和中国南方进行交换。东南亚和附近区域的许多文化都有使用铜鼓的传统（2），在中国西南部、缅甸东部高地和越南北部都有制造，有的地方甚至延续到了 20 世纪。史前时代的印度尼西亚曾制造鼓身细长的铜鼓。这些物件的用途在不同时间和地点有所不同，除了鸣响之外，还可用作骨灰瓮、农业仪式用具甚至彩礼。

东南亚也曾发现青铜瓮和青铜钟，但由于没有一个是以受控方式挖掘的，而且产地不明，因此了解甚少（3，4）。它们的作用仍然未知。

1. 矛头

分布在越南北部红河流域的东山文化常和铜鼓联系在一起，但他们的工匠也生产了大量的矛头、刀、匕首、斧头、农具、手镯和钟。在东南亚的许多文化中，相对于工具和武器，最早的青铜制品更可能是珠子和手镯（后来的铁器也一样）。图中这样的矛头也可以在仪式上发挥作用，许多有着明显功能性外形的物件也可以作为随葬品。

1 世纪
越南，东山
铜
长 9 厘米（上）、10.5 厘米（下）
吉美亚洲艺术博物馆捐赠
馆藏编号 1950,1215.43-44

2. 铜鼓

2000 多年前，中国西南的滇文化开始制作与东山文化中相似的铜鼓。鼓上的内容包括几何图形、星星、动物、船上的战士、食物制作、宗教仪式、音乐表演。这些图案与其他铜鼓文化中的图案具有连续性，表明它们拥有巨大的象征力量。在这面鼓上，边缘的青蛙和中央的星星成了一直持续到 19 世纪的地区性图像。

约公元前 1～公元 5 世纪
中国西南
铜
直径 85.3 厘米，高 59.3 厘米
英国陆军部捐赠
馆藏编号 1903,0327.6

3. 铜钟

马来半岛发现过几口铜钟，柬埔寨也发现过一口，它们可能起源于同一个中心，但不一定是东山文化，因为到了公元前2世纪，东南亚已经有许多地方可以铸造青铜器。这口铜钟装饰有中间呈S形、外围呈Z形的双条带，S形里的圆圈中心呈泪滴状，条带外的区域填充着锯齿纹。

约公元前2世纪
马来西亚
铜
直径31.3厘米，高58厘米
馆藏编号 1949,0715.1

4. 螺旋纹铜钟

早期的东南亚铜钟，无论大或小，表面上都有S形曲线或螺旋纹。

公元前500~公元500年
泰国
铜
高5.8厘米
约翰内斯·施密特（Johannes Schmitt）和玛雷塔·米德（Mareta Meade）捐赠
馆藏编号 1992,1214.128

1 | 5 铁器时代

铁器传入东南亚昭示巨大的文化变革和社会等级制度的不断演进，包括本地强大酋邦的发展。大约 2500 年前，铁器加工技术进入东南亚，可能是从印度传入的。和青铜器一样，铁器最初被用在个人装饰品上，但很快就被用于制造农业、狩猎、捕鱼的工具，以及刀具、纺轮和武器（1）。

这一时期的贸易网络扩展迅速，为东南亚带来了各种商品。金属锭和金属制品都可以进行交易，并且有证据显示存在专业的流动工匠。内陆社区可以通过陆上贸易路线来连接海上贸易路线，获取新材料和技术。印度的棉花和中国的丝绸涌入，类似的纤维原料还有麻和蕉麻。玻璃、红玉髓、玛瑙要么作为原料被运到各地生产，要么以珠子或其他饰物的形式进行交换（2，3）。东南亚还发现过远自地中海而来的商品，例如石雕、玻璃碗、硬币，其中的一些被仿制成吊坠。东南亚出口森林产品作为交换，例如香料、锡矿石（印度稀缺但在东南亚大陆中部区域颇为丰富）和盐。当然也有技术的转移，例如 1 世纪时，越南北部受中国统辖，当地获得了中国的陶器上釉技术。

这一时期，东南亚出现了大量武器，这表明由于铁器的出现，竞争和冲突日益加剧。定居点周围修建了大型护城河和土堤，可能是为了防御，铁制工具为修建这些建筑提供了便利。200~500 年，东南亚从史前金属时代过渡到有史可载时期，石刻和石制建筑搭建技术也从印度次大陆被引入。

1. 斧头

这是一把带套筒的斧头，它代表了一众通过使用铁而不是较软的青铜来提高了效率的工具。公元前 400~公元前 200 年，铁的冶炼和锻造在东南亚变得很普遍。

公元前 2~公元前 1 世纪
马来西亚，霹雳州
铁
长 29.8 厘米
馆藏编号 1880.1166

2. 红玉髓珠

公元前 400~公元前 200 年，半宝石珠子是通过南海和印度洋间不断扩大的贸易网络运输的高档商品之一。跨区域的交流，包括新技术的引入，给南亚和东南亚带来了社会分层的日益加剧以及深刻的经济和政治变化。从那时起一直到有史可载时期，橙色、红色的玉髓珠在东南亚随处可见。

约公元前 400~公元 1000 年
加里曼丹岛
玉髓
直径 1.1 厘米，高 4.5 厘米
沙捞越王后（Ranee）玛格丽特·布鲁克（Margaret Brooke）捐赠
馆藏编号 As1896,0317.43.b

3. 玻璃珠

作为一种名贵的商品，玻璃特别重要，尤其是以珠子的形式出现时。这些产品最初是在印度生产的，但在公元前4~公元前2世纪，东南亚的玻璃生产中心发展了起来。

公元前300~公元500年
印度尼西亚，苏拉威西岛，乌鲁良2号墓葬群
长39.6厘米
伊恩·格洛弗与印度尼西亚共和国政府捐赠
馆藏编号 2000,1209.19

4. 罐子

这件釉面透明的浅黄色陶罐是从沥场（Lach Truong）遗址的一座坟墓中出土的，沥场遗址是越南清化省靠近河口的一个大型墓葬遗址。釉料技术是从中国传入到越南北部的，并在那里进行了适应当地使用需求的改造。

1~2世纪
越南，清化省
陶
高 20.3 厘米
吉美亚洲艺术博物馆捐赠
馆藏编号 1950,1215.8

大事年表

约公元前 2 世纪～公元 6 世纪	湄公河三角洲地区的喔呋（Óc Eo）文化·
约公元前 1 世纪～公元 10 世纪	缅甸中部的骠人（Pyu）文化·
1~4 世纪	佛教在骠人和缅甸南部人群中传播、发展
6~11 世纪	泰国中部和东北部的佛教陀罗钵地（Dvaravati）文化
7~13 世纪	苏门答腊岛三佛齐（Srivijaya）－末罗瑜（Malayu）帝国的出现和强盛
732	爪哇岛的印度教珊阇耶（Sanjaya）王朝最早的记录出现
778	爪哇岛的佛教夏连特拉（Shailendra）王朝出现
约 8 世纪	穆斯林商人抵达东南亚
8~10 世纪	越南南部占人（Cham）文化的艺术繁荣
802	柬埔寨中部的吴哥（Angkor）帝国建立
900	菲律宾吕宋岛的拉古纳（Laguna）铜版铭文记录了该岛屿地区的几个政权
929	中爪哇的王庭迁往东爪哇，一直存续到 16 世纪，在此期间留下了许多长篇叙事诗
938	越南北部建立独立政权
1009~1225	越南北部的大越（Dai Viet）李朝
1025	三佛齐遭到南印度朱罗（Chola）王朝的袭击
11~13 世纪	泰国中部高棉人统治的华富里（Lopburi）王国
	掸傣（Tai）族群席卷东南亚大陆，在政治上崛起，并与当地民族融合
11 世纪至 13 世纪末	缅甸的蒲甘（Bagan）王国
1222~1292	东爪哇的信诃沙里（Singasari）王朝
1225~1400	越南北部的大越陈朝
13 世纪初至 15 世纪中叶	泰国中部的素可泰（Sukhothai）王国
13 世纪中叶	泰国北部兰纳（Lan Na）王国的崛起
1292	苏门答腊岛东北部的苏木都剌·巴赛（Samudera Pasai）苏丹国建国，东南亚最早的苏丹国出现
约 1293~1527	东南亚岛屿区域的满者伯夷（Majapahit）王国
13 世纪末	泰国中部出现阿瑜陀耶（Ayutthaya）王国
14 世纪中叶	老挝的澜沧王国（Lan Xang）兴起
14~16 世纪	泰国和越南的瓷器出口蓬勃发展
15 世纪初	爪哇岛北海岸的淡目（Demak）苏丹国建国
15 世纪 30 年代	妙乌（Mrauk Oo）城成为若开（Rakhine）王国的首都
1431	阿瑜陀耶王国击败吴哥帝国

2

众王国

300~1500

从公元第一个千年初期到第二个千年中期，东南亚发生了巨大的变化。推动艺术变革的部分原因，是社会分层的加剧，以及能够聚集大量资源（包括劳动力资源）的主要政体的发展。在现代缅甸一带，蒲甘王国继承了骠人政权等早期文明，而在今天泰国的区域，素可泰王国和阿瑜陀耶王国继承了陀罗钵地政权。高棉王国出现在湄公河三角洲，但最终迁徙到内陆的吴哥平原，那里成为"高棉帝国"的中心——它以吴哥窟等伟大古迹闻名。几个占人政权在如今的越南南部区域发展起来，它们以红砖建筑、石雕和金属雕像闻名（1）；越南北部则建立了大越。东南亚的大海长期由三佛齐－末罗瑜帝国统治，它们控制着连通东西方贸易的马六甲海峡。以爪哇岛为统治中心有多个王国，包括夏连特拉、珊阇耶、信诃沙里和满者伯夷，其中满者伯夷成为另一个重要的海洋王国。10世纪的拉古纳铜板发现于吕宋岛，上面的

1. 直立的狮子
在这一时期，后腿直立的动物是南亚和东南亚的常见形象。占人制作了许多人物舞蹈雕塑和狮子之类的动物雕塑，用于装饰印度教和佛教的祭坛与建筑基座。他们的艺术创作在8~10世纪达到巅峰，其中石雕、金属雕像和宗教建筑保存得最好。

10~11世纪
越南南部，占人
砂岩
高30厘米
馆藏编号 1981,0304.1

S.E. View of two of the Temples of Bhimo Gunung Prao. Java.

2. **爪哇岛普劳火山（Gunung Prao）下的怖军（Bhimo）神庙群东南视图，G.P. 贝克（G.P. Baker）船长绘制**

普劳火山下的迪恩高原上曾有数百座寺庙，7世纪中叶至13世纪初，这里是朝圣中心。怖军（Bima*）神庙群有两座寺庙（如图所示），与印度北部的建筑有一些共同特征，这表明爪哇文化已跨越政治分界。欧洲人持印度人殖民了爪哇岛并建造了寺庙的观点，这有助于证明欧洲殖民的合理性。

1815
印度尼西亚，爪哇岛
纸上水墨画
高43.8厘米，宽56.9厘米
J. H. 德雷克（Drake）捐赠，斯坦福·莱佛士收集
馆藏编号 1939,0311,0.4.2

---

* 怖军为印度史诗《摩诃婆罗多》中的人物，前文 Bhimo 为其姓名的爪哇语拼写。

铭文提供了菲律宾群岛政治环境的信息，以及当地和爪哇岛联系的证据。东南亚还有许多较小的政治实体，其中不少仅在中国的历史记录中留名。贸易对于岛屿政权和帝国都很重要，大陆区域的主要国家则会强调对农业及相关人力资源的控制。大陆和岛屿区域都依赖内陆社区从森林中获取资源和产品。

大约在2000年前，印度教和佛教开始对东南亚许多区域产生深刻影响。商人、工匠和宗教人士往返于南亚和东南亚，传播技术、工艺和思想。印度南部的泰米尔人，是东南亚岛屿上最早出现的南亚群体之一，在海上贸易路线上发现了使用南印度文字的铭文，证明了这一点。7~9世纪，印度文字的本地化版本出现，用于书写当地语言。外来族群定居东南亚，赞助修

建寺院等宗教机构，印度教和佛教被当地人接受。东南亚精英接触新兴的宗教文化，并用他们的思想和形象来推动国家发展、巩固自身地位。印度教神祇毗湿奴与王权紧密相关，对这位神的崇拜在早期国家的形成中发挥了重要作用。对印度教另一位主神湿婆的崇拜主要在 8 世纪以一种政治力量的形式出现。佛教 4 世纪在缅甸的骠国成为主要宗教，7 世纪成为爪哇岛夏连特拉王朝的主要信仰。东南亚人将印度教和佛教的思想与本地观念（例如山、海的象征）融合，形成了地区性的独特信仰体系。

宗教观念赋予了统治者合法性，但在低地农业文化中发展出的政治体系总是基于对英勇者的尊崇，即一个有魅力的人能够通过他（或偶然的她）的非凡能力获得追随者的忠诚，占有军事资源、超自然力量和圣物。亲缘关系和赠礼（例如珍贵的异国物品、政治地位和农产品）也在吸引追随者、巩固忠诚、维持合法性上发挥了作用。因此，政治权力更多体现在领导者的关系网络上，而非领土控制。

岛屿区域出现的海洋政权以海洋为基础，依赖贸易而非农业。其中的帝国，例如三佛齐，将大片地区跨海联结起来。这些政治实体的中心都设在海岸通往内陆的路线上，为农业、林业产品的交换提供便利。控制贸易并确保港口能够使用，对于维持海洋帝国的长期存续非常重要。海上的流浪民族和海盗也在加强或削弱海洋政权方面发挥了作用。

在这一时期，新民族渐次到来。他们主要来自中国西南地区，沿着河流和山谷迁徙。这其中就包括 9 世纪的缅族与 11~13 世纪的掸傣族群。伊斯兰教出现后不久，中东商人就来到了东南亚。穆斯林社区逐渐在沿海地区发展起来，但直到14~15世纪伊斯兰教才成为东南亚的主要宗教。中国人也从中国南方沿海地区移民到东南亚定居。联通中国的交换网络始于史前时期。许多早期王国向中国宫廷派遣使团朝贡，使者会携带当地产品和中国贸易，这种朝贡贸易断断续续地持续到19世纪。许多遗迹都非常重要，足以在中国的编年体史书中被提及，例如加里曼丹岛山都望河（Santubong River）河口的港口遗址和马来半岛一些政权的遗迹。部分港口遗址中发现了中国的陶瓷和向中国出口铁的痕迹。

300~1500年东南亚社会的大量信息由艺术品提供。19世纪末到20世纪初的西方学者认为东南亚艺术家首先复制了印度的艺术形式，后来才发展出当地的风格（2）。现在我们知道并非如此。东南亚的艺术形式往往与南亚同时出现，这表明两个地区有重叠的文化景观。两地的艺术有相似之处，但都不是对方的直接复制。雕塑和建筑遗迹表明，东南亚与特定的南亚地区有联系，特别是印度北部的笈多（Gupta）王朝（4~6世纪）和南部的跋罗婆*（Pallava）王朝（4~9世纪）。越南北部是个例外，那里曾是中国的辖地。然而，东南亚最强烈的艺术联系仍出于自身，4~7世纪，整个东南亚的石雕和金属造像的风格都表现出一致性，让人回想起东南亚史前艺术中一些共通的关键词（3）。大约从8世纪开始，为了适应新的地方政权要求，出现了不同的地区风格。

在时间、气候、盗窃等破坏性因素的共同影响下，早期东南亚艺术留存下来的都是最坚固的物品——石头、陶瓷、金属、灰泥和寺庙中的壁画。爪哇岛的婆罗浮屠（Borobudur，4）和柬埔寨的吴哥窟等宗教圣地上有浮雕石刻，缅甸的蒲甘神庙中

* 现多译作帕拉瓦。

4. 婆罗浮屠首层平台内墙上的浮雕

这是爪哇岛婆罗浮屠佛塔上佛传故事系列浮雕的一部分。上层描绘的是礼佛的众人，下层是富人和追随者，展示了建塔时代的物质文化，可见伞盖、宝座、贡品、珠宝、头饰等等级象征。

8世纪末至9世纪初
印度尼西亚，中爪哇，婆罗浮屠
火山石

有多彩壁画，这些艺术品中都有很多描绘日常活动的图像，例如烹饪、编织、宗教仪式、王室典礼和战争。这些图像，为纺织品、编织器物、木构建筑等已消失的易腐烂事物的存在提供了重要证据。

2 | 1 马来半岛，三佛齐帝国，末罗瑜

因其重要的战略位置，马来半岛和苏门答腊岛东部向来是早期贸易路线的重要部分。三佛齐*和末罗瑜在某段时间内似乎是同一个以苏门答腊岛东海岸为基础的政权。7世纪起，中国史书就记录了这两个国家，它们在海上的影响北至现今马来半岛的泰国部分，东达加里曼丹岛沿岸，南抵爪哇岛西部，直至13世纪。三佛齐－末罗瑜是重要的佛教中心，有许多学生和僧人访问学习。7世纪时，中国高僧义净长期在此取经、修行，记叙了相关经历。在印度宗教场所的存世铭文中，记载了由三佛齐国王资助的各地建设工程，其中包括那烂陀寺。那烂陀寺是印度东北部重要的佛教中心，繁荣于4世纪至13世纪初。最古老的古马来语铭文记载，一位国王曾乘船逐利，在铭文末尾礼赞"伟大的三佛齐，神力与财富"（Guy，2014：21）。在当代马来西亚的吉打州，考古发掘发现了东南亚最早的佛经、便于携带的宗教泥板以及许多别的物件（2，3）。其他的艺术遗迹包括观世音菩萨的雕像，这是一位慈悲为怀的大士，会保佑水手的安全（4）。

今泰国空统（Khlong Thom）县地区出产的金币（1）、来自波斯湾一带的玻璃杯和碗、印度的玻璃珠和石珠、临近地区和波斯的铁器、南亚和中国的陶器，证明了这一区域广泛的贸易互动。作为交换，三佛齐－末罗瑜提供了东南亚的内陆商品，如香料、树脂、黄金、锡和樟脑。

1. 硬币

空统是公元第一个千年早期的海上贸易中心，在那里发现的金币说明了当地的商路之广——尽管有证据显示它们是在当地生产的。这些硬币的文字、重量标准和海螺图案都借鉴了印度的风格，有一些上铸有侧面头像，这是通过印度硬币传播的印度－希腊王国和罗马的铸币传统。越南南部的喔呋港也发现过空统硬币，这说明了此地在跨泰国湾贸易中的作用。

2~5 世纪
泰国，甲米府，空统县
金
直径 0.8 厘米
馆藏编号 1983,0530.4

2. 铭文佛牌

东南亚佛教最早的一批证据就是这些用模范压制的黏土供奉牌。它们体积小、重量轻、成本低廉，是各个阶层都能拥有的宗教造物。作为护身符，此黏土牌上有一段咒文"佛顶无垢普门三世如来心陀罗尼"（Bodhigarbhālaṃkāralakṣa dhāraṇī）。人们相信，复制这些文本并大声念诵，有助于净化奉献者，使其投胎后获得更好的来世。

约 11 世纪
马来西亚，槟城州
高 12.5 厘米，宽 9.5 厘米
W. 杰文斯（W. Jevons）捐赠
馆藏编号 As1864,1201.4

---

* 梵文名 Sri Vijaya。"Sri"意为吉祥，"Vijaya"意为胜利，合起来意为"吉祥胜利国"。在中国史书中，Sri Vijaya 有两种翻译：三佛齐和室利佛逝。

3. 观世音菩萨佛牌

此佛牌由晒干的黏土制成，描绘了四臂的观世音菩萨。菩萨是"觉有情"，即有大觉悟的有情众生，留在世间帮助他人。佛牌上的观世音菩萨戴着高高的头饰，坐在象征着纯洁的莲花宝座上。与惯常的形象一致，菩萨右上手持念珠，左上手持莲花，左下手放在腿上掌心朝上持禅定印，右下手掌心朝前向下垂持与愿印。左上方有一座佛塔。这样的佛牌小而轻，适合大量运输到各地。

8~11 世纪
马来半岛
红陶
高 9 厘米，宽 7.5 厘米
W. 格雷厄姆（W. Graham）捐赠
馆藏编号 1907,−.39

4. 观世音菩萨立像

观世音菩萨信仰自 7 世纪左右在东南亚开始流行，马来半岛、苏门答腊岛、爪哇岛乃至远到加里曼丹岛的众多考古遗迹证明了这一点。观世音菩萨的四臂化身常常身著布裙，腰部系有简单的绳带，在东南亚常被称作"世间自在"（Lokesvara）。正如这一件金属像腰间系着的简陋绳索所暗示的，早期观世音菩萨的形象就是苦行僧。面部特征，包括丰唇和阔鼻，与同时期东南亚大陆区域制作的其他雕塑类似，尤其是陀罗钵地地区的雕塑。

8~9 世纪
泰国
银镀金
高 10.6 厘米
馆藏编号 1981,0704.1

1. 装饰宝座纹和吉祥犊的银币

这是 7~9 世纪东南亚的四种主要硬币之一，与缅甸早期的骠人有关，通常装饰有吉祥犊*：与宗教教义相关的法螺、法轮，或是宝座、冉冉升起的太阳。这枚银币的吉祥犊里是一个海螺。银币另一面有一个"收腰"的宝座，这种供奉佛陀的器物一直沿用至今。此类硬币也有金制的。

8~9 世纪
缅甸，骠文化
银
直径 2.2 厘米
斯平克父子有限公司（Spink & Son Ltd）捐赠
馆藏编号 1921,1014.144

2. 尼蒂·旃陀罗王（Nitichandra）发行的银币

这枚若开硬币上铸有装饰着日月的吉祥犊，**另一侧是印度教大神湿婆的坐骑公牛南迪。铭文上记录了硬币的发行者是尼蒂·旃陀罗王。硬币边缘有串珠纹饰，这种图案从萨珊帝国到东南亚都有使用。这枚硬币的蓝本出自临近的孟加拉地区，其设计可追溯至 6~7 世纪的尼泊尔。

6 世纪
缅甸，若开邦
银
直径 3.2 厘米
格林德莱（Grindlay）捐赠
馆藏编号 1884,0510.1

3. 装饰有法螺和吉祥犊的银币

这枚硬币发现于缅甸南部。一面有被串珠纹饰环绕的法螺，这种强调意向的艺术手法一再被重复，直到 20 世纪还在使用。另一面是吉祥犊。

8~9 世纪
下缅甸
银
直径 3.3 厘米
阿瑟·菲尔（Arthur Phayre）捐赠
馆藏编号 1882,0508.41

4. 1 马沙（masa）块状银币

马沙是爪哇银币的常见面额，一马沙约 2.4 克。东南亚硬币的重量标准化似乎是在 9 世纪发展起来的。

9~10 世纪
印度尼西亚，爪哇岛
银
直径 1.2 厘米
斯平克父子有限公司捐赠
馆藏编号 1982,0624.2

5. 块状金币

这枚硬币的一面装饰带有垂直线和圆点的方形压痕，另一面为印度城文的字母"ta"。"ta"是"塔希尔"（tahil）的缩写，1 塔希尔等于 16 马沙，但这枚金币的重量和 1 马沙银币差不多。这种金币来自爪哇岛，在苏门答腊岛和菲律宾都发现过。

9 世纪
印度尼西亚，爪哇岛
金
高 0.7 厘米，宽 0.65 厘米
斯平克父子有限公司捐赠
馆藏编号 CH.399

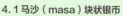

---

* 梵语称"Śrīvatsa"，直译为"吉祥之爱"，中文经典中音译为"室利靺蹉"，俗称吉祥犊或者吉祥结。
** 这个吉祥犊除日月外，中央还有国王的长矛，长矛旁边的花纹被称为老虎花，加上日月共同组成了整个符号。如今，这个符号被视为若开的标志。

硬 币

从公元前 1 世纪到 9~10 世纪，骠人统治着现今缅甸的中部。他们的铁器时代遗迹，是东南亚最早的一批城市，包括室利差旦罗（Sri Ksetra）、毗湿奴城（Beikthano）和罕林（Halin）。西面则是若开王国，最初由信奉佛教的旃陀罗（Chandra）王朝统治，这个王朝定都于米碗城（Dhanyawadi）。后来，若开的王权转移到了吠舍离（Vesali），之后则是混乱的四城（Lemro）时期，最后统一于妙乌（Mrauk Oo）王国。位于现今缅甸南方的孟人与北方的骠人与位于现今泰国的陀罗钵地王国有着共同的文化特征。这三个地区都生产多功能的货币，但它们并不用于日常交易，主要作为贡品、税币和用于仪式活动。

骠人的银币铸造于 8~9 世纪，有不同面额，上面装饰有法螺、法轮、宝座、冉冉升起的太阳和吉祥犊——这是一种代表神性或伟大的吉祥图案。图（1）的例子，与印度教神祇毗湿奴相关。该图像与 7~8 世纪的若开银币密切相关，这些银币饰有公牛、法螺和吉祥犊，并用印度婆罗米文字刻有国王的名号（2）。若开的硬币生产在 9 世纪终止，原因不明。缅甸南部地区也生产类似的货币（3）。金、银币在 10 世纪左右于东南亚大陆区域消失，直到 500 多年后才重新引入。

在东南亚的岛屿区域，硬币虽然仍在流通，但并非连续生产。早期的例子有马来半岛发现的硬币，货物会在那儿通过陆地运输穿过狭窄的克拉地峡。有些硬币类似骠人和缅甸南方的样本。考虑到标准化的重量，它们可能是用于交换的实用钱币，而不是用在仪式上的象征物。在爪哇岛，最早的硬币——印有宗教、花卉图案或是表明重量的印度文字的金块和银块——可以追溯到大约 9 世纪（4，5）。菲律宾和巴厘岛也发现了类似的例子，其历史可追溯到 10~12 世纪。它们可能仅用于高价值的交易，或者行政性的支付，也可能是王权的象征。爪哇岛和巴厘岛至迟于 13 世纪末停止了自有风格钱币的铸造，来自中国的铜钱及其仿制品被满者伯夷王国用作货币。

尽管存在铸币，但东南亚许多区域都会将块银、金属物品、贝壳、纺织品和陶器当作一般等价物，这些东西作为货币发挥了重要作用。以货易货同样是一种主要的交换形式。

2 | 2 陀罗钵地造像

陀罗钵地依旧是个隐藏在迷雾中的实体。这是一个统一的王国，还是一系列文化相关的城邦？是孟人的国度还是多民族的邦国？目前，该名称用于指代泰国中部、东部和东北部 6~11 世纪的艺术和建筑遗迹，它们具有部分（但不是全部）风格相似的特征，早期可见印度教的遗存，但佛教在 7 世纪中叶开始占据主导地位。最初，陀罗钵地与早期柬埔寨艺术具有共同的风格特征，但后来与南印度、北印度等地区以及缅甸的骠人、孟人等民族联系日益密切。在陀罗钵地文化末期，它与位于现今越南南部的占婆*（Champa）的联系开始出现。

陀罗钵地艺术以石质、红陶和灰泥雕塑闻名（1）。建筑用砖建造，装饰有红陶或灰泥做成的高浮雕，以及带人像的宗教牌饰（2）。在石雕中，佛陀站立的形象很常见，双手手掌朝前，持与愿印。这些佛像的面部有阔嘴、丰唇、螺发、肉髻的特征（3）。低垂的眼睛，增强了平静之感。陀罗钵地风格的一些元素存续到 13~14 世纪，通常会与新特征结合，例如来自高棉帝国的特征。

1. 佛头像

陀罗钵地造像的特征，包括几乎碰到肩膀的耳垂、轻浅的微笑，就像图中这样，尽管该头像的嘴唇比惯常的要薄。除了石佛和界碑之外，陀罗钵地还留存下来了许多这样的灰泥造物。这些佛陀之类形象的会被安置在佛塔或寺庙外侧，增加建筑的神圣性。

9~10 世纪
泰国
灰泥
高 15.8 厘米，宽 12.9 厘米
P.T. 布鲁克 · 休厄尔（P. T. Brooke Sewel）捐赠
馆藏编号 1957,0726.4

2. 宗教牌饰

这块佛牌上有佛陀的形象，持禅定印打坐在树下，周围环绕着天人。背面残留有铭文，整块牌饰覆有棕色的纸。在泰国、缅甸乃至西爪哇都发现了类似的宗教牌饰，都是矩形，上面有佛陀或宗教故事的图案，历史可以追溯到 7~8 世纪。

约 8 世纪
柬埔寨，吴哥
陶器
高 14 厘米，宽 11 厘米
W. 弗兰克斯捐赠
馆藏编号 1894,0926.19

---

* 占人的国家即占婆。

3. 佛头像

此类陀罗钵地造像拥有相似的特征，例如强调对称性、肉髻、在鼻梁处相交的拱形眉毛和丰满的嘴唇。但是，陀罗钵地的文化中心数量众多，造像风格并不完全统一，且比例各异。这件佛头所使用的深色石灰石是最受欢迎的材料之一。

8~10 世纪
泰国
石灰石
高 33 厘米
路易丝·萨姆森（Louise Samson）的继承人捐赠
馆藏编号 1963,1016.1

2 | 3 高棉帝国

高棉帝国的历史始于 802 年阇耶跋摩二世（Jayavarman Ⅱ）的灌顶礼，终结于 15 世纪首都的沦陷。它以吴哥城——当时以财富闻名的世界最大城市之一——为中心。1296~1297 年，中国使臣周达观造访吴哥城，他曾如此记述一次皇家出行的仪仗："……其后则是国主，立于象上，手持宝剑，象之牙亦以金套之。打销金白凉伞，凡二十余柄，其伞柄皆金为之。"

随着时间的推移，帝国建造了以水坝、水库为代表的巨大水利工程，以及众多的石头庙群，包括最为知名的吴哥窟。洞里萨湖周围肥沃的土地为建造这些奇观提供了必要的财富和人力。这座建筑展现了宗教的宇宙观，五座高塔象征宇宙中心须弥山的五座高峰，周围则是围绕它的山脉和海洋（1）。遗迹上有专门的铭文，详细注明了用于维护它的资源，包括土地和奴隶。

吴哥社会以其独特的石浮雕、金属制品和陶器的生产而闻名。高棉雕塑的特点是讲究精确，形制、尺寸都严格遵循惯例。尽管它们很美，但高棉雕塑主要是为上层人士制作的，用来纪念众神（2，3）。高棉陶器的形状和釉料种类有限，有上绿色、棕色釉甚至不上釉的屋瓦、瓮、壶、碗、瓶和罐（4）。陶器有时候会被埋在宗教建筑的地基下方。

1. 夕阳下的圣所（吴哥窟），路易斯·戈德弗罗伊（Louis Godefroy）创作

吴哥窟是献给印度教神祇毗湿奴的神庙，它由苏利耶跋摩二世（Suryavarman Ⅱ，1113~约 1150 年在位）于 12 世纪初建造。每一位高棉统治者都会建造寺庙，来纪念先祖或是守护神——毗湿奴、湿婆或者佛陀。这些寺庙可以是单层的，也可以是建在多层台基上、由数座多层屋顶建筑围绕中心排列的建筑群。整个吴哥城被护城河包围。在后吴哥时期的柬埔寨，吴哥窟曾被佛教徒使用，后来又激发了欧洲人的想象力，他们为吴哥窟遗址绘制了大量的图画，并拍下了许多照片。今天，吴哥窟是柬埔寨最主要的旅游目的地。

1921
柬埔寨，吴哥
蚀刻版画
高 26.9 厘米，宽 36.5 厘米
路易斯·戈德弗罗伊捐赠
馆藏编号 1930,0211.6

2. 天女造像

这件小神造像具有程式化和理想化的面孔和身体，代表着神之完美。即便如此，许多类似的造像都有个性化的细节，在建筑的墙壁上形成了复杂的组合。立体造像是由一整块石头雕刻而成，而这样的平面浮雕可以用几块石头拼成。

12 世纪
柬埔寨
砂岩
高 100 厘米，宽 30 厘米，深 20 厘米
馆藏编号 2002,0330.1

3. 观世音菩萨

多头的观世音菩萨在大乘佛教和金刚乘（密宗）佛教中非常重要。佛教国王阇耶跋摩七世（Jayavarman Ⅶ，1181~1218年在位）统治时期，这一系佛教在吴哥盛行。观世音菩萨的多个头象征其功德，可用来破除开悟中的障碍。菩萨有无限的慈悲，乐于帮助信徒。观世音菩萨头上的小佛像是阿弥陀佛，代表其顶礼自己的上师。

12 世纪
柬埔寨
砂岩
高 38.7 厘米，宽 21.8 厘米
馆藏编号 1933,0407.1

4. 釉面粗陶罐

这是高棉精英阶层在宫廷仪式和宗教仪式中使用的釉面陶器，神庙上的浮雕证明了这一点。这种陶器大多是轮制陶器，带有极少量的刻花或是模印贴花装饰。釉色从绿色到深棕黑色（如图所示）都有，由铁氧化物制成。陶瓷上的装饰与车削木器上的装饰有相似之处，一些图形也出现在金属器中。这些罐子不是出口产品，仅供当地消费。但没有古文献能告诉我们这些陶器在当时作何用途。

11~12 世纪
柬埔寨
陶器
高 48.4 厘米、36 厘米、24 厘米
馆藏编号 1993,0417.1；
1993,0417.2；1993,0417.3

2 | 4 高棉艺术的传播

高棉艺术并非局限在当代柬埔寨，泰国、老挝南部和越南南部都能找到遗存。吴哥帝国的势力范围，北接中国，西抵安达曼海，东屏长山山脉，南括湄公河三角洲与半个马来半岛。有些地区，有重要的行政、宗教中心，例如泰国东北部的披迈（Phimai）；还有些地区是帝国的前哨，例如泰国中部的华富里，在11~13世纪间歇性被高棉人统治，著名的阇耶跋摩七世曾任命过一个儿子当那里的总督。华富里的统治者群体究竟是高棉人，还是出于政治目的而高棉化的当地人（这是东南亚的普遍做法），目前尚不清楚。

高棉时期的华富里继承了该地区的佛教传统，结合了本地的陀罗钵地与高棉艺术元素，遗留下的艺术品又向我们揭示了那时在政权相互影响下发展出的文化和艺术理念（2）。石头和金属做的宗教造像融入了高棉风格的王冠和珠宝，还出现了龙王*护持下的佛祖这一形象，这都是华富里艺术家运用高棉元素的例子（3，4）。柬埔寨和华富里也有相似的青铜器，例如轿钩，在这些器物上可以看到高棉风格的纹饰（1）。泰国中部高棉时代的末期，艺术中也出现了与缅甸相关的元素。

本页右下

4. 佛头

这尊佛头面带微笑，面容柔和，
发饰、额带上装点着莲瓣。头发
和肉髻之间的束带，在华富里的
金属佛像中很常见，但在石像上
很少。方阔的额头和横束的额带
在高棉雕塑中很常见，但在这
件造像中被简化了。直到 19 世
纪，这种元素在泰国佛像上依然
流行。

13 世纪
泰国中部
砂岩
高 40 厘米
厄尔上校（Colonel Earle）
捐赠
馆藏编号 1951,1112.1

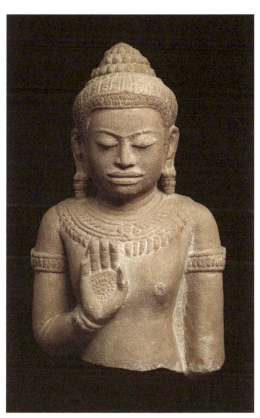

2 | 5 缅甸的佛教造像

1044 年，缅人第一位被称作"大帝"的君主阿奴律陀（Anawrahta）继位，蒲甘王国崛起，在 65 平方公里的宽阔土地上创作了一部漫长的佛教建筑史。在近 3 个世纪的时间里，虔诚的佛教徒供养了数千座砖砌建筑，其中的许多留存至今。这些建筑内有佛像和壁画，有时墙上还满饰浮雕，为建筑增添了神圣感。这一时期发展出的风格在蒲甘衰落后依旧存在（3）。宗教上，这个王国是兼容并蓄的，存在不同形式的佛教（6），以及印度教和其他神灵信仰。但随着时间的推移，上座部佛教占据了压倒性地位，这是在和斯里兰卡的宗教交流中产生的。

发愿建造宗教建筑和施舍物品是施主在做功德，也是纪念佛祖，并确保传统的延续。护法是国王的职责之一，江喜陀（Kyanzittha，1084~1113 年在位）和梯罗明罗（Htilominlo，1084~1113 年在位）统治时期，曾派出使团修复佛陀悟道处菩提伽耶的佛寺。在梯罗明罗时期，蒲甘复制了菩提伽耶的摩诃菩提寺，其他的印度佛教艺术也被引入，例如佛牌（1）。蒲甘的印度艺术家与印度东北部有着密切的联系（2，4，5）。

1 善跏趺坐佛像佛牌*

在此牌中，佛手持说法印，这是讲解佛法、帮助众生脱离轮回痛苦的手印；双腿下垂而坐，这种姿势被称为善跏趺坐，显示了佛的至高无上。考古工作者在寺庙院落四周、墙壁上或墙洞内，发现了数十万块此类佛牌，上面的图案题材广泛，从经文、护法颂诗、佛塔到诸佛的形象都有涉猎。

13 世纪
缅甸
红陶
高 15.5 厘米，宽 12.5 厘米
A.W. 弗兰克斯捐赠，罗德威·C.J. 斯文霍（Rodway C. J. Swinhoe）收集
馆藏编号 1896,0314.15

---

* 以北传佛教的造像仪轨看，持说法印、呈善跏趺坐的是正在说法的弥勒佛。

2. 本生故事佛牌

这块佛牌描绘了佛祖一生最重要的 8 个事件，这是 9~13 世纪印度东北部和蒲甘流行的宗教艺术主题。8 个事件为：出生、悟道、初转法轮（初次讲法）、猴王献宝、降服醉象、佛祖至忉利天为母说法后回到凡间、舍卫城神变和涅槃。最终，佛祖不入轮回。

11~12 世纪
缅甸
红陶
高 16.5 厘米，宽 11.7 厘米
多布森中尉（Lieutenant Dobson）捐赠，
馆藏编号 1899,1016.1

3. 持触地印的佛祖

佛祖结跏趺坐于莲花座，右手置于膝上，五指并拢触地。相传佛祖悟道时，群魔骚扰，佛祖以手触地，地神现身，证明佛祖得道，于是群魔退去。此手印即名"触地印"，象征佛祖得道。造像顶饰从代表智慧的肉髻中伸出，镶有琥珀，琥珀开采于缅甸北部的山区。长袍的肩搭呈"鱼尾"状，这种设计出现于蒲甘时期，印度东北部的造像中也发现过这一特征，但该造像的瘦削暗示它造于比较晚的时期。底座上刻有布施者的名字，记录了布施获得的功德。

15~16 世纪
缅甸
铜、琥珀
高 23.7 厘米，宽 15.7 厘米
P. T. 布鲁克·休厄尔捐赠
馆藏编号 1957,1015.3

4. 坐佛

和上一件造像相同，这件佛祖像也结跏趺坐，持触地印。此坐像宽肩、细腰、宽额头、尖下巴、拱形眉毛、嘴唇噘起，这是蒲甘时期的特征，也能在那时的印度东北部和环喜马拉雅区域看到。造像身上的袈裟贴身，线条简洁，头顶曾饰有宝石，这说明它也受到其他区域佛教艺术的影响。

12 世纪
缅甸
铜
高 34 厘米，宽 25.5 厘米
馆藏编号 1971,0727.1

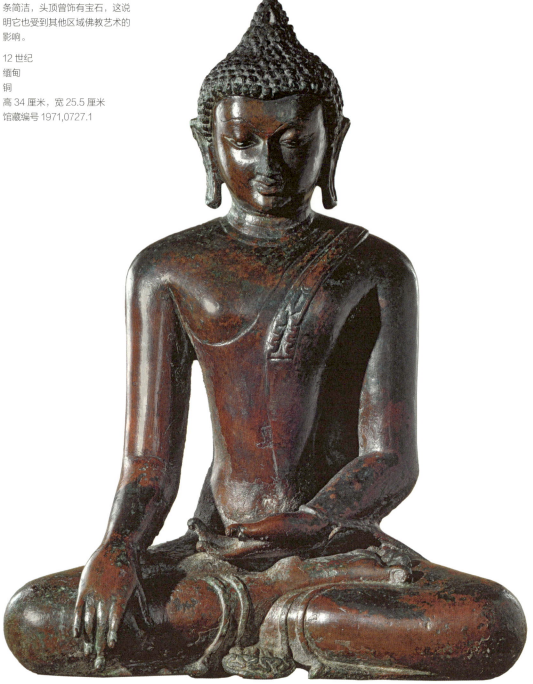

5. 站立的宝冠佛

佛通常是坐姿，但自蒲甘时期起，出现了一些木制立像。它们通常戴着宝冠。一簇树叶般的宝冠高高耸起，这是印度东北部的王冠形制，但两侧精致的丝带是当地的创新，并成了这一区域宝冠的标准制式，一直延续到18世纪末。

14~15 世纪
缅甸
木、金及漆
高 114 厘米
馆藏编号 1981,0611.1

6. 阿閦佛（Akshobhya）

蒲甘时期缅甸宗教的多样性，在这尊铜佛坐像中得到了体现。尽管在蒲甘王国占主导地位的是上座部佛教，但依旧有许多其他教派存在，并在造像和绘画中有所体现。阿閦佛是大乘佛教和金刚乘佛教的五方佛之一，主管东方妙喜世界。他坐于莲台上，身前有一金刚杵。莲台下方的宝座在中间"收腰"，以表示对他的敬意。

13 世纪
缅甸
铜
高 16.7 厘米，宽 10.8 厘米
馆藏编号 1971,0125.1

2 | 6 素可泰造像

11~12 世纪，掸傣族群自中国西南部南下，进入现在的缅甸、泰国和老挝，并开始在泰国北部和中北部建立国家。佛教的素可泰王国最有名的国王是兰甘亨（Ram Khamhaeng，1279~1298 年在位），他将王国疆域扩张到最大。兰甘亨去世后，素可泰王国慢慢萎缩，直至 15 世纪初被阿瑜陀耶王国吞并。

1331 年，素可泰的僧侣在下缅甸按斯里兰卡的大乘佛教仪轨受戒。14 世纪 40 年代，僧人西萨塔（Si Sattha）奔赴斯里兰卡取经。他回国后，斯里兰卡的图像元素出现在素可泰艺术中。

素可泰以宗教建筑、铜器、石雕、灰泥塑像（4）和陶器闻名，其造像尤为创新，会运用坐、立、卧、行四种禅修姿势来再现人物体态（1，2）。佛教造像呈现一种优雅的新风格，以火焰顶 [同样出现在斯里兰卡和印度的纳格伯蒂讷姆（Nagapattinam）]、阔肩、贴紧身躯宛若裸体的着装、椭圆形的脸、微笑和几若无骨的四肢为代表特征（3）。这其中，椭圆形的脸、尖锐的下巴和斯里兰卡艺术颇有关联，也和泰国北部艺术脱不开关系。

1. 持禅定印的佛陀

这件造像中有许多素可泰艺术的典型特征，例如凸起如狮子一般的胸部、弯曲象鼻一般的手臂、鹦鹉嘴般的鼻子、修长的手指和扁平的脚，这些均属于佛陀的三十二相，它们体现了佛陀的不凡与灵性。坐，是素可泰时期常见的四种佛姿之一。禅定印是双手叠放在腿上，手掌朝上，表示冥想。

14~15 世纪
泰国
铜
高 46.5 厘米
克莱门蒂娜·托特纳姆
（Clementina Tottenham）
捐赠
馆藏编号 1954,0219.4

2. 行走的佛

佛在行走，右手持无畏印，安抚信众，这种形象是素可泰时期的一项创新。它代表行禅，也就是用步行的方式禅修，与大约同时发展出来的佛足印崇拜联系在一起。人们认为，佛祖在世时，曾前往忉利天为已经过世的母亲与众神说法，之后回到凡间，这就是佛祖 8 个重要事件中的"天降"。回到凡间时，佛祖在大地上留下了脚印。除此之外，佛祖还为虔诚的龙族留下了脚印以供崇拜。这都是佛足印崇拜的典故。

14 世纪
泰国
铜
高 28 厘米
馆藏编号 1947,0514.1

4. 镀金铜那伽

这个铜器描绘的是摩羯（Makara）口中吐出的那伽，它可能位于寺庙栏杆的末端。摩羯是一种想象中的水生动物，混合了许多动物的特征，被认为是守护者，通常会被放在建筑或是通道的入口处。那伽，也就是神话中的大蛇，出现在寺庙中是因为它们与彩虹相关，而彩虹是水世界和天空之间的桥梁。当访客登上寺庙门口的楼梯时，会面对这些动物的头。对那伽雕像的使用，将素可泰艺术同吴哥和高棉联系在了一起。

1460~1490
据说来自帕西雷达纳玛哈泰寺（Wat Phra Sri Rattana Mahathat）
泰国，彭世洛（Phitsanulok）府
铜、黄金
高 95.4 厘米，宽 51 厘米
欧内斯特·梅森·萨托（Ernest Mason Satow）捐赠
馆藏编号 1887,0714.1

3. 佛头

这件佛头曾是一尊巨大铜像的一部分，火焰顶、拱眉、双眼低垂、微笑，嘴唇周围为双线，细密的螺发在额头上交汇成美人尖，呈现素可泰的特色，让人不禁回味起高棉造像。

14~15 世纪
泰国
青铜
高 54 厘米
馆藏编号 1880.1002

2 | 7 大越

公元前 111 年，中国的汉朝将今天的越南北部纳入统辖。尽管时有冲突，但这一统辖持续到 939 年，这一年吴权在白藤江之战中击败了南汉的军队，建国大越。李朝和陈朝自 1009 年至 1400 年先后统治越南北部。1406年，中国明朝的永乐皇帝再度将中国的管辖力量延伸至越南北部，直至 15 世纪 20 年代。此后，明朝又多次在这一地区建立管辖，但都时间不长。

中国给越南带来了深远的影响，无论是在行政结构上还是在文字、文化和艺术上。中国人教会了越南人各类陶瓷技术，如上釉、制作复杂模具、精制黏土、快轮制陶等，越南的工匠又在此之上进行了许多创新（1）。这一时期的陶瓷多以中国的设计为范本。大越建立后，出现了新的陶瓷形制和装饰样式，一些用于国内消费，另一些用于发展出口市场（2）。棕色底的青花瓷器最早出现于 14 世纪，迅速成为流行的出口产品，在开罗的福斯塔特（Fustat）出土的文物能证明这一点。越南陶瓷出口的鼎盛时期是在 15 世纪，不但销往东南亚的其他地区，还远销中东和非洲（2，3）。

越南的铜钱最初来自中国的汉朝和唐朝，自铸的第一种铜钱出现在 970年（4）。但越南的自有货币于 1050 年左右停止生产，市场上中国铜钱再次占据了主导地位，直到 1205 年本土铜钱重新恢复生产（5）。13 世纪后期，越南的国王开始生产纸币，好保留铜来做武器。

中国还将佛教、儒学和道教传播到了越南，尽管很少有 16 世纪之前的相关造像存世。

1. 有盖罐

这个罐子有个圆盖，立在一个有孔底座上，表面的釉料是透着棕黄的白色。在上釉之后、烧制之前，工匠会刮、刻坯体，在凹陷处填充铁棕色釉料，形成镶嵌的效果。这件器物是为本地市场制作的，从技术上讲，它和中国磁州窑相关，但宽阔的罐体和表面图案是越南的改造。

11~12 世纪
越南北部，清化省
炻器
高 26 厘米
馆藏编号 1931,0320.1

2. 带铜盖水注

这件仪式用水注发现于叙利亚，它本是为东南亚市场制造，但最终出口到中东和欧洲。水注的颈部和下缘有风格化的莲花瓣，颈部中间有印度进口纺织品的图案，肚子两侧有两只麒麟，这种组合展现出越南北部出口瓷器的国际化。

1440~1460
越南北部，竹岛（Chu Dau）
炻器、铜
高 28 厘米，宽 30.4 厘米
馆藏编号 2009,3014.2

3. 摩羯纹青花盘

越南的瓷窑生产了大量此类餐盘出口。在烧制前，坯上画了钴蓝色釉料绘成的图案，再覆盖透明釉。此瓷盘中的生物是摩羯，摩羯最初的形象是有着上翻嘴唇的大鱼或鳄鱼，在流变中，出现了这种用象鼻替代上翻嘴唇的形象。在一些地区，例如中爪哇，象鼻摩羯被雕刻在入口台阶两旁的栏杆末端。

1430~1480
越南
炻器
直径 36.5 厘米
馆藏编号 2002,1011.1

4. 铜钱

939 年大越建立后，发行了铜钱，并且沿袭了中国的方孔圆形形制。直到 20 世纪，越南铜钱上的文字都是使用中文书写的。

980~989
越南
铜合金
直径 2.5 厘米
馆藏编号 1884,0511.2166

5. 书法钱

陈朝（1225~1400）时期的铜钱铸造规模较小，仍使用中国形制。这些铜钱上刻有楷书、篆书和草书，是该王朝第 7 任国君陈裕宗统治时期铸造的。

1358~1369
越南
铜合金

直径 2.3~2.4 厘米
馆藏编号 1884,0511.2194;
1884,0511.2203;
1884,0511.2193

1. 婆罗浮屠的老照片

婆罗浮屠是世界最大的单体佛教建筑之一，建于 8 世纪末至 9 世纪初。这张照片拍摄于 1913 年。婆罗浮屠由多层方形平台组成，平台上排列着壁龛，内有同大乘佛教、金刚乘佛教相关的五方佛，以及刻有佛经的叙事浮雕板。建筑顶端是圆形平台，中有佛塔，内藏佛像。与中爪哇的其他建筑一样，婆罗浮屠是围绕着一个中心仪式点组织起来的。

1913
印度尼西亚，爪哇岛
明胶照相法，纸上银盐冲印照片
高 19.3 厘米，宽 26.2 厘米
Oc,B122.39

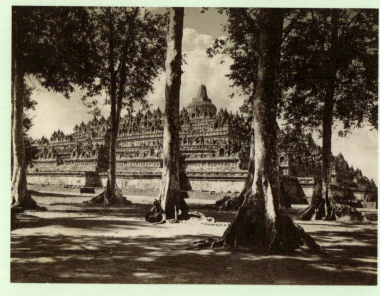

2. 爪哇岛克都（Kedu）区普林阿普斯（Pringapus）村残存的三座神庙中的两座，西南视角，G. P. 贝克船长绘制

19 世纪初绘制这张图时，当地尚有三座处于不同坍塌状态的神庙，目前仅剩一座重修庙宇。这是座供奉印度教大神湿婆的神庙，如今其中放置着湿婆神的坐骑公牛南迪。20 世纪，印度尼西亚各地设立了许多重建项目，不仅囊括了婆罗浮屠、普兰巴南这样的主要遗址，也照顾到了这样的小庙。

印度尼西亚，爪哇岛，辛多罗（Sindoro）山的山坡上
纸上水墨画
高 44 厘米，宽 56.1 厘米
J. H. 德雷克捐赠，斯坦福·莱佛士收集
馆藏编号 1939,0311,0.4.2

3. 幼王庙（Candi Bajang Ratu）的水彩画，J.W.B. 沃德纳尔（J. W. B. Wardenaar）绘制

这幅水彩画展示了特罗武兰（Trowulan）的一座山状红砖建筑，它曾是一座神庙建筑群的大门。王庭迁往东爪哇后，爪哇岛上的印度化王国出现了新的宗教建筑布局，反映了新的思想和仪式。在新布局中，建筑群中最神圣的一座，位于最后方、最靠近山的区域，而不像中爪哇那样放在院落中心。这种取向和巴厘岛的神庙群结构类似，是满者伯夷霸权的体现，亦是东爪哇、巴厘岛之间皇室通婚的结果。爪哇副总督斯坦福·莱佛士曾要求沃德纳尔（一位荷兰船长，在英国占领爪哇后，他和许多荷兰人一样留在了这里）发掘特罗武兰，以搞清楚爪哇文明的历史和艺术成就。

1815
印度尼西亚，爪哇岛，特罗武兰
纸上水彩画
高 29.4 厘米，宽 23.1 厘米
J. H. 德雷克捐赠，斯坦福·莱佛士收藏
馆藏编号 1939,0311,0.5.31

爪哇岛的山与水

山和水在东南亚的信仰体系和宇宙观中居于重要地位，从缅甸崇敬自然神灵的山居地，到柬埔寨的人造蓄水池与山形神庙，再到巴厘岛的神庙总是指向山与海，都能说明这一点。在爪哇岛，山脉被认为是冥想之处、神与祖灵的居所，它们总是与精神相关。大约从7世纪开始，迪恩高原和附近的山上建成了约400座几乎没有雕刻*的小型印度教神庙（2）。在平原上，夏连特拉王朝（8~9世纪）和珊阇耶王朝（8~10世纪）建造了婆罗浮屠和普兰巴南这些恢宏又华丽的巨庙（1）。这些建筑和其中的雕塑都是用安山岩（andesite，一种当地随处可见的火山岩）制作，形式不同，但都象征着特定的一座山——神圣的须弥山，无论是印度教还是佛教都将它视为宇宙中心。同时，群庙也象征着山脉。

929年，中爪哇的王庭迁至东爪哇，原因尚不清楚。从那时到16世纪初期，出现了谏义里（Kediri）、信诃沙里、满者伯夷3个王国，每次王国的更替都伴随首都的迁移。在国王哈奄·武禄（Hayam Wuruk，1350~1389年在位）和他的宰相卡查·马达（Gajah Madah）领导下，满者伯夷成为一个庞大的贸易帝国，控制了当今印度尼西亚和马来半岛的大部分地区。经过一段时期的纷争，满者伯夷衰落了，最终于1527年被伊斯兰教的淡目苏丹国击败，许多宫廷成员逃亡巴厘岛。

东爪哇的建筑最初是用石头建造的，后来红砖成为主流（3）。一些宗教场所建在城市中心，但更多建在山上，包括用来进行仪式性沐浴的圣水池，它们和不死甘露（Amerta）、圣水崇拜、神山崇拜联系在一起。须弥山形的仪式净瓶就是用于再现这个神话的（4）。

4. 仪式净瓶

印度教徒相信，不死甘露是众神以须弥山为搅拌棒、巨蛇婆苏吉（梵语 Vāsuki，爪哇语 Basuki）为转绳，搅拌乳海产生的。这件铜瓶确切的用法尚不清楚，但它一定和不死甘露有关，因为莲花花瓣承托的锥形瓶颈代表须弥山，喷嘴又是巨蛇的形状。

13世纪
印度尼西亚，爪哇岛
铜
高27.3厘米
馆藏编号 1976,0406.1

---

* 此描述不准确。"几乎没有雕刻"是长期风化和后世错误修复导致的，原本存在雕刻。

正如苏门答腊岛、爪哇岛、巴厘岛和加里曼丹岛的纪念碑和雕塑所表明的，这些现属印度尼西亚的地区曾是在古代佛教世界中发挥重要作用的王国。这里发现了进口自印度南部与东部的造像，但也有很多东南亚本地制作的雕塑。

爪哇文明的印度教、佛教建筑上都装饰有经文、神像与天体、动物、花卉、织物、几何纹浮雕。金属雕塑和器皿也被用在这些庙宇的仪式中。

造像和浮雕都雕刻在本地的安山岩石砖上。佛教建筑中常有五方佛（毗卢遮那佛、阿閦佛、宝生佛、阿弥陀佛和不空成就佛）和菩萨的雕像，浮雕展示了佛本生故事和爪哇版本的佛经。印度教建筑中会有一个主神像，通常是湿婆，偶尔是毗湿奴，极少数时为梵天，相关神灵则围绕着这位主神（3），有时还有《罗摩衍那》和《摩诃婆罗多》这两大史诗中的情节。无论是佛教还是印度教，守护神或者守护兽通常站在庙门或是入口阶梯的两侧。在东爪哇，统治者还委托工匠在神像中神化自己，在雕塑中，他们会被描绘成与神结对的祖先（4）。

600~1500 年，爪哇文明制作了大量金属造像（1，2）。佛教、印度教的金属造像主要是铜质的，但也有银质或金质的。中爪哇时期，人物造像占主导地位，但到了东爪哇时期，仪式用具以及器皿成了金属器的主流（5）。没有存世文本能说明如何敬拜这些人物造像或是如何使用仪式用具。

1. 女菩萨坐像

这位女菩萨佩戴着这一时期佛教金属造像中常见的精致珠宝，尤以有五个尖的王冠最为典型。她手持海螺，代表佛教教义的传播，坐在象征纯洁的莲花上。这都是佛教中常见的元素。

9~11 世纪
印度尼西亚，爪哇岛
铜
高 15.2 厘米
伯克利画廊捐赠，
馆藏编号 1960,1213.1

2. 三发（Sambas）宝藏中的佛教造像

20世纪40年代，一个装满了小型佛像、香炉和银箔佛经的宝库现身于加里曼丹岛西部的三发河边，其中的铭文为古爪哇文，包括几部佛经中的经文，还提到了一位不为人知的国王旃陀罗跋摩（Candravarman）。通过识别造像的特征，研究者认为其中的一些制作于印度次大陆，剩下的大多数产自爪哇岛，呈现了当时当地的风格与思想。例如，起源于印度笈多艺术的紧贴身躯的服装、围绕人物的精致曼荼罗（椭圆形框架）、莲台和观世音菩萨。

9~10世纪
印度尼西亚爪哇岛和印度制造
铜、金、银
高 5.7~27.8 厘米
P. T. 布鲁克·休厄尔捐赠
馆藏编号 1956,0725.1-9

3. 象头神犍尼萨

在爪哇岛特有的印度教神庙布局中 *，一座供奉湿婆的神庙，中央胎室里会有一座湿婆神像，神庙北壁龛中是其配偶杜尔迦 **，南侧为投山仙人（Agastya），西侧则是湿婆之子象头神。这尊象头神的造像坐在莲台上，脚底并拢，这是典型的爪哇特征，分层的头饰和珠宝也是如此。

11~12世纪
印度尼西亚，爪哇岛
火山石（安山岩）
高 62 厘米，宽 41 厘米
查尔斯·米勒捐赠，
馆藏编号 1861,1010.2

* 实际上此为普兰巴南主庙的独有布局，并非常例。

** 杜尔迦是帕尔瓦蒂的愤怒相和化身。

**4. 被刻画成湿婆和帕尔瓦蒂的
祖先造像**

信诃沙里王朝（1222~1292）和
满者伯夷王国（约1293~1527）
的统治者和贵族被认为是神的化
身，而神的化身在死后会重归于
神。这些贵人会在造像中神化自
己，将自己描绘成已经逝去归神
的先祖。至于成为哪位神，则由
他们自己选择——或湿婆，或毗
湿奴，或佛陀。造像中的这对
夫妇被描绘为湿婆和他的配偶
帕尔瓦蒂。他们站立着，目光低
垂，双手持禅定印，神游于世界
之外。

14~15 世纪
印度尼西亚，爪哇岛
火山石（安山岩）
高 49 厘米，宽 25 厘米；
高 48 厘米，宽 23 厘米
馆藏编号 1880.290, 1880.291

5. 香炉

焚香是佛教和印度教仪式中的重
要组成部分。这件铸造铜炉有四
足、分层屋顶式的盖，后者体现
了东南亚建筑的共同特征。在许
多地区，鸟类都与天堂有关，是
众神的使者。它们出现在炉顶
上，与供佛的飞扬烟气相连。

10 世纪
发现于加里曼丹岛三发
铜
高 19.7 厘米，宽 16.1 厘米
P. T. 布鲁克·休厄尔捐赠
馆藏编号 1956,0725.10

2 | 9 爪哇岛的金指环和金耳环

爪哇岛几乎没有金矿，这种金属可能是从苏门答腊岛、加里曼丹岛或是苏拉威西岛进口的。有大量证据显示，苏门答腊岛金矿众多，技术也先进，但对相关地点的考古调查很少。

黄金在爪哇人的宗教生活中很重要，它的光芒与皇室和灵性之光有象征性的联系。人们会在宗教建筑的奠基仪式上施舍金指环，因此中爪哇的山中埋藏了大量金器，各处寺庙的台基下也有。

除了宗教和政治作用之外，黄金也被单纯用在装饰上。爪哇文明早期的文物中，金首饰是数量最多的品类之一，这些物品展现了前伊斯兰社会的广泛相关性。带狭缝的耳环有多种造型（1），金环可以戴在手指、脚趾上，可以用链子串起戴在脖子上，还能别在衣服上，不仅能作为装饰，还可以用来识别身份、带来防护和好运。戒指可以是铸造的，也可以是用成型的金片组装的，当然这两种技术也能结合起来，上面的装饰可以通过铸造、切割、焊接、造粒做成（3）。一些铭文戒或许能当印章使用（4），一些纹饰和神有关（2）。鱼和花瓶之类的图像，可能与防护、好运和财富相关，一些戒指中未切割的宝石也被认为会影响命运（2，3）。

1. 耳饰
这款带狭缝的耳饰上装饰着螺旋形的须弥山，围绕着山的是树叶和云朵。在爪哇岛和巴厘岛，山脉具有强大的精神力量，是众神和祖先的居所，也是冥想和灵性之地。
8~11 世纪
印度尼西亚，中爪哇
金
直径 3.4 厘米
A.W. 弗兰克斯遗赠
馆藏编号 Af.2402

2. 三枚刻花戒
这三枚戒指的戒面形状各异，但都是平的，且都有马蹄形的戒环，这是中爪哇早期的典型特征。它们都是铸造品。

贤瓶（Pūrṇa Kalaśa）金戒
贤瓶是印度教、佛教中能生出美好事物的瓶子，象征富裕、好运，引申为能生善福。
8~11 世纪
印度尼西亚，中爪哇
金
直径 2.3 厘米
A.W. 弗兰克斯遗赠
馆藏编号 Af.2384

毗湿奴鱼化身金戒
8~11 世纪
印度尼西亚，中爪哇
金
直径 3 厘米
A.W. 弗兰克斯遗赠
馆藏编号 Af.2381

碗中叶发芽金戒
8~11 世纪
印度尼西亚，中爪哇
金
直径 2.7 厘米
A.W. 弗兰克斯遗赠
馆藏编号 Af.2382

3. 三枚宝石戒

爪哇岛的金戒上常装饰有宝石或半宝石。大多数宝石都经过切割和抛光，但仍呈不规则的形状，偶尔宝石山会刻图案。镶嵌宝石的方法很多。三戒中，阴刻狮子状神话生物的红色宝石被嵌入戒面上的凹槽内。另两枚戒指上的水晶、石榴石和蓝宝石都是用凸起的金属环固定，戒面上还用小金珠和细金线装饰。

戒指
8~11 世纪
印度尼西亚，中爪哇
黄金和红玉髓
直径 1.9 厘米
A.W. 弗兰克斯遗赠
馆藏编号 Af.2380

戒指
11~15 世纪
印度尼西亚，爪哇岛
黄金和蓝宝石、石榴石、水晶
直径 3.4 厘米
A.W. 弗兰克斯遗赠
馆藏编号 Af.2401

戒指
11~15 世纪
印度尼西亚，爪哇岛
黄金和矿石
直径 3.5 厘米
A.W. 弗兰克斯遗赠
馆藏编号 Af.2400

4. 印章戒

这枚戒指的椭圆形戒面上刻有古爪哇文，可转写为"KAWI"。这个词源自梵语，表示好运和利润。这种戒指被用作个人印章。

11~15 世纪
印度尼西亚，爪哇岛
金
直径 2.1 厘米
A.W. 弗兰克斯遗赠
馆藏编号 Af.2375

2 | 10 伊斯兰教的降临

早在 8 世纪，穆斯林商人就通过联结中东、南亚和中国的海上商路抵达了东南亚。在接下来的几个世纪里，一些人定居在该地区的商业中心，似乎在那些地方拥有了一定的威望，经常被授予高位。这促进了新交流网络的建立。除了商人，还有教师参与伊斯兰教的传播，最后连国王也参与其中。13世纪末，东南亚第一个苏丹国苏木都剌在苏门答腊岛东北部建立。马六甲位于马来半岛西海岸，在 15 世纪初成为东南亚最重要的商业中心，其统治者在 15 世纪 30 年代皈依伊斯兰教。此后，苏门答腊岛及包括现今泰国南部在内的整个地区，相继有更多的王室皈依。在爪哇岛，伊斯兰教的传播归功于 9 位圣人（Wali Songo），他们当中的第一人毛拉纳·马利克·易卜拉欣（Maulana Malik Ibrahim）被认为是自印度古吉拉特而来的波斯裔移民。1419 年，这位圣人归真后，被埋葬在爪哇岛东北部锦石（Gresik）县的一座石墓中，这里至今仍是朝圣地（1）。铭文墓碑是东南亚伊斯兰艺术最早的实例之一。早期的清真寺遵循东南亚的建筑形制，包括方形的结构、多层且越高越小的屋顶。

1. 毛拉纳·马利克·易卜拉欣圣墓的绘图

这座坟墓位于爪哇岛东北部锦石县的东门清真寺（Gapuro Wetan Mosque）中，是印度的古吉拉特风格。15 世纪时，印度尼西亚诸岛有大宗的大理石伊斯兰墓碑贸易。墓碑的装饰主要是铭文，墓盖上雕刻的灯代表真主之光，也很常见。

1815
印度尼西亚，爪哇岛
纸本水墨设色
高 52.7 厘米，宽 70 厘米
J. H. 德雷克捐赠，斯坦福·莱佛士收集
馆藏编号 1939,0311,0.5.55

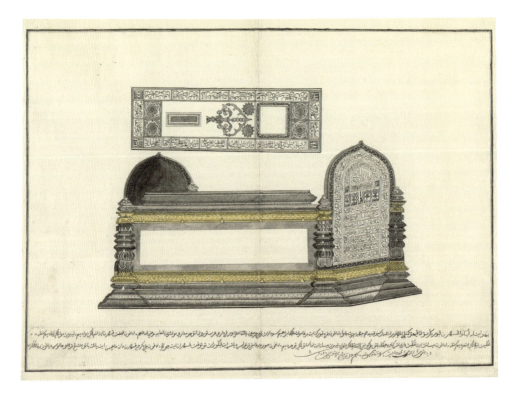

2. 瓦宝威清真寺（Wapauwe Mosque）

瓦宝威清真寺位于马鲁古群岛的安汶（Ambon），是印度尼西亚最古老的清真寺之一。它建于1414年，保留了当地的木构形制，内有四根柱子支撑分层屋顶，没有宣礼塔。这是东南亚早期清真寺的典型风格，遵循了当地的建筑传统。直到19世纪，中东和南亚清真寺常见的圆顶和尖塔才开始出现在东南亚。

大事年表

15~18 世纪	上座部佛教日渐成为中南半岛佛教的主流教派（现今的越南除外）
16 世纪初	亚齐（Aceh）苏丹国在苏门答腊岛北部建国，后来吞并了苏木都刺·巴赛苏丹国
16 世纪 ~1669	苏拉威西岛南部的戈瓦（Gowa）苏丹国，被荷兰东印度公司和武吉斯人（Bugis）联手击败
16~17 世纪	马六甲衰落后，文莱成为重要的贸易中心
1511	葡萄牙人征服马六甲
1527~1813	万丹（Banten/Bantam），西爪哇的贸易王国
1527	满者伯夷王国衰落，被爪哇岛的淡目苏丹国征服
1558	越南阮主（Chúa Nguyễn）政权将控制范围扩大到越南南部
1565	西班牙在菲律宾宿雾岛建立第一个定居点
1568~1815	中国、菲律宾和墨西哥之间的大帆船贸易
1571	西班牙从当地统治者手中夺取马尼拉后将其定为菲律宾首府
1578~1774	缅甸东吁（Toungoo）王朝和早期贡榜（Konbaung）王朝控制泰国北部兰纳（Lan Na）地区的众小国
16 世纪末至 19 世纪初	柬埔寨交替臣服于暹罗和越南
16 世纪末至 18 世纪中叶	爪哇岛的马打兰（Mataram）苏丹国
1619	巴达维亚（今名雅加达）建立，作为荷兰东印度公司在爪哇岛的总部
1641	荷兰东印度公司在柔佛（Johor）苏丹国的帮助下占领马六甲
1675~1823/1825	苏门答腊岛巨港（Palembang）苏丹国
1707	老挝澜沧（Lan Xang）王国灭亡，分裂为多个小王国
1749	荷兰东印度公司获得帝汶（Timor）部分地区的控制权，这后来导致了 20 世纪末的冲突
1752~1885	缅甸贡榜王朝，建都于阿瓦（Ava/Inwa）、阿摩罗补罗*（Amrapura）和曼德勒
1767	贡榜王朝摧毁阿瑜陀耶城**并驱逐其人民
1779	印度尼西亚东部群岛出现反抗荷兰东印度公司的起义
1782 年至今	却克里（Chakri）王朝在泰国建立，定都曼谷
1784	在波道帕耶***（Bodawpaya）王统治下的缅甸贡榜王朝吞并若开王国
18 世纪末至 19 世纪	兰纳被定都曼谷的暹罗王国（泰国）吞并
1802~1945	越南阮朝，定都顺化
1819~1826	缅甸贡榜军队袭击现属印度的曼尼普尔（Manipur）邦，掠夺人口到缅甸腹地
1824	英荷条约签署，将东南亚大部分岛屿划分为两部分，属于英国的有新加坡、马来半岛和北婆罗洲****，其余岛屿（菲律宾除外）属于荷兰
1824~1826、1852、1885	三场英缅战争后，英国完全吞并缅甸
19 世纪 40 年代	文莱将加里曼丹岛北岸沙捞越地区的统治权授予英国人詹姆斯·布鲁克（James Brooke），后者称布鲁克罗阇（Brooke Rajah），建立沙捞越王国（Raj of Sarawak）
19 世纪 50 年代起	法国逐渐占领越南领土
1855	泰国与英国签订《鲍林条约》（Bowring treaty）
1863	柬埔寨成为法国保护国
1887	法属印度支那建立，包括现在的柬埔寨、老挝和越南
1888	文莱成为英国保护国
1904	亚齐落入荷兰人手中

---

* 也可译为阿玛拉普拉。
** 也可译为大城。
*** 中国史籍称孟云。
**** 北婆罗洲是现今马来西亚沙巴州和纳闽直辖区的前身，不包括沙捞越州和文莱等加里曼丹岛北部区域。

3

贸易、外交和帝国

1400~1940

1400 年左右，东南亚的不少强势政权已经衰落。大陆区域，柬埔寨的吴哥、缅甸的蒲甘、泰国的素可泰和占婆的美山都已失去光彩；岛屿区域，三佛齐和末罗瑜不再生辉。新时代来临，闪耀的将是缅甸中部的东吁、泰国中部的阿瑜陀耶和北部的兰纳、老挝的澜沧、越南的大越、群岛中的满者伯夷和马六甲、苏门答腊岛的苏木都剌·巴赛和亚齐。这些政权保留了它们前身的许多价值观、信仰、习俗和结构。

历经无数战争与王朝更迭，大陆区域的王国在行政上越发中央集权（4）。16 世纪末，莽应龙（Bayinnaung，1551~1581年在位）大帝统治下的东吁王朝将控制范围扩大到泰国北部的兰纳。18 世纪末，泰国大城王朝的首都阿瑜陀耶被洗劫，人口被掠至缅甸中部。同样，若开和曼尼普尔也在 18 世纪末被纳入缅甸。拉玛一世（Rama I，1782~1809 年在位）在泰国中部建立却克里王朝，定都曼谷。自 18 世纪末到 19 世纪，泰国慢慢吸收了北部的兰纳，并将老挝人迁移到了东北部。越南在 17 世纪到 18 世纪进入南北朝时期，由南方的阮主和北方的郑主（Chúa Trịnh）统治。1802 年，阮主统一了国家，建立阮朝，并扩张到了今天老挝、柬埔寨的部分地区。

东南亚的岛屿区域则在众多王庭的统治下四分五裂，其中许多国家皈依了伊斯兰教（5）。这些岛屿国家通常以主要港口城市为中心，这些港口都和内陆区域紧密相连。许多国家是扩张性的，会争夺贸易和资源的控制权。有些国家国祚绵长，例如亚齐，直到 1904 年才落入荷兰人手中；有些国家非常短命，例如爪哇岛的淡目苏丹国，出现在 15 世纪 70 年代，16 世纪 20 年代击败了满者伯夷王国，但到 16 世纪 60 年代就被同在爪哇岛的马打兰苏丹国兼并。东南亚最重要的转口贸易海港马六甲，

1. 约翰·奥利弗（John Oliver）阁下，1662 年万丹苏丹派往英国的全权大使

从 17 世纪开始，东南亚各国开始向欧洲的王室派遣外交官，打破了 1000 多年来只向中国派遣使团的传统。万丹是伊斯兰苏丹国，也是著名的贸易王国，在 16 世纪初立国于爪哇岛西北部，19 世纪初被荷兰吞并。万丹苏丹可能派出了这幅版画中所画的大使约翰·奥利弗，寻求英国支持以对抗荷兰。但荷兰东印度公司在 1682 年废黜了他，并把他的儿子推上了傀儡王位。

1682
伦敦
纸上版画
高 32.3 厘米，宽 21.2 厘米
馆藏编号 1849,0315.100

2. 葡萄牙国王曼努埃尔一世（Manuel I）锡币

1511 年起，葡萄牙人在葡属印度总督阿方索·德·阿尔布克尔克（Afonso de Albuquerque）的领导下，通过建造堡垒和发行货币将马六甲发展成为一座殖民城市。以锡铸币，是因为当地锡产量充足。这枚硬币一侧的球体是葡萄牙国王曼努埃尔一世的徽章，另一侧是代表基督教的十字架。作为殖民活动的一部分，葡萄牙人大力推广天主教。

1511~1521
铸造于马来半岛马六甲
锡
直径 4.1 厘米
奥格尔维（Ogilvy）捐赠
馆藏编号 1861,0507.20

1511 年被葡萄牙人征服（2）。

1400~1900 年，东南亚的宗教状况发生了巨变。一方面，上座部佛教逐渐在大陆区域占据主导地位，和斯里兰卡的联系还在继续，信徒们认为这座岛屿是所谓"纯粹佛教"的源头；另一方面，随着统治者的皈依，伊斯兰教开始在岛屿区域占据主导地位，并通过外交与中东的伊斯兰中心地带接触。东南亚的伊斯兰王国与贸易中心，例如马六甲、苏拉威西岛的戈瓦、加里曼丹岛的文莱，成为宗教扩张的中心。16 世纪初，欧洲人传入了基督教，但并未在伊斯兰教和佛教盛行的地区获得皈依者，主要在印度尼西亚的东部岛屿和高地地区、菲律宾北部以及中南半岛的高地地区获得了一定成功。统治者会推崇特定的宗教，但普通民众的信仰会适应居住地的特点。

东南亚处在繁忙的贸易线路上，独特的资源鼓励了新的商业阶层在不断发展的多元化、国际化的区域中心与城市中出现。许多华人在东南亚定居，随之而来的是中国铜钱，这种货币会用于小额贸易，是一种重要的货币形式。贝壳和其他等价交换物以及以物易物的商业仍然广泛存在（3）。印度的古吉拉特人、孟加拉人和南部的穆斯林也移居到了东南亚，组成了主要的印

3. 鳄鱼形状的锡锭

大约从 15 世纪开始，动物形状或"方帽"形状的锡锭开始在马来半岛普遍生产，特别是在西海岸的今霹雳州地区，该地区的锡矿产业已经延续数千年。这些锡被用于铸币，但人们对锡币知之甚少。最初，马来半岛的锡开采是小规模且零星的，但产量在 19 世纪大幅增加，到了 1900 年，世界供应量的一半都源自这里。许多来自其他地区的劳动力（尤其是来自中国的人）在此工作。

16~19 世纪
马来半岛
锡
长 37.4 厘米
塞西尔·雷（Cecil Wray）捐赠
馆藏编号 As1933,1104.2

度商人群体，会交易多种商品，包括纺织品（其中不少甚至成了本地家族的传家宝）和其他奢侈品。因此，东南亚是各地人群的融合，多样性是它的特征，不同的民族都得到了认可，但人群的类别并不是固定的，有收入者往往能更成功地融入本地社区。人的流动是这种灵活性的部分原因，这一时期流动性加强了，尽管有些并非自愿。人们在战争中沦为奴隶，或者为了偿还债务出卖自己。他们的地位与大西洋地区的奴隶并不太一样。根据技能和能力，这些奴隶可能会在宫廷中任职，或是继续做工匠、士兵、商人或农民。随着时间的推移，许多人脱离了奴籍，或者赎买了自由。直到 18 世纪末甚至 19 世纪，东南亚的统治者才开始强调基于习俗或信仰的效忠，为未来的竞争奠定了基础。

贸易带来的繁荣使得人口增加、耕地面积扩大。早期的贸易主要集中在东南亚特有的香料等产品上。但到了 18 世纪，过度采伐造成的环境问题浮现，使得低地居民与内陆群体发生了冲突。后来，随着欧洲人借助新的科学与军事技术获得霸权地位，糖、茶、咖啡等经济作物及鸦片成为主要商品。在菲律宾，马尼拉是美洲白银、中国丝绸和瓷器以及其他奢侈品的交

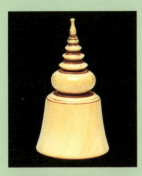

4. 印章

泰国的印章通常由象牙制成，会做成佛塔（泰语 Chedi）的样子。僧侣和政府行政人员用这些印章在官方文件上盖章，或为佛经打上特定佛寺的标记。底座上的图案代表特定的政府部门或寺院。

19 世纪
泰国
象牙
高 9.2 厘米，章面直径 4.8 厘米
F. 沃德（F. Ward）捐赠
馆藏编号 As1919,1104.55

5. 米斗

这种大米的标准度量工具在马来语中称为"Gantang"，中文称"米斗"。上面的阿拉伯文记录了日期，并宣告这个米斗得到了文莱苏丹的官方认可。巨大的手柄是必须的，因为它的容积近4升。

1899~1900
文莱苏丹国
黄铜
高 16.8 厘米，直径 21.5 厘米
馆藏编号 2020,3002.1

换中心。

15 世纪初，欧洲人抵达东南亚，寻找昂贵的香料。首先是葡萄牙人，他们于 1511 年占领了马六甲，并在这一区域修建了许多防御工事和港口。16 世纪 70 年代起，西班牙人占领了菲律宾北部地区，包括马尼拉。荷兰东印度公司在 17 世纪成为欧洲在东南亚海域的主要势力，而英国东印度公司要到 18 世纪才逐渐获得权力。最初，东南亚人将欧洲人视为又一群商人，甚至派遣外交使团前往欧洲（1），但到 19 世纪末，东南亚大部分地区已经处于殖民统治下。西班牙人控制了菲律宾，葡萄牙人控制了东帝汶，荷兰控制了印度尼西亚，法国控制了印度支那，英国控制了缅甸、马来亚、新加坡和北婆罗洲。所有国家都建立了与以前的社会组织形式截然不同的殖民官僚机构。有时，殖民者会将地方统治者立为傀儡。政治控制的目的是开采原材料和提供进行工业扩张的劳动力，殖民区域都被改造成种植园和矿山。法国、西班牙和葡萄牙人也在大力推动宗教的传播。只有泰国保持独立，其原因是它向欧洲作出了灵活的让步，同时英法也需要它充当缓冲区。

1. 坐佛

上座部佛教从15世纪初开始在柬埔寨盛行，至19世纪达到统治地位。与吴哥的高棉雕塑和建筑相比，后来的柬埔寨佛教事物黯然失色，保存得不太好，也很少被收藏。这是一尊罕见的漆金石佛，佩戴的珠宝与早期相似，包括宽领、分层王冠和顶饰。

17~19世纪
柬埔寨
石、金、漆
高49.9厘米
馆藏编号 1992,0707.1

2. 两位站立的僧侣

因为无数世的努力，舍利弗和目犍连自出家之日起就是佛祖最重要的弟子。在众亲传弟子中，舍利弗号智慧第一，目犍连号神通第一。在这两件造像中，二人双手合十，表示顶礼膜拜。19世纪初期，有装饰的长袍在泰国佛教造像中流行。

19世纪早期至中期
暹罗（泰国）
铜、黄金
高109厘米；高106.2厘米
多丽丝·杜克慈善基金会捐赠
馆藏编号 2004,0628.20-21

中南半岛的上座部佛教帝国

大约从 11 世纪开始，上座部佛教通过僧侣的云游、寺院的交流以及王室的赞助和清净仪式，逐渐在缅甸、泰国、老挝和柬埔寨占据主导地位。这个派别和斯里兰卡有密切的联系，因为该岛被认为是正统的"纯粹佛教"的源头（即认为斯里兰卡的佛教自诞生起就没怎么改变）。统治者会派僧侣到斯里兰卡或是以斯里兰卡的仪轨重新受戒，来确保僧众修行的纯洁性。例如，定都于下缅甸勃固（Pegu）的孟人国家汉达瓦底王国（Hanthawaddy，亦称勃固王国）的国王达摩悉提（Dhammazedi，1471~1492 年在位）在迦尼耶石刻（Kalyani Inscription，1476~1479 年雕成）上记载了一系列宗教改革：取消原有的教派差异，周边区域的僧侣来汉达瓦底以斯里兰卡的仪轨重新受戒。泰国的记录显示，1423 年，清迈有 25 位僧侣前往斯里兰卡受戒；同样是在这一年，8 位斯里兰卡僧侣前往柬埔寨传法。17 世纪，荷兰东印度公司的船只促进了斯里兰卡和若开王国之间的僧侣交流，

削弱了葡萄牙的影响。后来，斯里兰卡的佛教出现衰退。1799 年，一群斯里兰卡僧侣反过来到缅甸求法，回国后创立缅甸派。

在上座部佛教中，佛陀的教导（Dhamma，即达摩、法）呈现在"三藏"中，即经、律、论三种类别的佛典，由僧众保存和解释。记载佛陀言教的经书在仪式中很重要，也是佛教的象征，上座部佛经所用的巴利语被认为是神圣的。修行可累积功德，方式包括念经、祈祷、供佛，以及布施食物、衣物、日用品和劳力给僧团。赞助佛像、经书、佛塔、寺院的制作和建设都有大功德。

历史中的佛祖，即乔达摩·悉达多或称释迦牟尼，是五位佛陀中的第四位，在当前的时间周期中觉醒（1），接下来的佛则是未来佛弥勒。其他的重要人物还包括佛祖的主要弟子，在上座部佛教中，最重要的是舍利弗和目犍连（2）。还有一些人也因

3."扭虫"子弹币

阿瑜陀耶王国和早期的却克里王朝发行了泰语称为"扭虫"的硬币。这种硬币外形类似小号银球，上面印有佛教符号，如大象、法轮和海螺壳。此币上的车轮图像喻指佛祖教导，称为法轮，也是佛教理想中转轮圣王的象征。

18 世纪
阿瑜陀耶王国晚期或却克里王朝早期
银
直径 1.5 厘米
雷金纳德·勒·梅（Reginald Le May）捐赠
馆藏编号 1931,0505.13

特殊技能闻名，例如论议第一的迦旃延。在大智大觉的最后一世前，乔达摩经历了无数前世（即"本生"），在其中他达成了成佛所需的十种美德。成佛后，他进入佛的传承序列，其中几位过去佛曾与他的前世有交集。除了佛祖和僧侣外，印度教的一些神祇（4），负责掌管佛教宇宙的诸天，例如天帝因陀罗（Indra）掌管忉利天，在佛教中，他常被称为帝释天或者天帝释。佛教故事以多种艺术形式呈现，成为宗教仪式的重点并能让参加者聚焦，让人重视三宝（佛、法、僧）的大能。

理想的佛教君主，会为整个王国造福，按照佛陀的教导进行统治，并表现出10种王者品质，即"十王法"：布施、持戒、遍舍、正直、仁慈、苦行、不忿、不害、忍、不离（正法）。由于佛教徒相信轮回，国王的豪华宫殿和优渥生活表明了他前世积累了大量功德。17世纪中叶，阿瑜陀耶的一位耶稣会牧师评论道："除了黄金，什么也看不见……一具佛像比所有的欧洲教堂都富有"（Baker & Phongpaichit, 2009：14）。人们相信国王具有佛陀的三十二相，被视为未来的佛陀，他会支持并确保僧团的清净。

统治者会用佛教术语为战争辩护，而且会特别在遭受不公正统治的地区推行佛法，这也能体现他们是佛教世界的皇帝，即转轮圣王（Cakkavatti），他们的即位预示着人们热切期待的未来佛的降临。例如，缅甸的东吁王朝和后来的贡榜王朝先后在1569年和1767年袭击了泰国的阿瑜陀耶，理由是传播"真正的佛教"。阿瑜陀耶王国的国王也进攻过缅甸，但没有取得多大成功，不过在15世纪30年代将柬埔寨的吴哥纳入统治之下。18世纪七八十年代，泰国国王征服了万象、琅勃拉邦和占巴塞（Champassak）等老挝王国，夺取了重要的玉佛并将其安置在泰国首都曼谷，这尊玉佛至今仍在那里。同样，缅甸国王波道帕耶于1784年将若开的摩诃牟尼（Mahamuni）佛像从若开邦运至阿摩罗补罗。除了战争之外，佛牙舍利还可以作为外交工具，在王国之间赠送或借用。16世纪末，斯里兰卡赠送给缅甸国王莽应龙一颗佛牙舍利。近年来，中国曾于1955年、1994年、1996年和2011年将佛牙舍利送到缅甸巡游。

由于国王与佛教之间的密切关系，宝冠佛的形象在14~15世纪在中南半岛盛行，这种造像体现了王权和宗教的联系，也是佛陀精神上的优越性在物质形式上的体现。19世纪后，佛教国家发行的硬币中经常带有佛教符号（3）。

4. 头顶佛陀的湿婆骑在牛上
在一场较量中，湿婆向佛陀发起了捉迷藏的挑战。佛陀轻松地找到了湿婆，但湿婆却无法找到隐藏在自己头饰中的佛陀。拉玛一世国王于1802年下令将《宇宙论》（*Trailokavinicchayakatha*）从巴利文翻译成泰文，从那时起，这样的雕塑就开始流行。印度教的神灵被佛教吸纳，视为保护神和诸天居民。几百年来，这些神灵一直是印度婆罗门管理的东南亚王家仪式的一部分。

19世纪早期至中期
暹罗（泰国）
铜镀金
高68.8厘米
A.W. 弗兰克斯捐赠
馆藏编号 1894,0926.11

3 | 1 缅甸佛像

16 世纪，缅甸的东吁王朝成功扩张。在莽应龙大帝的统治下，它吞并了南部的汉达瓦底王国，后来又吞并了掸邦、泰国北部的兰纳和老挝的部分地区。后来的贡榜王朝在辛标信（Hsinbyushin，1763~1776 年在位）统治时进攻泰国的阿瑜陀耶王国，在 1767 年将其毁灭。波道帕耶（1782~1819 年在位）统治时，若开被并入缅甸，今天它仍是缅甸的一部分。贡榜王朝还曾与中国发生战争，并向西扩张到了印度东北部的曼尼普尔邦和阿萨姆邦。随着贡榜缅甸的扩大，它将被征服地区的人民重新安置到中心地带。与此同时，陆地和海上贸易路线持续发展，佛教僧侣在各地寺院间往来。

这些活动和互动带来了缅甸佛教艺术的新特征。佛像材质突破了惯常的大理石、木材和铜，开始使用金属和玻璃。黏土制作的佛牌展现了新型图像和使用多彩釉料的新技术（1）。绘画和建筑显示了与泰国中部的遏罗、泰国北部的兰纳之间的联系。传统上，缅甸佛像是持触地印的坐佛形象，表示佛祖开悟，但到了 19 世纪，新的姿势补充了进来，包括斜躺和重新引入的站立形象，还出现了创新的服饰和珠宝形式（2）。上座部佛教世界的变化也给造像带来了变化，新时期的新形式看起来比早期的更倾向自然主义（4）。大约从 18 世纪开始，"记录凡人行为的天帝释"这一形象的出现，强化了积累功德的重要性（3）。

1. 建筑上的牌饰

自蒲甘时期到 19 世纪，琉璃牌饰一直被拿来装饰佛塔或寺庙的外墙，以美化建筑，增强神圣感。牌饰上的图案题材众多，有刻画描绘佛陀一生的佛传故事，有讲佛前世的本生故事，还有描绘僧团重大事件的。这一件，描绘的就是公元前 247 年的第三次佛教结集。当时，来自各地的僧众聚集在一起，诵读佛经，检查各自的文本是否正确，以此维护佛祖教导的纯洁性。作为佛教国王的典范，敏东王（King Mindon，1853~1878 年在位）于 1871 年召开了第五次结集。

19 世纪初
缅甸文多
釉面陶器
高 24 厘米，宽 24 厘米
理查德·卡纳克·坦普尔
（Richard Carnac Temple）
捐赠
馆藏编号 1894,0719.4

2. 戴泰式宝冠的坐佛

头戴王冠的宝冠佛在 17~18 世纪变得越来越常见，一定程度上是在展现佛陀的至高灵性。早期的缅甸宝冠佛戴有大束丝带装饰的王冠，但在 1767 年阿瑜陀耶城被洗劫后，泰国艺术家被迫迁移到缅甸，带有窄尖顶和尖凸缘的泰式王冠变得常见。

19 世纪早期至中期
缅甸
木、玻璃、金、漆
高 82.5 厘米
馆藏编号 1919,0717.1

3. 天帝释（因陀罗）

天帝释是佛教诸天中忉利天的主宰。在这件造像中，他手持笔和写字板，记录人们的功过，这将决定未来转生的好坏。这个形象在 18 世纪开始流行，至今仍在缅甸的佛教实践中发挥重要作用。天帝释身上的衣物反映了贡榜宫廷的风潮，它体现了 1767 年被从阿瑜陀耶城带回的泰国剧团服装的影响。

18 世纪末至 19 世纪初
缅甸
砂岩、漆器、金箔、玻璃镶嵌
高 79 厘米
馆藏编号 1880.256

4. 立佛

随着上座部佛教世界的变化，19 世纪中后期缅甸的佛像变得更具自然主义风格。以这件造像为例，它的脸型更圆润，复杂顶饰消失了，只余代表佛陀智慧的肉髻，额头上横勒一条装饰带；长袍上的褶皱叠在身体周围，而不是像皮肤一样紧贴身体。很多这类佛像都展示了一个场景：佛的右手捏着赐给信徒的庵没罗果（余甘子），以解决他们的精神困境。

19 世纪中叶
缅甸
木、玻璃、金箔、漆
高 100 厘米
巴兰坦夫人（Mrs Ballantine）捐赠
馆藏编号 1923,0305.1

3｜2 缅甸手稿

缅甸手稿通常书写在三种材质上：纸、漆器和贝叶。黑纸或白纸通常用作抄本或者信息册（1），其中黑纸可以擦除字迹后重复使用。还有佛传故事和佛本生故事的带插图经书、关于佛教诸天的画本（3）、规范社会不同阶层物品使用方法的奢侈品用律、宫廷活动的记录等。有种称为"业书"（kammawasa）的涂漆镀金经书，使用布料、金属、象牙等多种材料做成，记录了佛寺的戒律（2）。当僧侣受戒时，它们会被捐给佛寺。大多数巴利文和缅文的手稿都是用标准字体书写，但业书用的字体不一样，它用的是"罗望子种子字"（magyizi），需要接受特殊训练才能阅读。一般的贝叶经很少配插图，仅书写经文。如何制作这种经书？需要将文字刻在贝叶上，涂上墨水，再将多余的墨水擦去，仅在切口留下黑色来显示文字（4）。

制作、捐赠经书是积累功德和延续佛教的重要手段。寺院藏经阁会将大量手稿存放在特殊经匣（Sadaik）中。

1. 文身底稿

文身大师们会制作白纸或黑纸的底稿供参考。文身被认为可以提供保护、带来力量和好运、吸引他人。佛经、圣数和动物（例如这张图中的老虎或嗓音甜美的鸟）的力量会通过文到大腿、胸部、手臂和颈部的图案转移到人身上。文身曾经很普遍，但在20世纪逐渐衰落。

19世纪末至20世纪初
缅甸
纸、颜料
长43厘米，宽29厘米
馆藏编号 2005,0623,0.1

2. 业经

1929年，平扎罗克（Peinzalok）的吴敏特昂（U Myat Htun Aung）和他的两个女儿将这件业经捐给一座寺院。它的书页柔软，表明是用涂漆的布制作的，布可能来自僧侣废弃不穿的袈裟，这样的布会被认为是神圣的。制作时，漆油会先和吴敏特昂妻子的骨灰混合在一起，这是一种常见的做法，人们相信可以为死者带来功德，也为捐赠者积德，因为捐赠经书是延续佛教教义和减缓宗教衰落的一种方式。

1929
缅甸
漆、纺织品、柚木、金
长58厘米，宽13.9厘米
拉尔夫·艾萨克斯和露丝·艾萨克斯
（Ralph and Ruth Isaacs）
捐赠
馆藏编号 1998,0723.172

3. 诸天图景（局部）

展示佛教宇宙 31 层天的手稿并
不常见。在这幅手稿中，柱子
代表宇宙的中轴须弥山和它周
围的七条山脉，宇宙鱼阿南达
（Ananda）在周围的海洋中环
绕须弥山。须弥山上是天帝释主
管的忉利天，如图所示，佛祖曾
在那里向他归天的母亲说法。缅
甸皇宫的布局和建筑形式复制了
人们想象中的天帝释宫，或者反
过来，真实的宫城影响了人们对
天宫的想象。

1805~1809
缅甸
桑皮纸、颜料
长 924 厘米，宽 53.5 厘米
馆藏编号 2010,3003.1

4. 贝叶经的一页

这本由 76 片叶子组成的经书上
刻有缅文和巴利文混合的经文。
这种双语文本，是用缅文来传授
巴利文的教学书（nissaya）。
叶片会用纤维绳与木盖板绑住固
定，边缘涂漆，以防止机械损伤
和虫害。

19 世纪
缅甸
棕榈叶、木、纤维
长 52.7 厘米，宽 7 厘米
联合福音传播协会（United
Society for the Propagation of
the Gospel）捐赠
馆藏编号 1989,1011.5

3 | 3 兰纳和澜沧的佛陀及其舍利

哈里奔猜（Haripunchai）是泰国北部的一个孟族王国，存在时间为 8~13 世纪。它被掸傣族群的孟莱王（King Mangrai，1259~1311 年在位）建立的兰纳国消灭并继承。16 世纪 50 年代中期至 18 世纪末，缅甸控制了这一地区，19 世纪这里又被泰国吞并。

澜沧王国的开国君主是法昂（Fa Ngum，1353~1385 年在位）。自 14 世纪中叶到 1707 年左右，这个王国统治着兰纳以东的土地和人口。在 18 世纪，澜沧王国分裂成几个小国，它们的领土最终构成了现代老挝的大部分地区。该地区旺盛的贸易和频繁的战争意味着人口或主动或被迫出现频繁的流动，无论对流动者是好是坏，都强化了这一地区思想和艺术的传播。

这些王国都信奉佛教，并用各种材料制作佛教造像，包括铜、金、银、铅、木材、树脂乃至火灰。一些佛像在其悠长的历史中闻名佛教世界（3），其他的也往往有着一国一地之供奉。

这个地区佛教艺术的一大特点是形式多样。佛像受素可泰的影响，接受了阔肩、长手和行走的姿态。兰纳和澜沧还盛行立佛，站立是坐、立、行、卧四种主要佛像姿势之一（1）。佛像的面孔变得更加多样化，脸通常是收窄或者棱角分明的，眉毛扬起，耳朵尖且张开，从缅甸东部到老挝，饱满的上唇变得常见。高高的宝座和穿孔或是有足的底座很普遍（2）。除了佛像外，当地还制作了佛龛或小佛塔来存放舍利或是供在佛案上（4）。

1. 立佛

这尊佛以一种不太常见的姿势握着双手。更典型的形式是双手平放在腹部，讲述佛祖得道后 7 周内发生的一件事情：他花了一周的时间观想菩提树，正是在这棵树下他悟了道。佛像高高拱起的眉毛和丰满的上唇表明，它和泰国北部、缅甸北部有联系。

18 世纪
老挝
铜
高 65.8 厘米
馆藏编号 2003,0806.1

2. 坐佛

"收腰"宝座上的坐佛，是 16~18 世纪流行于缅甸到老挝广大范围内的佛像造型。高高的肉髻（代表着智慧的颅顶隆起）、大型火焰顶、弯曲的耳垂、拱形的眉毛和丰满的上唇，都是 15 世纪出现的特征。宝座上端的"船"形，似乎是泰国、缅甸、老挝三国边界处的清盛（Chiang Saen）或清堪（Chiang Kham）自 16 世纪初出现的一种造型。

16~17 世纪
兰纳（泰国北部）
铜
高 41.5 厘米
A.W. 弗兰克斯捐赠，卡尔·A. 博克（Carl A. Bock）收集
馆藏编号 FBInd.11.a

3. 尸弃佛（Sikhī）坐像

尸弃佛出现在泰国北部的一个可追溯至 15 世纪的传说中。据说，佛祖曾访问过该地区，并坐在一块黑色的岩石上布道。这块岩石被雕刻成五尊佛像，后来称"尸弃佛"像。这种佛像被命名为尸弃佛，可能是因为它是按早期形象制作的。佛像上刻有三位布施者的心愿：他们希望未来可以一起投生直至涅槃。

1540~1541
兰纳
铜
高 55 厘米
A.W. 弗兰克斯捐赠，卡尔·A.博克收集
馆藏编号 FBInd.5.a

4. 佛寺模型

佛寺模型是一种供奉形式。在这件物品中，佛祖坐在一个织物垫子上，垫子下是莲瓣花纹装饰的双层底座。装有瓦片的屋顶是泰国和老挝宗教建筑的一个特点，在最低一级屋檐上可以看到。佛像面带浅笑，耳朵尖而弯，宝冠有高尖顶，这些特征常见于泰国北部和老挝。

19 世纪末至 20 世纪初
老挝或兰纳
木、颜料、织物
高 63.4 厘米
馆藏编号 1880.3452

3 | 4 阿瑜陀耶王国和却克里王朝的佛教

阿瑜陀耶王国建都于泰国湾附近，曾是一个强大的王国，在国际贸易中发挥着重要作用，后来在 1767 年被缅甸贡榜王朝摧毁。在风雨飘摇中，中、泰混血的郑信（Taksin）大帝带领泰人复国，建立吞武里（Thonburi）王朝。1782 年，大帝被推翻，他手下的一位将军建立了却克里王朝，成为拉玛一世。却克里王朝延续至今，逐渐演变成当代泰国。

15 世纪，阿瑜陀耶王国扩大了疆土，控制了泰国中北部的素可泰王国，并于 15 世纪 30 年代进攻北部的兰纳，攻占了柬埔寨境内的高棉帝国。尽管战争几乎持续不断，但该国的首都（也叫阿瑜陀耶）仍然是一个国际化大都市，欢迎新思想、新商品、新人民，特别是那莱王（King Narai，1658~1688 年在位）统治时期，和中东、欧洲产生了大量商业、外交活动。为了促进交流，佛教僧侣通过宗教网络穿越该地区，并在这一时期开始制作佛祖弟子的造像（3）。和其他东南亚佛教王国一样，印度婆罗门在宫廷仪式中发挥着重要作用，印度教神灵也被纳入王室祭祀和其他场合。

许多阿瑜陀耶的艺术在 1767 年消亡了，但幸存的那些展示了该王国广泛的跨文化互动。他们从波斯人或葡萄牙人那里引入了乌银（niello）镶嵌（5），从斯里兰卡的佛教中借鉴了用大象宣告王权和神性的方法，从吴哥的古老联系里将龙王那伽纳入雕像和建筑设计中（1）。这些历史上的引入和借鉴，至 19 世纪到 20 世纪初依然可在泰国丰富的艺术形式中见到。

1. 宝冠佛

宝冠佛在 16 世纪初出现，在阿瑜陀耶的佛教造像中举足轻重，但它们在不同背景下的含义尚无法完全解读。它们或者代表未来佛，或者与阎浮主（Jambupati）想通过炫富折辱佛祖的典故有关，抑或者与国王的先祖相关联。有分层肉髻的宽大装饰性宝冠出现在 16~17 世纪的阿瑜陀耶造像中，让人想起吴哥的先例。随着时间的推移，造像的装饰越来越多。

16~17 世纪
阿瑜陀耶
铜
高 29.9 厘米
希利托夫人（Mrs Shilito）捐赠
馆藏编号 1949,0413.1

2. 象背上的佛塔舍利盒

这是一种纪念性的圣物盒，用于存放高僧或高层人士的骨灰或是其他珍贵物品。钟形佛塔由大象支撑，代表着王权和神性，与素可泰的环象寺（Chedi Chang Rop）和阿瑜陀耶的玛哈永寺（Maheyong）的设计相似，这两座寺庙都可以追溯到 15 世纪。15 世纪，在泰国僧人西萨塔（Si Sattha）前往斯里兰卡后，象背驮圣物和佛塔的造型开始流行。

15 世纪
阿瑜陀耶
铜、象牙
高 34 厘米
雷金纳德·勒·梅捐赠
馆藏编号 1957,1014.2

3. 佛祖弟子迦旃延造像

迦旃延是佛祖的主要弟子之一，以向在家修行者解释佛祖教义而闻名，号称"论议第一"。为了不让自己的外表分散人们对他所说佛法的注意力，迦旃延用神力将自己变成了一个丑陋的胖子。

18 世纪或 19 世纪初
阿瑜陀耶或早期暹罗（泰国）
漆、金、铜，芯为黏土
高 28.4 厘米，宽 23.3 厘米
威廉·莱佛士·弗林特捐赠，斯坦福·莱佛士收集
馆藏编号 1859,1228.158

4. 仪式烛台

泰国、老挝和柬埔寨都有仪式烛台，社会各阶层在成人仪式、布施仪式、治疗仪式、农业仪式等各种仪式中都有使用。这种烛台通常是菩提叶的形状，佛祖就是在菩提树下悟道的。这件烛台的菩提叶尖端，做成了佛塔形，还装饰着印度教大神梵天骑着天鹅的形象。梵天也作为保护神融入了佛教。蜡烛会固定在没有装饰的那一侧。

18 世纪末至 19 世纪初
兰纳
铜
高 28 厘米
A.W. 弗兰克斯捐赠
馆藏编号 1894,0926.16

5. 有盖供坛

这个镀金容器采用乌银技术制成，用于供奉佛陀。这是一种复杂的工艺，需要先在银器上雕刻图案，然后填充硫、银、铜、铅的混合物，再加热使混合物熔化，填充切口，形成强烈的黑白对比。这种技术做出的银器俗称"泰银"。

19 世纪末至 20 世纪初
暹罗（泰国）
银、金、乌银

高 33 厘米
A. 米切尔－英尼斯（A. Mitchell-Innes）捐赠
馆藏编号 1934,0514.4.a-b

3 | 5 泰国放置宗教物品的家具

佛像、经书、供器等宗教物品需要有放置的地方。因此，人们制作了精美的经匣、橱柜（2，3），以及供架和佛坛（1），用来供佛和避免佛教衰落。20世纪上半叶，随着展示佛像的供桌（而不是分层的供架）开始流行，印刷的佛经取代了贝叶经和手绘的佛画，这使得此类物品的产量有所下降。近年，人们开始用书架和玻璃柜子展示并储存佛像、护身符、书籍和经卷。

放置宗教用品的家具惯用漆、金箔、镜面玻璃和颜料装饰得异常奢华。摆放佛像的分层供架和存放经书的柜子上常有漆或金箔描绘的佛陀形象、佛传故事和佛本生故事中的情节，以及《罗摩衍那》中的场景。《罗摩衍那》是一部史诗，泰国和东南亚其他地区的许多艺术形式都对它有所呈现（1，3）。僧侣帕拉·马莱（Phra Malai）的故事也是流行的装饰题材。这是一位有大神力的僧侣，曾前往诸地狱，遇到许多受苦之人，这些人恳求他告知他们的亲属设法积累功德，好让自己在地狱过得安详一些。此外，各个过去佛的图像也很常见。

修行者会把银器、漆器、珍珠母及乌银器皿、供架、盘子和盒子放在佛坛和供架上，里面装着供奉给佛陀的供品，而箱子和柜子则放在寺庙的墙壁两侧或柱子旁。

1. 分层的供架

这个供佛的木架上涂了漆、贴了金箔，镶嵌有彩色玻璃，有一系列放置佛像和供品的平台，底部有两个抽屉。背屏上描绘了端坐在宝座上冥想的佛陀，周围有诸天供养，其背后是美好的景色。这件供架是布施给寺庙的，但在19世纪末就过时了。

19世纪末
暹罗（泰国）
木、漆、玻璃、颜料、金箔
高153厘米，宽67厘米，深44厘米
多丽丝·杜克慈善基金会捐赠
馆藏编号 2004,0628.24

2. 经箱

这样的镀金箱子可能会被布施给寺院用来存放经书。19世纪末，镶嵌玻璃的家具流行起来。对角格子图案源自从印度进口的纺织品和中国瓷窑为泰国定制的高级陶瓷，因此与奢侈品联系在了一起。布施这样的物件，会增加它的价值，并让布施者有大功德。

19世纪末至20世纪初
暹罗（泰国）
木、玻璃、漆、金箔
高33厘米，宽82厘米，深27厘米
多丽丝·杜克慈善基金会捐赠
馆藏编号 2004,0628.34

3. 经柜

许多经柜都装饰黑漆，贴了金箔，上面描绘着史诗《罗摩衍那》*或佛教故事中的场景。前柜板上刻画的是罗摩和罗刹鸠槃羯叻拿（Kumbakarna）之间的战斗。画面右侧战车上的是罗摩，左侧战车上的是鸠槃羯叻拿，顶部是电母（左）和雷公（右）。这两组形象之间，是鸠槃羯叻拿同两位神猴须羯哩婆（Sugriva，左）和哈奴曼（Hanuman，右）战斗的场景。战车下方是双方的士兵。侧柜板描绘了《罗摩衍那》中的更多场景和人物，包括神猴哈奴曼和罗刹因陀罗耆特（Indrajit）。背柜板无装饰。

20 世纪中叶
泰国
木、漆、金箔
高 99 厘米、宽 67 厘米、深 42
厘米
多丽丝·杜克慈善基金会捐赠
馆藏编号 2004,0628.36

---

*　泰国版《罗摩衍那》名为《拉玛坚》，情节和原版略有差异，人物的名字也有所不同。显然，这个柜子上画的是泰国版，但本书作者使用了原版的名字，因此按照原版译出。

3 | 6 伊斯兰国家和硬币

伊斯兰教在东南亚蓬勃发展，不光是因为它与活跃的港口城市网络中的国际贸易相关联，也因为它与当地原有的信仰和习俗（如倾向于出世与冥想）相匹配。东南亚伊斯兰教很早就受到苏菲派的影响，苏菲派是伊斯兰教中的一个神秘主义派别，强调内心对真主的追寻。

伊斯兰教中心从最初的苏门答腊岛北部扩展到马来半岛、加里曼丹岛北部、爪哇岛北部、苏拉威西岛、菲律宾部分地区以及越南南部占人的土地上。15 世纪 30 年代，主要转口港之一马六甲的统治者皈依伊斯兰教，加速了伊斯兰教在岛屿区域的传播，马六甲也成为宗教学术中心。马来语文献《马来纪年》（*Sejarah Melayu*）这样描述："……从风下到风上，马六甲成为著名的大城市……各国的王子都来向（苏丹）献礼。"（Brown，1953：59）在东南亚大陆西部，孟加拉苏丹国与若开佛教宫廷之间有不浅的联系（6）。

最初的东南亚穆斯林商人的存在，是靠 9 世纪早期进口的钱币确认的。14 世纪时，东南亚才出现了本地制造的伊斯兰钱币。苏丹们发行过金币、银币、锡币和铅币。大多数钱币都刻着阿拉伯文，后来的阿拉伯字体书写的是本地语言，这种形式被称为爪夷文（Jawi）。钱币上还可能有花卉和动物图案，设计取材于各种伊斯兰及贸易题材（3，4，5），并显示出与其他伊斯兰教中心——埃及、印度次大陆的孟加拉苏丹国与古吉拉特苏丹国（2，3）以及奥斯曼帝国（1）——的联系。

1. 皮蒂斯（Pitis）硬币

这枚硬币由马六甲苏丹穆扎法尔·沙（Muzaffar Shah，1445~1459 年在位）发行，上面刻有阿拉伯语，采用的是从印度古吉拉特学来、起源于 13 世纪晚期奥斯曼帝国的图格拉体（tughra）。皮蒂斯是东南亚几个苏丹国发行的锡币。

1446~1456
马来半岛，马六甲
锡
直径 1.8 厘米
R. 布兰德（R. Bland）捐赠
馆藏编号 1905,0101.69

2. 库磅（Kupang）硬币

阿卜杜·达加利勒（Abd al-Djalil，卒于 1579 年）苏丹又名室利阿难（Sri Alam）、吉亚特·丁（Ghiat ad-Din），是苏门答腊岛北岸的贸易王国苏木都剌·巴赛苏丹国的君主，他授权发行了这种库磅硬币。有时，埃及马穆鲁克苏丹国赠与的头衔会加到苏木都剌·巴赛、亚齐、文莱的硬币铭文中。小金币是东南亚岛屿伊斯兰国家铸造的主要货币。

1579
印度尼西亚，苏门答腊岛北部，苏木都剌·巴赛苏丹国
金
直径 1.2 厘米
斯平克父子有限公司捐赠
馆藏编号 1928,0608.47

3. 皮蒂斯硬币

自 16 世纪晚期起，文莱开始制造金币、银币和锡币，主要是受埃及以及印度次大陆苏丹国（尤其是孟加拉苏丹国）影响。在这枚由穆罕默德·哈桑（1582~1598 年在位）苏丹发行的钱币上，骆驼是双峰驼而不是中东常见的单峰驼，可能和中国有关。背面为以阿拉伯文书写的阿拉伯语。

16 世纪 90 年代前期至中期
文莱
锡
直径 3.7 厘米
W. 威廉姆斯（W. Williams）
捐赠
馆藏编号 1937,0704.3

4. 马斯（Mas）硬币

这枚印有以阿拉伯文书写的阿拉伯语的马斯硬币是由戈瓦苏丹马力库萨伊德（Malikussaid，1639~1653 年在位）发行的，他的父亲在 1605 年皈依了伊斯兰教。16~17 世纪，戈瓦是一个强大的贸易王国，但在 1669 年被荷兰联合武吉斯人击败。根据《戈瓦编年史》（Gowa Chronicle），马力库萨伊德苏丹与马尼拉的西班牙总督、果阿的葡萄牙总督和印度默苏利珀德姆（Macchilipatnam）的米尔·朱木拉（Mir Jumla）都有外交联系，这显示了他的政治影响力。1 马斯相当于 4 库磅。

1639~1653
印度尼西亚，苏拉威西岛，望加锡（乌戎潘当），戈瓦苏丹国
金
直径 1.9 厘米
乔治四世国王捐赠
馆藏编号 CH.420

5. 皮蒂斯硬币

这是巨港苏丹国的苏丹穆罕默德·巴哈丁（Muhammad Bahauddin，1776~1803 年在位）发行的硬币，上面的文字是以阿拉伯文书写的阿拉伯语，但形制仿照中国铜钱，中间有孔，以便串起来存放、使用。13~19 世纪，中国铜钱在东南亚岛屿区域广泛流通。

1783~1784
印度尼西亚，苏门答腊岛南部，巨港
铅
直径 2.1 厘米
馆藏编号 1842,0409.13

6. 坦卡（Tanka）硬币

因为和孟加拉苏丹国关系密切，若开的佛教国王在 14~15 世纪使用孟加拉钱币。从 16 世纪开始，他们发行了自己的孟加拉风格硬币，比如这枚三语钱币：一面是波斯语和孟加拉语，一面是若开语。从 1638 年开始，若开钱币上就只剩若开语了。若开国王还使用过伊斯兰风格的王号，例如这枚坦卡硬币的发行者，就叫达摩罗阇·哈桑（Dhammaraja Hussain，1612~1622 年在位），达摩罗阇是"法王"的意思。

1612~1622
缅甸，若开
银
直径 2.95 厘米
阿瑟·菲尔捐赠
馆藏编号 1882,0508.4

3 | 7 与奥斯曼及中东的联系

16 世纪，苏门答腊岛北部的亚齐苏丹国与奥斯曼帝国建立了外交关系，向其争取支持，以抵御葡萄牙人入侵。19 世纪，随着欧洲扩张步伐的加快，两国之间的外交往来进一步增多。东南亚同奥斯曼帝国及中东的政治交流时断时续，但香料、商品（包括泰国和越南的陶瓷）和人口都会向西流动，贸易和宗教确保了联系的持续。许多东南亚人会去麦加朝圣（现在依旧如此），一些人会留在那里学习阿拉伯语并进行长期研究，成为爪夷社会里的知名人士。与东南亚的联系也促进了全球穆斯林团结概念的发展，阿拉伯商人在东南亚定居，建立了一些至今依旧重要的家族、世系。

奥斯曼人控制了两圣地，多少也因此俘获了东南亚穆斯林的想象力。一些东南亚的本地统治者会在家谱中宣称自己祖上是罗姆人（Rum，东南亚对奥斯曼人的称呼）。中东的故事、设计、图像和人物被融入艺术形式中，罗姆国王也成为东南亚岛屿文学中的重要人物。返回东南亚的旅者带回了纪念品、《古兰经》和祈祷书，这些都是将奥斯曼帝国艺术融入东南亚的范本，促进了文字中的图格拉体、一些书法形式（例如阿拉伯文字的兽形书法）以及奥斯曼式《古兰经》排版格式的落地（3）。除此之外，服装也受到了影响（1）。先知穆罕默德的女婿阿里的双头剑在东南亚叫杜·法卡尔（Dhū al-faqār），常出现在自亚齐到菲律宾南部的广阔区域中，旗帜、棺上覆盖物或是横幅的显眼位置上（2）。

1. 帽子

这顶编织帽的外形和土耳其毡帽相似，是黑天鹅绒款宋谷帽（Songkok/Peci）的早期形式，从 20 世纪 40 年代末开始，这种帽子成为印尼民族服饰的一部分。东南亚人擅长编织技艺，会编织许多种器物，从这顶帽子严密的编织与华丽的装饰上可以看出制作者的精湛技艺。

19 世纪中叶
印度尼西亚，苏门答腊岛
植物纤维
高 7.5 厘米，直径 16.5 厘米
馆藏编号 As1891,0815.103

2. 阿拉伯文书法蜡染

红色代表勇气，这块蜡染布既可能用来覆盖棺材，也可能用作军旗。布上有双头剑和威武雄狮的图案，这与阿里相关，此外布上还有魔力数字、兽形书法写就的伊斯兰圣训，这都会被认为有保护的神力。这种布通常生产自爪哇岛北岸的井里汶（Cirebon），然后出口到苏门答腊岛以及马来世界的其他地区。

19 世纪末至 20 世纪初
印度尼西亚，爪哇岛，井里汶
棉布
长 219.5 厘米，宽 101.5 厘米
馆藏编号 2019,3034.1

3. 古兰经

亚齐风格的《古兰经》有着特定的彩饰风格，影响遍及整个东南亚岛屿地区。红色、黑色和黄色装饰的页面是对称的，文字用长方形的凸缘边框框住，边框上饰有阿拉伯风格的植物纹。这种特定版式中，文本被规律地分为30卷（juz），每卷为20个大跨页，这种格式起源于奥斯曼，便于记忆和背诵。每个"juz"都用特殊标记进行细分，在这本《古兰经》中是通过页边和正文中的装饰或圆形图案来标识的。

19世纪20年代
印度尼西亚，苏门答腊岛，亚齐
纸、布、皮革、金箔
高33厘米，宽20.5厘米
大英图书馆收藏，馆藏编号 OR 16915

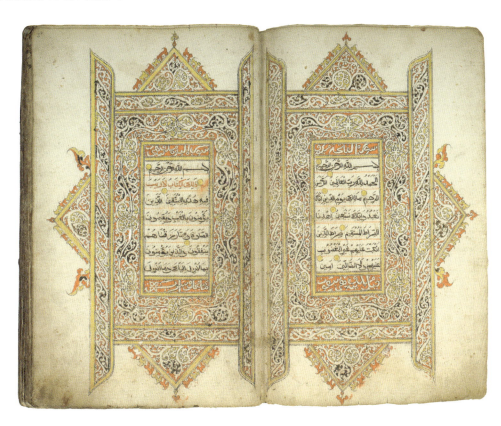

3 | 8 基督教牙雕

菲律宾和东帝汶是当今东南亚仅有的两个以基督教为主要宗教的国家。1511 年葡萄牙征服马六甲后，基督教传教士也抵达了这里。作为葡萄牙和之后西班牙殖民政策的一部分，印度尼西亚东部的一些岛屿上建立了天主教传教区。后来，荷兰控制了东南亚的大片岛屿，新教开始在这里占据主导地位。法国的天主教传教士在越南改变了人们的信仰，英国的浸信会于 19 世纪在缅甸的少数民族中取得了成功。各个基督教教派对当地信仰及其表现元素的反应各不相同，浸信会与福音派会把它们妖魔化，英国圣公会与天主教会则采取更加宽容平和的态度。

16~17 世纪，菲律宾的马尼拉和泰国的阿瑜陀耶可能产生了以基督教为主题的牙雕产业。亚洲其他地区的雕刻师，例如印度果阿、斯里兰卡和中国澳门的工匠们，也制作了类似的物品。很难确定这些作品究竟是在哪里制作以及由谁制作的，因为它们在外形上很相似，并且遍布基督教世界。在马尼拉，许多雕刻师来自中国，特别是福建省，但马尼拉也是一个大型转运港口，因此牙雕也可能从亚洲各地送来，穿越太平洋运往墨西哥或美洲其他地区，再从墨西哥转口运往西班牙和葡萄牙。

基督教的艺术创作与欧洲的思想、习俗、圣像等题材息息相关。牙雕取材于亚洲流传的欧洲图像，包括圣母玛利亚和耶稣、十字架上的基督以及各种圣徒的形象（1，2，3），高度逼真。基督教图像和徽章造型，如天使和十字架图案，也被融入当地的物品中。

1. 圣约瑟

基督教牙雕人像会用极细的画笔上色，镶嵌玻璃眼睛、真的人发或猫毛睫毛，并穿上衣服。在这件作品中，圣约瑟的头发是黑色的，穿着一件长袍子，袍子上有红色颜料并镀金。眼睛和耳朵的细节透着中国的影响。这件造像可能是由马尼拉的中国牙雕师制作的。

17 世纪
可能造于菲律宾
象牙、金
高 32 厘米
A.W. 弗兰克斯捐赠
馆藏编号 1882,1028.1

2. 圣安东尼

这是葡萄牙牧师圣安东尼的雕像，他身着修道士长袍，头发曾染成彩色。圣安东尼左手拿着一本书，书上应该有耶稣圣婴，但现在已经丢失了。

17 世纪
可能造于菲律宾
象牙
高 16.3 厘米
沃尔特·希尔德堡（Walter Hildburgh）捐赠
馆藏编号 1927,0509.3

3. 圣方济各·泽维尔（Francis Xavier）头像

圣方济各·泽维尔是一名天主教传教士，曾在东南亚传教。他于 1545 年抵达马六甲，次年前往马鲁古群岛，在该地区逗留了 18 个月，了解了当地社区的情况，并在安汶、特尔纳特和莫洛泰传教。鉴于他在亚洲的贡献，在去世后 70 年，这位教士被封为圣徒。

约 1630 年
菲律宾
象牙
高 10.8 厘米
莫莉·洛薇尔和大卫·博思维克（Molly Lowell and David Borthwick）捐赠
馆藏编号 2017,8027.1

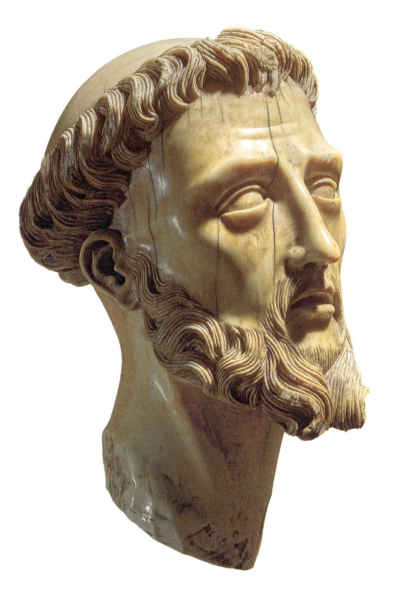

1. 瓷瓶

这个瓷瓶是 19 世纪 80 年代从加里曼丹岛的文莱获得的。它是 16~17 世纪出口到东南亚和中东的中国青花粗瓷的典型代表。许多同类型的瓷瓶都来自中国，但东南亚的瓷窑也生产这种器物，供当地使用或是出口。原住民认为，中国龙就是大蛇，与水有关。这些生物与他们的生活息息相关，因此带有中国龙的陶瓷和加里曼丹岛的本土社区产生了文化联系。

1573~1620
可能生产于中国广东
瓷器
高 29 厘米，直径 13.5 厘米
A.W. 弗兰克斯捐赠，A.H. 埃弗里特（A. H. Everett）收集
馆藏编号 Franks.3149

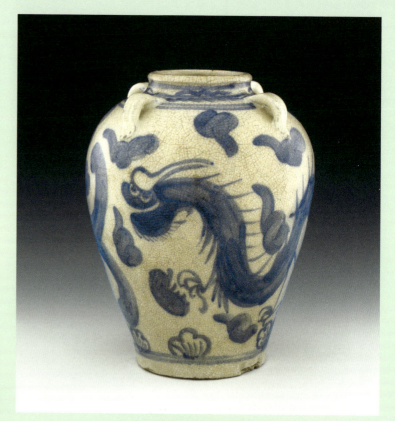

2. 漳州瓷盘

这只盘子发现于印度尼西亚，是 16~17 世纪出口到东南亚的。这是一件典型的漳州瓷，用粗陶土制作，装饰着匆忙完成的图案。盘上施以厚厚的灰色釉和多色珐琅彩，中央的圆圈中有一只鸟，周围环绕着六个刻纹，刻纹上的花卉图案与重复的几何图案相映成趣。显眼的色彩和盘上的图案符合东南亚人的审美，所以后来在峇峇娘惹等本地社区的艺术品中反复出现（见 112~113 页）。

1600~1630
中国，福建省，平和县
瓷器
直径 37 厘米
1965,1014.1

进口纺织品和陶瓷的多种功用

东南亚拥有自己的陶瓷和纺织传统，但千百年来，这个地区依旧进口了大量中国的丝绸与陶瓷、波斯的织锦、土耳其的刺绣以及欧洲的法兰绒与天鹅绒。作为著名的棉纺织和染色中心，印度生产了大量专为特定市场设计的纺织品，出口到亚非欧和中东，这其中当然包括东南亚。印度纺织品包括经纬绊织（ikat）的帕托拉布（patola）和雕版印花的媒染棉布，设计精良、色彩牢靠，至今在东南亚备受推崇。随着岁月的积累，这些印度织物成为东南亚望族家中神圣的传家宝，甚至还能作为购买香料的货币、可储藏的财富，并被纳入成年礼等各种仪式中。它们还象征着等级和地位，体现权力和权威，并被认为具有保护和治疗的作用（3）。

到了 17~18 世纪，欧洲对纺织品贸易的管控不断加强，使得东南亚减少了对印度纺织品的进口。无论是精英阶层重金购买的高质量布料，还是普通民众也买得起的粗糙布料，都减少了数量。东南亚纺织行业采用了一些新的纺织生产技术，尤其是印度的技术，包括绊织（先将纱线染出图案再织布）和加纬（纺织时添加额外的纬线）。印度贸易织物的图样布局，如织物中央分隔出带框花纹和重复的花卉、几何纹等，都被重构以适应本地审美（4）。布料上的图案还被复用到其他媒介中，宗教雕塑、木偶和其他人像会身着奢华布料，宗教壁画和浮雕上也会出现印度纺织品中的图样布局，使得建筑物看起来就像挂满布料一样。

东南亚对中国陶瓷的推崇由来已久，考古证据表明，早在公元前 5 世纪，越南和泰国就开始使用中国陶器。中国陶工会为东南亚不同的市场定制器物，祭祀用的水注与实用的有盖盒子、罐子、瓶子以及盘子，在东南亚各地都有大量发现（1）。有些类型的瓷器是专门供给东南亚市场的，如漳州瓷（Swatow wares）*（2）。在东南亚，中国陶瓷有祭祀、作为货币流通和随葬等多种作用，就像印度纺织品一样，会成为世代相传的传家宝，同时也是身份的象征。中国的技术、材料、装饰方法和布局也为东南亚瓷窑提供了借鉴范本。一些特定的图案，如碗和盘子下沿的莲花瓣造型，或由花卉和几何图形围绕着一个中心组成的图案在东南亚盛行，并像纺织品图案一样出现在其他艺术形式中。

---

* 直译为"汕头瓷"。这类瓷器制造于漳州附近，所以中国多称漳州瓷。制造出来后，它们会被运往汕头一带销售至海外，因此被外国海商称作"汕头瓷"。

3. 印度外销棉布

苏拉威西岛的托拉查（Toraja）地区是印度外销棉布存世最多的地方，一些可追溯到 13 世纪。这些织物被用在仪式上，成为强大的法器（称为 ma'a 或 mawa），常用于与生育或农业相关的仪式。这件作品展示了一组手持维纳琴（vina）演奏和跳舞的女性形象。它应该是一件雕版印花作品，即先使用蜡或泥之类的抗染剂，再进行染色，最后用红色媒染剂手绘装饰。

16 世纪
印度，古吉拉特
棉布
长 502 厘米，宽 96 厘米
R.A. 基利克捐赠
馆藏编号 As1944,08.4

4. 带帕托拉花纹的蜡染布

帕托拉布起源于印度古吉拉特，其制作工艺复杂，在纺织前要对经纱和纬纱进行抗染处理，这种技术被称为经纬双重絣织（double ikat）。纺织过程非常缓慢，因为需要确保纱线上的图案准确对齐。经纬絣织布成为东南亚最珍贵的进口奢侈纺织品，由于价格昂贵，人们会使用雕版印花和蜡染（不太常见）来模仿其图样，满足不那么富有的顾客的需求。这块蜡染织物两端的带有花卉和几何图形的狭长花边以及中间重复出现的八点花卉，是典型的帕托拉图样。

1880~1913
印度尼西亚，爪哇岛
棉布
长 183 厘米，宽 52 厘米
查尔斯·贝文（Charles Beving）捐赠
馆藏编号 As1934,0307.17

3 | 9 越南瓷器

越南的大型窑址（包括著名的珠岛窑）都位于越南北部的红河三角洲，也会从那里出口陶瓷到东南亚其他地区、中东和非洲东部。陶瓷的形状和装饰都是为出口量身定制的，如东南亚其他地区流行的水注祭器和有盖的盒子（1），而中东的消费者则喜欢盘子（2）。出口业务在14~15世纪变得非常重要，直到17世纪才有所减少，可能遭遇了来自中国的竞争。

釉下青花瓷是越南最著名的陶瓷，各窑生产的器型种类繁多（3），如碗、圆柱形有盖罐、直杯、盖盒、瓮、瓶、瓜形器及盏等。铁褐色釉下拉丝装饰（有时用于填充器身雕刻的图案）、绿釉、奶油釉和褐釉器皿以及填充、刻花或模压装饰都很受欢迎。从15世纪中叶开始，出现了将釉下青花图案与釉上彩结合起来的器物。制作这种器物需要烧制两次，先固定釉下青花绘画和透明釉，再涂上彩色釉料在较低的温度下二次烧制（2）。16~17世纪，"饼干质"（biscuit details）流行起来，这种工艺是将未上釉的黏土片融入表面设计中，创造出繁复的表面，主要用在越南国内使用的陶瓷上（4）。越南的黏土质量很高，颗粒细腻，杂质很少，可制作浅灰色或乳白色的炻器。

1. 圆盖盒

这件瓷器是从15世纪末到16世纪初在越南中部会安附近沉没的一艘船中打捞上来的，上面装饰着中国式的山水风景，山上有树，周围有一圈莲花瓣，四周有兰花。有盖小盒是一种很受欢迎的出口商品，尤其是在东南亚地区，其形式多种多样，有青花、白釉和彩釉等。大多数都有类似的花卉、植物图案和风景。

15世纪末至16世纪初
越南
炻器
高15厘米，直径15.2厘米
馆藏编号 2000,1212.48

2. 盘子

这个盘子有一个带尖的装饰性边缘，釉下蓝色和绿色的彩釉图案非常繁复，中央是栖息在莲花中的两只鸟，四周环绕着更多风格化的莲瓣，这是一种中式美学的布局。

15 世纪末至 16 世纪初
越南
炻器
直径 35 厘米
馆藏编号 2000,1212.49

3. 酒樽

这件釉下彩铁锈色釉酒樽是一条金鱼的造型。尽管不是很常见，但越南和泰国都曾出现这类造型奇特的盛水器。

1450~1550
越南
炻器
长 31.2 厘米
馆藏编号 2003,0728.2

4. 祭坛烛台

这对烛台是放在寺庙中祭祀祖先的，饰有釉下彩青花花卉及动物图案，烧制的龙、云彩、汉字，以及柱脚和颈部周围的铁锈色彩绘细节。其中一处汉字铭文写着"皇上万万岁"，另一处文字标注的生产日期为"兴治二年十二月十九日造"，对应的年份是 1589 年，即越南莫朝莫茂洽（1562~1592 年在位）统治时期。

1589
越南
炻器
高 48 厘米
大英博物馆之友捐赠
馆藏编号 1984,0604.1-2

3 | 10 泰国瓷器

　　14~16 世纪，泰国瓷窑生产了大量内、外销的实用且适合家用的陶瓷，针对窑址和载有中、越、泰陶瓷的沉船的发掘，都证实了这一点。泰国瓷窑与中国瓷窑（尤其是南方瓷窑）之间的关系还有待详细考证，但某些技术（如青瓷釉料的生产）显然源自中国（2）。

　　泰国中部的宋加洛（Sawankhalok）窑和素可泰窑，同北部的卡隆（Kalong）窑拥有相似的技术，例如上通气（up–draught）窑和横通气（cross–draught）窑、堆叠工具以及一些装饰方法。这些瓷窑都能生产各种釉色的炻器，包括青花瓷与釉下铁褐色瓷，瓷器上的图案有些是原创，有些和中国的青花瓷有关。极具特色的釉下铁褐色瓷，是先把含有铁氧化物的颜料绘制在器身上，再罩上一层透明釉，然后在 1100~1300 摄氏度下烧制而成。各地生产的陶瓷之间的差异，与当地陶土的颜色和成分有关，也与制作时流行的图案和釉色脱不开关系。素可泰和宋加洛的陶瓷器型丰富，大盘子、小罐（4）、有盖盒（3）、碗（2，6）、有盖罐、人物造像（5）、屋瓦（7）和建筑模型，应有尽有。其中的一些远销印度尼西亚、菲律宾、日本和中东。卡隆瓷器没有出口，主要在泰国北部销售（1）。

1. 盘子

这件瓷盘展示了卡隆窑的特色。显眼的铁褐色花卉、鸟类、动物和抽象图案被覆盖在透明釉下。这个瓷窑还生产淡绿色、白色和灰色釉色的瓷器。卡隆窑使用一种坚固的米白色黏土，来制作精美的家庭用瓷。

14~16 世纪
泰国北部，卡隆窑
炻器
高 5.2 厘米，直径 24 厘米
馆藏编号 2005,0409.2

2. 青釉瓷碗

这只碗的侧面有刻痕，口沿外翻，内壁刻有精致的花卉图案，是青瓷的典型装饰。它是用一种细腻的淡红色黏土制作的。

14~16 世纪
泰国中部，宋加洛窑
炻器
直径 21.5 厘米
馆藏编号 2001,0810.2

3. 八角有盖盒

有盖小盒是东南亚陶瓷生产的主要器型。盒体和盖子上的装饰通常是一体的，盖子边缘会留下窄窄的一圈不上釉，防止烧制过程中盒体和盖子上的釉粘连。釉下铁褐色花卉图案是宋加洛窑最常见的装饰形式。

14~16 世纪
泰国中部，宋加洛窑
炻器
高 7 厘米，直径 10.5 厘米
安格斯·福赛斯（Angus Forsyth）捐赠
馆藏编号 1997,0326.88

4. 棕色釉喇叭口罐、青瓷罐和扁平铁棕色釉罐

这类小罐子是宋加洛窑另一类主要产品，可能用于盛放珍贵的香油或是药物，有些出口至日本用于茶道。

14~16 世纪
泰国中部，宋加洛窑
炻器
高 13.1 厘米，高 7 厘米、高 4.9 厘米
馆藏编号 1997,0326.65,
1997,0326.14,1996,0613.8

5. 瓷造像

泰国曾大量制作瓷造像。这些瓷器是手工制作的，装饰有各种颜色的釉料，青、白和棕色花纹的都有，当然也不会落下釉下铁褐色的和通体纯白的。这些瓷造像不用于出口，而是作为寺院的供品，其中最常见的形状是鸟类，也有别的动物与各式人物。一些瓷造像会被仪式性地破坏。

14~16 世纪
泰国，宋加洛窑和素可泰窑
炻器
高 5~10.8 厘米
馆藏编号 1907,0320.6,
1907,0320.4, 1997,0326.83,
1997,0326.6, 1997,0326.12

6. 碗

素可泰瓷器的特点是灰色黏土上覆盖一层厚厚的白色釉料，绘有釉下铁褐色的装饰，通常是花卉和鱼，表层通体上透明釉。碗中的图案是著名的"凹弧中的鱼"（fish in a cavetto），它首次出现于 15 世纪初。

14~16 世纪
泰国中部，素可泰窑
炻器
直径 24.3 厘米，高 6 厘米
馆藏编号 1955,1022.1

7. 脊兽那伽

泰国寺庙建筑通常铺有瓷瓦，屋脊的末端会放置脊兽。素可泰窑生产的这类瓷器呈棕色，带有奶油色的釉。与东南亚许多文化一样，泰国人将蛇视为人类与精神世界之间的桥梁。

14~16 世纪
泰国中部，素可泰窑
炻器
高度 45 厘米
多丽丝·杜克慈善基金会捐赠
馆藏编号 2004,0628,0.22

3 | 11 班加隆（Bencharong）瓷和莱南通（Lai Nam Thong）瓷

班加隆瓷和莱南通瓷是由中国景德镇在 18~19 世纪生产的釉上彩瓷器，专供泰国，图案都是定制。如今，这类瓷器已经可以在泰国本土制造。在一开始，这些高档瓷器是专供皇室的，到了 19 世纪，它们向所有买得起的人敞开了怀抱。

"班加隆"的字面意思是"5 种颜色"，指瓷器上多彩的釉上彩装饰。"莱南通"表明在五彩设计中额外使用了黄金。釉上彩需要在窑中进行两次烧制，因为瓷土需要的温度（高达 1350 摄氏度）高于釉上彩料所能承受的温度（约800 摄氏度）。莱南通需要烧制三次，最后一次将黄金固定在器物上。

班加隆瓷和莱南通瓷的造型比较规范，有带盖碗、无盖碗、罐、瓶、高脚盘、勺子、痰盂等（1，2），有的拥有中国式的器形。19 世纪下半叶，客户开始委托制作烛台和欧式茶杯。20 世纪，这类瓷器的纪念盘开始流行。瓷器上的图案多为佛教和印度教神话中的图像元素，例如宇宙中轴须弥山上喜马万塔（Himavanta）森林中的神圣动植物、凡世花卉或几何图案（其中不少类似纺织品和银器上的花纹），泰国文学中的人物也很常见。

1. 盖碗和勺子
19 世纪初，这样的带盖碗在班加隆瓷和莱南通瓷中很常见，在热爱中国的拉玛三世（Rama Ⅲ，1824~1851 在位）统治期间最受欢迎。它们被用于布置皇室的餐桌，这种勺子可以用来喝汤或是舀咖喱。

18 世纪末
中国
瓷、金
直径 21 厘米，高 20.9 厘米
A.W. 弗兰克斯捐赠
馆藏编号 Franks.575

19 世纪
中国，江西省，景德镇
瓷
长 16.5 厘米
多丽丝·杜克慈善基金会捐赠
馆藏编号 2004,0628.3

2. 莱南通瓷盂

这是一个有着花瓣形装饰的容器，用于盛放化妆品、药品、粉末、油或盥洗用品。它的边缘和旋钮上都镀了金。

18 世纪
中国
瓷、金
直径 6.6 厘米，高 8.6 厘米
A.W. 弗兰克斯捐赠
馆藏编号 Franks.587.+

3. 盖碗

受到骨灰瓮形状影响的高盖碗，旋钮为佛塔形状（泰国银器和其他器物中也有这种设计），被广泛生产用于盛放咖喱或者汤，也能储存食物。这一件瓷器饰有花卉图案和双手合十的佛教男性神灵——这种神灵形象被称为"双手合十的神"（thep phanom）。顶盖用由花卉和几何图形组成的同心环装饰。

1750~1800
中国，江西省，景德镇
瓷、金
直径 12.4 厘米，高 17.8 厘米
A.W. 弗兰克斯捐赠，卡尔·A.博克收集
馆藏编号 Franks.1392.D

4. 高脚盘

高脚盘是正式宴饮服务的组成部分，会被用作托盘。泰国的瓷窑于 19 世纪开始生产班加隆瓷。这些本地版本不如中国原版好，但不受奢侈品相关法律的控制，有时也出口。这一件是在加里曼丹岛发现的。

19 世纪初
可能是泰国
彩瓷
直径 25.9 厘米，高 10.7 厘米
A.W. 弗兰克斯捐赠，A.H. 埃弗里特收集
馆藏编号 Franks.3129

3 | 12 歌灵馨（Geringsing）布

歌灵馨布是由巴厘岛的阿加人（Aga）在巴厘岛东部的登安南佩格林辛甘（Tenganan Pageringsingan）村生产的，采用起源于印度的经纬绊织工艺制成。这种工艺是将图案在编织前分别扎染到经纱和纬纱上，然后织在一起。为了确保经纬线颜色准确对齐成图案，工匠付出了艰辛的努力。这种技术可能是随着奢华的印度帕托拉布传入东南亚的，这个巴厘岛村庄，是东南亚唯一能复制该技术的地方。

红棕色、奶油色和深蓝黑色的歌灵馨布织得松散（1），有时还在纺织时额外添加包金线、包银线或金色线（2）。图案是重复的，有几何图形和花卉图案，以及类似哇扬皮影戏中人物和建筑的图案。两端的设计与中心部分不同。人们认为这些布料是神圣的，特别是在纺织完成后、经线被割断之前，织工的行为受许多规则限制。

"歌灵馨"这个名字的意思是"没有疾病"，它与纯洁联系在一起，被认为具有神奇的保护力量，可以让使用者免受伤害，隔绝污秽，甚至能保护社区。人们尤其认为歌灵馨布可以在人生从一个阶段来到下一阶段（例如结婚和死亡）的紧要关头发挥保护作用。男孩和男人会用它们当腰带和臀布围身，女孩和女人则将它们用作胸布、肩布或外衣。这些布料也会在祭祀时作为供品。

1. 哇扬人物布

这块歌灵馨布上的人形图案，似乎是巴厘岛、爪哇岛的哇扬皮影戏中的人物，或是 14~15 世纪东爪哇神庙上的浮雕。这种布被称为哇扬歌灵馨，是最为神圣的。这块布上有三个相互联结的四角星，其间充满了花卉图案和几何图形。星星形成的拱门中有人形。两端不断重复着帕托拉布上常见的花卉几何纹。

19 世纪末至 20 世纪中叶
巴厘岛，登安南佩格林辛甘
棉线、金属线
长 209 厘米，宽 52 厘米
As1980,08.1

2. 哇扬人物布（局部）

一些歌灵馨布在两端进行了装饰，就像这一件，除了用棉线织出布料的"地"，还额外加入了包金包银线，但金银线不是"地"的一部分。两端的图案也很典型，是几何纹和花卉纹。

20 世纪 20 年代
巴厘岛，登安南佩格林辛甘
棉线、金属线
长 212 厘米，宽 49 厘米
馆藏编号 As1954,06.4

3 | 13 爪哇岛北岸的峇迪（batik）蜡染

蜡染是抗染法的一种：将液态蜡涂在布上，覆盖所有不需要染成特定颜色的区域，染色后再除去蜡。如果需要染其他颜色，就重复上蜡、染色，可以制作出非常复杂的图案。最早的时候，人们会把蜡装进一个带手柄和出水口的铜壶笔（canting）中来上蜡，由妇女操作，这是一种传统且耗时的方法。根据图案的复杂程度和颜色的多少，这个过程可能需要好几个月。19 世纪，为了加快生产速度，人们发明了涂蜡的金属印章，主要由男性在工厂中操作。

复杂的峇迪蜡染技术萌芽于 17 世纪，但直到 19 世纪初，爪哇岛北岸才稳定出产色彩斑斓的蜡染布。这种产品是印度－中国、印度－欧洲和印度－阿拉伯等混合社区的特色，体现了文化与移民社区的多元（1，2）。此时，蜡染生产逐渐从家庭手工转移至商人、企业家组织的商业系统，他们不仅可以根据客户需求定制，还开发新的图案、配色方案和构图来吸引客户。

大约在 19 世纪 60 年代，经济困难的混血女性开始在爪哇岛北岸建立峇迪蜡染作坊。其中有几家以制作高质量的布匹而闻名，如伊丽莎·范·祖伊伦（Eliza van Zuylen）、凯瑟琳娜·范·奥斯特罗姆（Catharina van Oosterom，1）和陈丽娘（Tan Ien Nio）*。

北岸帕西希尔（Pasisir）区域的蜡染行业在 19 世纪末至 20 世纪初达到鼎盛，在两次世界大战和经济大萧条之后走向终结。

1. 蜡染布（局部）
布的中间饰有天使、动物、戴冠人物、建筑和花卉。两端的花卉和人物放在了三角形和菱形中，这两种形状在末端（kepala）装饰里常见。这块色彩斑斓的布出自印度－欧洲混合社区作坊。上面印有"世界博览会"字样，可能表明它曾参加 1889 年的巴黎博览会，该次博览会专设爪哇岛展区。

19 世纪晚期
印度尼西亚，爪哇岛，可能来自凯瑟琳娜·范·奥斯特罗姆作坊
棉布
长 111 厘米，宽 109 厘米
查尔斯·贝文捐赠
馆藏编号 As1934,0307.51

2. 纱笼（局部）
这件纱笼可能出自峇峇娘惹的手工作坊，结合了中国和印度－欧洲的图案布局。两端的菱形图案和长短交替的三角形图案是典型的爪哇岛北岸峇迪蜡染风格，中央（badan）背景中的折线纹构成了代表长寿和富足的卍字，这种图案被称作班吉（banji），再配上花鸟图案，是典型的中式组合。这类看起来非常立体的花朵是印度－欧洲混血群体的创新。石榴花表示多子，表明蜡染是为已婚妇女制作的。精心设计的配色结合了传统的帕西希尔红蓝绿三色。

约 1880
可能是爪哇岛的三宝垄
棉布
长 210 厘米，宽 105 厘米
查尔斯·贝文捐赠
馆藏编号 As1934,0307.72

* 也称西蒙内特夫人（Mrs. Simonet），她的作品出现在多家西方博物馆中，颜色艳丽，纹饰清新。可惜的是难以寻觅这位华人大匠的中文名。"Tan"是陈姓，"Nio"是潮汕话里的"娘"，但"Ien"不确定，可能是"丽"或者"林"。如果是"林"，那这个名字的意思就是林姓的女子嫁给了陈姓的男子，即"陈林氏"。

3 | 14 加里曼丹岛发现的玻璃珠

对于加里曼丹岛上的众多岛内群体来说，珠子意义非凡。他们会用珠子装饰衣服（2，4）来表示等级和地位，会储存珠子作为金钱和财富，会在祭祀和仪式上使用珠子，会把珠子作为传家宝，将其用于治疗或单纯作为装饰品。对加里曼丹岛社会的信仰来说珠子也很重要，人们通常认为珠子是生命力的宝库，里面住着神灵。珠子可以用牙齿、骨头和贝壳制成，但至少从 1500 年前开始，石头或玻璃制成的贸易珠子就创造了一种时尚（1）。博物馆中收藏的加里曼丹岛珠子大多不是在岛上制作的，而是于不同时期从印度、中国、东南亚、中东和欧洲（尤其是威尼斯）进口的（3）。加里曼丹岛的珠子贸易是多向的，不止有船只在加里曼丹岛的国际港口停靠兜售，有证据显示加里曼丹岛人会到国外购买珠子，珠子也沿着加里曼丹岛内部复杂、繁盛的贸易网络进行交换。

东南亚早期的玻璃珠是在今天的印度制造的，但到公元前 500 年左右的几个世纪里，东南亚本土也出现了玻璃制造工坊。11 世纪开始的几个世纪中，中国成为玻璃珠的主要产地。16~19 世纪，威尼斯成为玻璃珠的主要生产地。19 世纪晚期，波希米亚成为玻璃珠的重要生产地。

玻璃珠的制作主要有两种方法。第一种方法是将半熔化的玻璃从一个较大的玻璃块上拉下来，按尺寸切割。第二种方法是将加热的玻璃绕在支架上，切割后再次加热，使珠子光滑成型。在重新加热的过程中，会添加一些装饰，如不同颜色的玻璃片。

1. 伊斯兰珠

发现于加里曼丹岛。这种黑白相间的珠子于 700~1000 年在伊斯兰教地区制作，很可能是由 8 世纪的阿拉伯商人带到东南亚的。19 世纪末到 20 世纪初，这类珠子被重新收集起来，加里曼丹岛上的社区看重它的年代久远，认为它具有更加强大的力量。

7~10 世纪
可能生产于埃及
玻璃
高 2 厘米，直径 2 厘米
C. 柯林斯（C. Collins）捐赠
馆藏编号 As1908.342

2. 帽子

加里曼丹岛上的社区相信珠子的保护作用可以传递给佩戴者，因而会将它们系在衣服上。战士们也会将珠子佩戴在脖子上。这顶帽子由鱼鳞和玻璃珠制成，顶端有一颗大珠子。特殊的珠子会被赋予名字，价值很高。20 世纪晚期以前，大珠子很受重视，但近年来管状小珠子逐渐受到看重。

19 世纪
加里曼丹岛
鱼鳞、玻璃、纤维
直径 22 厘米，高 18 厘米
馆藏编号 As1908,0625.1

3. 彩珠

加里曼丹岛发现的大多数彩珠都是17~19世纪在威尼斯制作的。制作时，首先制作珠子本体，然后加热不同颜色的玻璃细棒，用细棒在本体上制出点状、条状和旋涡状图案。这些珠子在加里曼丹岛各社区的受欢迎程度和价值各不相同。带有旋涡图案的黑色珠子被称为"鲁古珠"（lukut sekala），尤其受到许多群体的青睐。

鲁古珠

18世纪
意大利，威尼斯
玻璃
直径0.9厘米，高0.5厘米
沙捞越王后玛格丽特·布鲁克
捐赠
馆藏编号 As1896,0317.51.a

条纹、星纹、玫瑰花纹、眼斑纹的珠串

18~19世纪
可能是意大利的威尼斯
玻璃
长1.4厘米，直径1.1厘米（最大的珠子）
戴安娜·古德捐赠
馆藏编号 As1936,1205.2

项链上的彩珠

19世纪
可能是意大利的威尼斯
玻璃
高1厘米，直径1.4厘米
馆藏编号 As1900,-.756

4. 珠串外衣

这件有着罕见棋盘花纹的高级外衣由植物纤维布制成，表面布满了玻璃珠，流苏由金属串珠和贝壳组成。如今，不透明的小珠子仍被用来装饰衣服、帽子以及婴儿背带这样的日用品，珠子能让这些器物更有价值、更正式。

19世纪晚期
加里曼丹岛，沙捞越
玻璃、纤维、金属、贝壳
长48厘米，宽45厘米
馆藏编号 As1908,0625.7

3｜15 峇峇娘惹和华人社区

华人在南洋与印度人、东南亚人通婚，形成了独特的峇峇娘惹文化，峇峇娘惹意为"本地出生"。这个群体中有些人的祖先可追溯到 15 世纪的马六甲，缅甸、泰国和整个东南亚岛屿区域也有同样古老的混血华人社区。

还有一个群体被称为"印度的峇峇娘惹"，他们是印度的泰米尔人移居马来半岛后和本地人通婚的后代，也被称为仄迪人（Chetti）。他们将印度教信仰和华人的祖先崇拜混合在一起，语言、服装、食物和珠宝都融入了南印度、马来半岛和中国的风格。

与之类似，峇峇娘惹文化融合了华人与马来人的习俗和饮食传统。神话、故事和蝙蝠、竹子、寿桃等动植物吉祥图案来自中国。人们希望妇女擅长刺绣和制作珠饰，这两项技术在制作新娘长裤时特别重要（2）。19 世纪，峇峇娘惹社区中出现了一种新的流行审美，即崇尚鲜艳的色彩和华丽的细节。

华人在东南亚扮演着重要角色，他们是劳工、商人和放债人，还拥有赌场。这些赌场发行的代币有时可作为货币流通（3）。

1. 项链
这条项链产自东南亚，采用的是印度的"addigai"样式。它和峇峇娘惹的渊源，在于这条项链不是用印度人常用的黄金制成，而是镀金的银子。镀金是中国人用来防止银变色的一种技术。

20 世纪初
新加坡
银镀金、珠子、宝石
高 17 厘米、宽 13 厘米
峇峇娘惹博物馆
馆藏编号 2016-00641

2. 屏风
用刺绣和珠饰装点的靴子、拖鞋、腰带、衣领、钱包、眼镜盒、婚床挂饰、枕套、镜套、桌布和屏风，无不展现了峇峇娘惹群体中妇女的耐心和对细节的关注。这件屏风色彩鲜艳，符合19 世纪至 20 世纪早期的审美，设计借鉴了中国的传统图像元素，屏风上有神话中的麒麟和凤凰，现实里的狮子、鹿和大象，在它们周围环绕着花草。

20 世纪初
可能生产于马来西亚的槟城
木、玻璃、丝绸、金属
屏风面板高 71.7 厘米，宽23.5 厘米
馆藏编号 2021,3016.

3. 代币

华人赌场会用上釉的陶瓷、黄铜和玻璃制作代币，在 19 世纪 70 年代前，它们也作为货币在曼谷流通。代币上通常有中文铭文，偶尔也会有泰文，铭文上会写明赌场的名称、美好的祝福，也会有些图案。对于华人社区来说，螃蟹有积极的寓意，石狮﹡则是保护神。

装饰螃蟹、中文的代币
19 世纪
泰国锦源发行
瓷器
直径 2.2 厘米
理查德·卡纳克·坦普尔捐赠
馆藏编号 1898,0901.20

装饰石狮、泰文、中文的代币
19 世纪
泰国，曼谷
瓷器
直径 2.2 厘米
博物馆画廊捐赠
馆藏编号 1977,0712.16

﹡ 原文为 fu dog，直译即"福狗"。

1. 牛角黄铜甲

这套盔甲是 1872~1876 年英国海洋探险队获得的，使用牛角板、黄铜网和银扣制作。在某些盔甲中，会用黄铜板代替牛角板。生活在棉兰老岛、苏禄老岛和巴拉望岛上的摩洛（Moro）铁匠以金属工艺著称，从 15 世纪开始，他们改良并制作欧洲样式的盔甲和武器。

18 世纪至 19 世纪初
菲律宾，棉兰老岛，摩洛人
水牛角、黄铜、银
长 74.5 厘米，宽 65.8 厘米
A.W. 弗兰克斯捐赠，海因斯中尉（Lt. Hinds）收集
馆藏编号 As.9867

2. 头盔

19 世纪末至 20 世纪初，随着英国控制的加强，钦人（Chin）之间的战争受到限制，这种头盔也就不再使用了。19 世纪以前，无论是马拉人（Mara）还是他们所属的钦人大族群，书面记录都很少，但英国人和后来钦人的记录表明，会战和突袭在寒冷季节（11 月至来年 2 月）非常普遍，当时人们利用战争来增加村里的土地和财富，并为今生和死后获取奴隶。

1900~1925
缅甸钦邦北部或印度东北部，马拉人
竹篾、毛发
高 25 厘米，宽 34 厘米
詹姆斯·钱斯勒·德·瓦恩
（James Chancellor de Vine）捐赠
馆藏编号 As1927,0112.1

3. 剑

大英博物馆 1952 年的入藏登记簿指出，这是一把与众不同的毛饰坎皮兰（kampilan）剑，剑柄的形状比通常的要小而圆。动物或人的毛发增强了武器作为护身符的作用。剑柄通常由硬木制成，因为武器的质量代表了主人的社会地位。坎皮兰剑既用于战争，也在战舞中使用，是双手武器。在菲律宾南部以及与马京达瑙省贵州有联系的印度尼西亚东部岛屿曾发现单刃剑。

19 世纪晚期
菲律宾，棉兰老岛，摩洛人
钢、木、铜、毛发、石灰、纤维
长 94.7 厘米，宽 27.3 厘米
韦伯斯特·普拉斯（Webster Plass）捐赠
馆藏编号 As1952,08.26

东南亚的战争

浮雕、碑文、文学和口头传说中的记录表明，战争在东南亚社会中扮演着重要角色，它支撑着领袖和国王的主张，证明男子的能力，并使人口流动。人们打仗不仅是为了证明自己的地位，也是为了获取财富、控制生产中心和各种贸易网络，而这正是数千年来这一地区活动的主要特性。东南亚的人口密度历来较低，这也意味着俘虏人口是战争的重要组成部分，减少人口是防范报复的一种战术。在伏击、突袭和会战中俘获的人口在社区中占很大比例，他们会在社区中担任各种社会经济职务，其中包括被纳入王室、被安置在工匠社区、被分配土地、被征召入伍或被永久奴役的各色人等。这种跨文化的互动带来了共同的形象和习俗。

猎头曾经是许多地区另一种重要的战争形式，随着19~20世纪西方列强逐步控制东南亚，殖民官员和传教士试图结束这种行为。为沙捞越白人国王查尔斯·布鲁克（Charles Brooke，1868~1917年在位）工作的殖民官员查尔斯·霍斯曾试图将划船作为一种替代性竞技活动，但加里曼丹岛的猎头活动一直到20世纪60年代还有报道。猎头的目的包括复仇、挑战敌群、提高社会地位和声望以及确保社区的生育能力。与世界其他地区一样，关于东南亚战争的讨论主要集中在国家方面，但大小族群之间的战争之普遍亦需要关注，它说明除了获取人口、资源和土地外，战争在东南亚还发挥着文化作用。

东南亚是多样的，所以东南亚的武器也多种多样，剑、匕首、矛、长枪、戟、弓箭、毒镖、吹箭，应有尽有。头盔和盾牌具有保护作用（2），盾牌也可用于进攻（6）。由于气候炎热潮湿，穿盔甲的人

4. 盾

有些盾牌用于祭祀时的战舞，有些则是猎头、突袭、远征中的实用器。这面盾牌产自印度尼西亚东部的索罗尔（Solor）岛，是为有名望的人准备的。它由木头制成，上面涂有红色和黑色的装饰漆，镶嵌有贝壳和毛发。背面有木和藤做的柄。

19世纪早期至中期
印度尼西亚，索洛岛
木、甘蔗、毛发、韧皮纤维、贝壳
高112厘米，宽15厘米
A.W. 弗兰克斯捐赠，哈克比勒（Hakbyl）收集
馆藏编号 As.7289

5. 库拉比（koraibi）盾

库拉比盾用于在猎头袭击中抵御箭矢。盾牌由树根制成，先熏制以防虫蛀，制成后绘上红黑相间的对称螺旋图案。制作者在制作过程中恪守禁忌，完成后还要用动物祭祀，以使盾牌获得神灵保护。背面的木制手柄借助一个孔固定在盾牌上，孔用半个椰子壳盖住。

19 世纪早期至 60 年代
印度尼西亚，明打威群岛，西比鲁特（Siberut）
木、椰子木、藤条
高 110.9 厘米，宽 35.1 厘米
阿姆斯特丹动物学会捐赠
馆藏编号 As.7593

6. 盾

这种盾牌由吕宋岛的卡林阿人（Kalinga）或町乌宛人（Tinguian）制作，他们的社会地位有部分是通过战争获得的。藤条绑带和凸起的形状可防止盾牌在战斗中裂开，5 个长角可用于绊倒和困住对手。几何图形与纺织品和文身上的图案有关。

19 世纪中叶
菲律宾，吕宋岛
木、藤条
高 120 厘米，宽 30.3 厘米
A.W. 弗兰克斯捐赠，布莱斯·M. 赖特（Bryce M. Wrigh）收集
馆藏编号 As,+.3943

7. 火药角

这个火药角是用野牛角制成的，上面有金属镶嵌和漆饰。红黑相间的羊毛编织绳是用来携带火药角的。钦人曾是周边统治者的雇佣兵，他们的武勇受到英国人的敬佩。

20 世纪初
缅甸，钦邦
野牛角、木、羊毛、金属、树脂、漆
长 28 厘米，宽 9 厘米
D. 海尼夫（D. Hay-Neave）捐赠
馆藏编号 As1948,07.16

8. 燧发枪

17 世纪欧洲的军队逐步普及燧发枪后，18 世纪英国皇家海军向东南亚的许多统治者提供了燧发枪。国王们还将枪支作为礼物赠送，并在战争和袭击船只时缴获枪支。自带武器也是当地统治者在军队中加入欧洲人雇佣兵的额外动力。一些地区生产自己的大炮和火枪，到 17 世纪，苏拉威西岛的武吉斯人和苏门答腊岛的米南卡保人（Minangkabau）在枪支生产方面享有盛誉。

18~19 世纪
购于文莱
木、铁、黄铜
长 41 厘米
馆藏编号 As.5707

很少（1），主要集中在精英阶层。许多武器的设计都是为了在外观上挑衅、威慑敌人，上面的图案常被认为会让敌人看后混乱，或者干脆装饰着在从前的战斗中缴获的敌人头发（3，4，5，6）。其他形式的保护措施也很常见，如护身符、魔法图案、造像和咒文等，以及用传说中无坚不摧的金属锻造武器，至今仍是如此。有些物品还被用在伴随着战争准备进行的仪式中（3，4）。

虽然近身格斗是常态，但自16世纪开始，从中国、印度和欧洲购买的火器、大炮和火药逐渐成为武库的一部分。火药容器（7）等新配件也被开发出来。人们普遍认为武器具有灵性。与马来祭祀短剑（见第148~149页）一样，一些火器上装饰着那伽，那伽的力量与武器的性能相关（8）。最初，火铳和火炮更多地用来制造噪声、吓唬敌人，而非造成人身伤害。在较大的国家，人们竞相购买这些武器，因为在20世纪之前，当地生产的武器有限，通常质量也不高。统治者欢迎欧洲雇佣兵，尤其是葡萄牙人，因为他们拥有较高的军事技能和精良的火器。

东南亚人能有效地使用武器，但在19世纪之前，欧洲人也认真对待在东南亚的战争。随着工业革命的到来，欧洲的技术超越了东南亚人的能力，尽管东南亚人会利用游击战术让自己不容易被击败。1886年英国完全吞并缅甸后，遭遇了十多年的人民起义；苏门答腊岛北部的亚齐抗争荷兰的战争从1873年一直打到1904年。19世纪末，东南亚各国聘请欧洲工程师和其他专家，按照欧洲模式改革军队。但直到20世纪，东南亚各族群之间的小规模战争仍在使用传统战术和武器。

3 | 16 欧洲殖民统治的加强

在 18 世纪末之前，欧洲在东南亚的存在主要是商业性的，而且仅限于沿海地区；但到第二次世界大战时，除泰国外，整个地区都已处于殖民统治之下。获取领土是通过战争和军事压力实现的（4），殖民的鼎盛时期从 19 世纪 80 年代持续到 20 世纪 30 年代。

商业是控制东南亚的理由，但殖民权力也是欧洲国家之间外交竞争的体现，每个国家都竞相确保自己能够获得该地区的丰富资源，并将其作为进入中国市场的门户。物产和资源被大规模开采，且往往不顾人命。锡矿和橡胶种植园成为马来半岛的主要景观，越南生产煤炭和锌，咖啡和蔗糖是印度尼西亚诸岛的主要出口产品，缅甸的柚木林则为吞并提供了另一个理由。整个东南亚都出产茶叶和大米。在马来西亚和印度尼西亚种植的胶木出产的古塔胶（一种比橡胶更坚韧的树胶）被用于家庭和工业用途，如电报线路的涂层，后来还用于补牙。银和金也被广泛开采（2）。

东南亚成为包括纺织品在内的各种欧洲商品的倾销市场。据 1907 年的观察，缅甸当地的铁匠很难与德国进口的刀具、钉子、斧头和铁锹竞争（Bell，1907：9－14）。

1. 机器铸币

19 世纪中叶，一些东南亚统治者开始使用从欧洲购买的铸币设备发行普通的流通硬币。但并非所有这些硬币都被当地人接受。柬埔寨人更喜欢使用越南和泰国的硬币，而不是安东王（King Ang Duong，1840~1860 年在位）在 19 世纪四五十年代发行的第一批用机器铸造的铜币和银币。这种硬币上有神鸟和吴哥城的一座寺庙的形象，这些传统形象在一定程度上让人们记住了这位复兴了高棉文化的国王。1863 年，柬埔寨成为法国的保护国。

1847
柬埔寨发行
银
直径 3.4 厘米
托马斯·克拉克·索恩希尔
（Thomas ClarkeThornhill）
捐赠
馆藏编号 1935,0401.12761

2. 银锭

由缅甸和中国都可进入缅甸掸邦勃温（Bawdwin）的银矿，该银矿很早就被开采。1906 年，缅甸矿业有限公司（Burma Mines Limited Company）成立，目的是回收数百年前开采银矿时遗留在矿渣堆中的废弃金属。根据冶金分析，这块来自缅甸矿山的银锭纯度超过 99%。

20 世纪初
缅甸
银
高 1.4 厘米，宽 7.8 厘米
西蒙斯兄弟（Simmons and Simmons）捐赠
馆藏编号 1989,0627.15

3. 机织布

这块布料由曼彻斯特的贝文公司
（Beving and Co.）织造，其设
计基于查尔斯·贝文拥有的爪哇
蜡染纺织品。贝文购买了很多非
洲和印度尼西亚的纺织品作为公
司产品的参照范本。加纳和爪哇
之间有着特殊的联系，因为荷兰
人将西非的男子运到印度尼西亚
充当殖民军，而爪哇纺织品的图
案，例如一些拼接设计，可能就
源自非洲。

19 世纪 80 年代 ~20 世纪 10 年代
英国，曼彻斯特
棉布
长 90 厘米，宽 60 厘米
查尔斯·贝文捐赠
馆藏编号 Af1934,0307.391

4. 盒子

这个盒子采用缅甸传统的黑漆
点金箔工艺（shwezawa）装
饰，表现的可能是 1852 年第二
次英缅战争期间缅甸人民躲避
英国士兵的场景。英国在 19 世
纪分三个阶段吞并了缅甸，贡
榜王朝末代国王锡袍（Thibaw,
1878~1885 年在位）被英国殖
民者流放至英属印度。

19 世纪下半叶
缅甸
木、漆、金
高 10.5 厘米、宽 28.2 厘米、
长 43.4 厘米
馆藏编号 2002,0204.1

不同的殖民地政府和官员各自对东南亚的动植物和文化进行了研究。博物学家约瑟夫·班克斯（Joseph Banks）曾带着一名绘图员旅行，目的是记录动植物（1768~1771）；斯坦福·莱佛士在担任爪哇副总督期间（1811~1816），下令清理和记录古代遗址。欧洲人还委托当地人制作模型，因为在摄影技术还不发达的时代，这些模型记录了各种文化，并为身在欧洲的人们提供了他们所殖民的海外国家的信息。亚洲、非洲和大洋洲文化的模型和插图有助于英国人将他们在海外遇到的文化习俗、服饰形式（1）和日常活动进行分类和表现。东南亚人还为自己制作了各种用途的模型，有些是玩具，有些是祭祀用品。

大英博物馆收藏的东南亚模型有几百件，有人物、动物、船只（5）和轿子等交通工具、乐器（2）、武器、器皿、编织设备等，（6）以及建筑（3，4）。这些模型通常由当地艺术家和工匠制作，无论是原物还是小型复制品，都能看出他们高超的制作技艺。模型作为纪念品和跨文化礼品仍然受欢迎，大英博物馆就收藏了一些 20 世纪 70 年代英国女王伊丽莎白二世在东南亚进行国事访问时获赠的模型。

1. 龙目岛的情侣
情侣模型和图画是表现东南亚不同民族的流行方式。欧洲人热衷于给那些被认为"传统"的服饰编目，这种分类大大简化了该地区各民族之间复杂多变的联系。

19 世纪中后期
印度尼西亚，龙目岛
木材、树脂，可能还有金
女高 30.7 厘米；男高 32 厘米
A.W. 弗兰克斯捐赠，C. M. 普莱特（C. M. Pleyte）收集
馆藏编号 As1896,-.926-927

2. 全套佳美兰（Gamelan）乐器

斯坦福·莱佛士爵士的著作《爪
哇历史》（A History of Java）
中展示了这些精美绝伦的佳美兰
乐器的复制品，他在书中描述了
爪哇岛无处不在的佳美兰音乐。
虽然莱佛士也收集了全尺寸的佳
美兰乐器，但该书的插图作者使
用模型来作画，大概是因为模型
更易于运输和保存。

1812~1815
印度尼西亚，爪哇岛
木、金属、藤条、金箔
高 7~36.5 厘米，宽 9.5~34
厘米
J.H. 德雷克捐赠，斯坦福·莱佛
士收集
馆藏编号 As1939,04.2,
As1939,04.7-
9, As1939,04.18,
As1939,04.18a,
As1939,04.17,
As1939,04.17a,
As1939,04.20,
As1939,04.31-32

3. 米南卡保式建筑

米南卡保人的房屋建在木桩上，
通常用木头建造，为大家庭提供
住所。屋顶有多层，屋脊像水牛
角，这种象征意义也出现在其他
东南亚文化中，如苏拉威西岛上
的托拉贾（Toraja）文化。

20 世纪初
印度尼西亚，苏门答腊岛
黄铜
高 19.9 厘米，宽 27.8 厘米
F. 基里克（F. Killik）捐赠
馆藏编号 As1944,08.1.a-g

4. 巴厘岛风格寺庙

与印度教和佛教中的宇宙神山须弥山有关，同心多层、逐层变小的屋顶是东南亚许多地区常见的高层建筑形式。屋顶的层数总是奇数，介于 3 和 11 之间，揭示了所供奉的神灵或人物的地位。层数越多，地位越高。

19 世纪 50 年代至 60 年代初
印度尼西亚，巴厘岛
植物纤维
高 37 厘米，宽 20.4 厘米
馆藏编号 As.5021

5. 御船

在每年十月雨季结束时举行的供僧衣节（Kathina）期间，曼谷的湄南河上会举行御船游行，向僧侣布施。大英博物馆 1937 年的入藏记录显示，这种龙舟模型是为该节日制作的。

20 世纪初
泰国
混凝纸（papier mâché）、铝箔
长 60 厘米，宽 8 厘米
约翰·马林（John Mallin）
捐赠
馆藏编号 As.1937,0414.1

6. 织机

纺织品对东南亚社会意义重大，欧洲人收集了大量纺织品和各种织机的模型。这台来自缅甸的织机是踏板织机，经线由织机自身的机架绷紧。这种织机在 19 世纪末引入东南亚，以刺激纺织业的发展，并取得了成功。东南亚现在是布匹和服装的主要出口地区。

19 世纪 70 年代至 80 年代中期
缅甸
木、棉线
高 18 厘米，宽 20.3 厘米
馆藏编号 As.1919,0717.44

大事年表

10 世纪后	加里曼丹岛的矿石冶炼
11~21 世纪	缅甸的漆器制造
13~19 世纪	中国铜钱在东南亚岛屿的流通
16 世纪	烟草传入东南亚
约 16 世纪至 1885 年	缅甸生产青铜或黄铜的标准市场砝码
16~17 世纪	东南亚岛屿的许多贸易地区（包括文莱）皈依伊斯兰教
17 世纪末	东南亚的中国贸易和移民迅速增加，中国男子与当地家庭通婚，作为东南亚人和欧洲人之间的中间人，成为矿工、力工、工匠、商人等
	吉安雅（Gianyar）王国衰落，巴厘岛分裂成 9 个王国，每个王国都有自己的宫廷
17~18 世纪	荷兰东印度公司的档案、报告描述了一些文化习俗
18 世纪	东南亚的奴隶掠夺日益加剧
1755	《吉扬提条约》（Treaty of Giyanti）将中爪哇的权力分给日惹（Yogyakarta）和梭罗（Surakarta）
19 世纪	基督教在越南变得举足轻重
	日惹和梭罗之间的艺术竞争日益激烈
1811~1816	爪哇的英国空位期*（British Interregnum），许多文物被送至欧洲或送往位于加尔各答的东印度公司总部
19 世纪中叶	欧洲人强行开放苏门答腊岛中北部的巴塔克（Batak）地区
19 世纪中后期	新型合成纤维和染料抵达东南亚
1867	马来半岛部分地区成为英国殖民地
1881~1946	英国北婆罗洲公司成立，管理和开发该地区
1886	伦敦召开殖民地和印度博览会（Colonial and Indian Exhibition）
1893	芝加哥召开世界博览会
19 世纪末至 20 世纪	大量被殖民者皈依基督教
	印度社区在下缅甸和马来半岛扩张
	欧洲人收集了大量来自东南亚的文物
	欧洲人镇压猎头行为
1900	巴黎博览会召开
20 世纪二三十年代	爪哇人迁移至马来半岛
20 世纪中后期	塑料成为流行材料
20 世纪末	槟榔的食用逐渐减少，但在许多文化中依旧是仪式的必需品
20 世纪末至 21 世纪初	泰国孔剧、印尼哇扬皮影戏、马来克里斯祭祀短剑、佳美兰和峇迪蜡染被列入联合国教科文组织非物质文化遗产
	吴哥窟、室利差旦罗、蒲甘古城、阿瑜陀耶城、素可泰古城、班清遗址、美山遗址、顺化城、婆罗浮屠和普兰巴南成为联合国教科文组织世界遗产

---

* 指这一时期英国对爪哇的临时统治。

4

从日常到神圣

约 17 世纪~2020

东南亚的艺术形式丰富多样，但广泛的地区内互动还是促成了许多共性。考古研究表明，从很早开始人们就认为美会赋予物品或造像以意义和价值。小社群同印度教、佛教、伊斯兰教、基督教等主要宗教存在千丝万缕的持续性关联，这些关联通过共同的图案、形式、相关的宇宙观、祭祖方法和拜神仪式体现。各种或长久或短效的物品，都是仪式、交流、飨宴的一部分，有赋予事物声望、等级、标志的能力。有些物品不一定

1. 供品

在仪式结束或一天的活动结束后，繁复的棕叶编织工艺品会在使用后被丢弃。这类物品是巴厘岛常见的供品或供品容器。装饰的大小和范围取决于仪式的重要性。巴厘岛人敬奉神灵的供品大多是存在时间短暂的、速朽的。除了棕叶编织工艺品外，他们还会供奉表演，以及鲜花、水果、槟榔、大米、年糕和多彩且形状各异的米团。

1970~1982
印度尼西亚，巴厘岛
椰子叶
直径 13 厘米
安娜·班克斯（Anna Banks）捐赠
馆藏编号 As1983,10.14

2. 有盖盒

这个盒子上重复的几何纹与对称设计是托拉查人艺术的共同特征。每个设计都有名称，这些名称可以应用于不同图案。家居用品、植物（例如水稻）和动物（尤其是水牛）都是图案名称的来源。

20 世纪初
印度尼西亚，苏拉威西岛，马马萨（Mamasa）
木、纤维
直径 48 厘米，高 53 厘米
馆藏编号 As1976,02.1.a-b

3. 文身工具

文身在缅甸曾非常普遍。男性通常从腰部到膝盖都有文身，胸膛和手臂上也有（见第 157 页）。文身工具上有一根带双墨槽或四墨槽的触针，顶端有一个精灵或神怪形状的重物，用于保护文身者。

20 世纪初
缅甸
黄铜
长 28.5 厘米
馆藏编号 As2000,07.1.a-c

具有精神内涵，却是文化信标，可识别社会关系、性别、年龄和婚姻状况。各种功能，自有各种实现方法。

从加里曼丹岛伊班人（Iban）的纺织到缅甸佛教寺庙的建造，都存在既定的方法和仪式来确保成功，并为最终产物注入力量。在一些社会中，男性和女性从事不同但互补的工作，二者对社会的正常运转同样必要，并且这种互补的重要性通过媒介得到传达。艺术家可以从精神和祖先的意志中汲取灵感，精神的恍惚可以成为创作和表演的一部分。除了针对西方化市场的现当代艺术外，大多数作品都没有签名，因为这些物品或者是由多人制作的，或者被视作更高权力的体现，又或者它们的赞助者被认为比制造者更重要。

材料可能有等级之分，例如黄金的使用在许多文化中都存在禁忌或受规约，但永恒或速朽并不一定重要。有时，对于神灵来说，本质才是最重要的，比如巴厘岛的叶片编织供品（1），物品的价值来自材料与用途的匹配。图案或设计也往往具有重要意义，它们曾受服饰法规控制。螺旋或蜿蜒的图案以及以动植物形态为基础的几何设计自很早以前就存在，并出现在从篮子、人偶到泥塑、木雕等不同媒介的各类艺术形式中（2）。

政治在艺术和物质文化生产中也发挥着作用。第3章通过讨论上座部佛教王权和欧洲扩张对这一问题进行了更详细的探讨。它也与东南亚岛屿区域相关。17世纪50年代，吉安雅王国衰落，巴厘岛分裂成9个王国，每个王国都建造了自己的宫殿（Puri）和寺庙，因此宫廷必须赞助艺术家和建筑师。在爪哇岛上，1755年的《吉扬提条约》使得该岛中部建立了两个王国，首都分别设在梭罗和日惹，引发了艺术创作上的文化竞争，产出了包括面具、人偶和纺织品在内的璀璨造物。

15 世纪起，国际社会在迅速扩张，外国工匠纷纷跟进并在贸易区定居。18 世纪，越来越多的中国移民和南亚穆斯林参与到东南亚的贸易中来。在这个地区，通过奴役和战争进行的人口流动加速了跨文化交流，许多城市和州县的居民，包括欧洲控制下的港口的居民，都是被迫迁居的人或其后裔。欧洲人不仅获得了对地区的政治控制，还组建了地方联盟，从而形成了大型混合（或者说混血）社区。19~20 世纪，中国的专业人士被邀请到越南培训当地人（4）。源自各地的创意融合成全新的表达方式，人口流动的影响正体现在这种表达方式带来的创作中，例如马来半岛的银制品或爪哇岛北岸的蜡染。

东南亚拥有丰富的自然资源，但由于大部分地区的气候潮湿炎热，19 世纪以前制作的植物或动物制品（如木雕、篮筐或纺织品）存世极少，因此很难追溯其变化或某些新形式的出现时间。例如，16 世纪烟草的到来肯定会促成新物品的出现，但留下的证据却很少。浮雕和壁画提供了一些有关日常用品的信息，17~18 世纪的商人和传教士偶尔也会描述早年间的文化习

4. 越南皇帝墓园，路易斯·戈德弗罗伊创作

这幅蚀刻版画描绘的是顺化城绿树成荫的风景中一座寺庙或陵墓的大门和墙壁。越南阮朝（1802~1945）将首都定在中部的顺化，阮氏家族的根就在这里。他们模仿中国建造建筑，建筑元素中还包括月牙形凹槽等欧洲元素。历代国主被埋葬在大面积的园林景观中，墓园中有大门、用于宗教和娱乐目的的亭台楼榭、水塘以及陵墓本身。20世纪 20 年代，越南建造了最后一座皇陵——末代国君保大帝为父亲启定帝建造的陵墓。

1919
越南，顺化
蚀刻版画
高 13.4 厘米，宽 31.4 厘米
路易斯·戈德弗罗伊捐赠
馆藏编号 1930,0211.14

俗，如荷兰东印度公司档案中的记录。然而，许多社会只是在19世纪80年代到20世纪30年代（殖民控制的鼎盛时期）物质文化发生深刻变化期间才首次被详细记录下来。新材料和新技术的迅速出现，不同的信仰和仪式习俗，以及对新思想和新习俗的吸收，都体现了这种剧烈的变化。到20世纪初，本章所讨论的许多习俗和艺术形式都逐渐式微。随着被推翻或失去权力，王室对艺术的赞助也变少了，许多手工艺品不再制作，或者只有少数人知道如何制作。随着殖民官员的到来，基督教传教士也来到东南亚，进行了很多改变当地人信仰的努力，猎头等被视为"野蛮"的活动被禁止。在某些情况下，欧洲人对当地的社会、文化、宗教和政治产生了深远的影响；而在另一些情况下，欧洲人对文化观念和习俗的影响则不那么强烈。当古老的生活方式在现代化的大潮下被改变或被抛弃时，与之相关的物品有时会被毁坏、赠送或出售。一些传统，如文身（3），已不再受欢迎，但其他习俗和观念仍在延续，如珠子或犀鸟雕塑对加里曼丹岛社会的意义，萨满信仰也是如此。朝圣和纪念物在中南半岛的佛教徒中仍然流行。在岛屿地区，有一种名为"阿达"（adat）*的生活习俗或规则，在某些情况下，它依然规范着人们的穿着、礼仪互动和行为。传统的身份象征如克里斯（Keris）祭祀短剑受到重视，但不再经常被佩戴，而豪华的或进口或本地制造的仪式纺织品（有一些会被赋予头衔和独特的名字）等有保护力量的传家宝（pusaka），则继续被家族世代珍藏。风俗习惯以及与之相关的物品依旧存在，但已被调整成适应20~21世纪不断变化着的东南亚文化世界的状态。

---

* 这本是一个阿拉伯语衍生词，后来成为马来世界传统文化的中心象征，是习惯、生活法则、风俗规范的集合。阿达在东南亚岛屿区域非常常见，各个族群之间有一些差异。

东南亚人利用身边丰富的自然资源制作物品，包括骨、角、木、竹、藤、棕、金属和黏土等。这些物品都被制成实用的物品，用于种植、准备和食用食物（5、6、7、8、9、12），照料牲畜，狩猎，捕鱼，制作衣服，交易货物（11）和储存必需品。东南亚随处可见大大小小的容器（10），农业和森林产品的开采催生了许多器皿和工具（3、4）的出现，吹箭、陷阱、弓箭和长矛被用来狩猎和捕鱼（1、2）。在一些族群中，容易获得的材料还被制成装饰品或防护用品（13）。这些实用器物将美学与功能性结合在一起，装饰得非常漂亮，有些仅限贵族使用，或者仅在同农业、食物采集和生育有关的仪式中使用。19 世纪中后期，东南亚与欧洲人的交流进一步加深；20 世纪，一些艺术学校建立，艺术与日常生活分离的观念才逐渐形成。在某些情况下，艺术家的名字开始与他们的作品联系在一起。在大英博物馆的东南亚藏品中，从加里曼丹岛加拉毕人（Kelabit）那里购买的藏品就出现了这种情况。随着 20 世纪塑料与其他现代材料及技术的出现，天然材料制成的物品越来越少。

1. 吹箭筒

吹箭曾被东南亚的许多族群使用，它是森林中近距离狩猎的绝佳工具，既无声又可以快速、连续发射。有些人会在箭头上下毒来增加攻击力。吹箭被装在箭筒里，这个箭筒是用一节竹子制成的，还配有编织的藤套、绳索和金属扣环，可以固定在腰布上。

19 世纪末至 20 世纪初
马来半岛，塞迈人
竹、金属、纤维
高 36 厘米，直径 8 厘米
馆藏编号 As1997,Q.335.a

2. 地笼

这种捕鱼的陷阱是生活在马来半岛中部的土著居民特米亚尔人（Temiar）制作的。用竹子编出向内的尖桩，可以保证鱼只进不出。这种地笼设置在河流和小溪中。

20 世纪早期至中期
马来半岛，特米亚尔人
竹、藤条
长 64.9 厘米，直径 19.7 厘米
馆藏编号 As1977,13.46

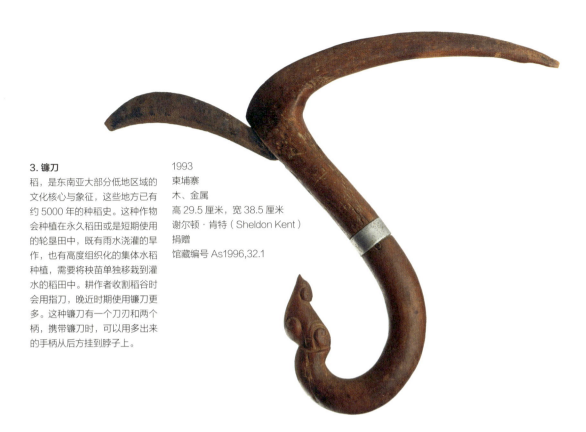

3. 镰刀

稻，是东南亚大部分低地区域的文化核心与象征，这些地方已有约 5000 年的种稻史。这种作物会种植在永久稻田或是短期使用的轮垦田中，既有雨水浇灌的旱作，也有高度组织化的集体水稻种植，需要将秧苗单独移栽到灌水的稻田中。耕作者收割稻谷时会用指刀，晚近时期使用镰刀更多。这种镰刀有一个刀刃和两个柄，携带镰刀时，可以用多出来的手柄从后方挂到脖子上。

1993
柬埔寨
木、金属
高 29.5 厘米，宽 38.5 厘米
谢尔顿·肯特（Sheldon Kent）
捐赠
馆藏编号 As1996,32.1

4. 爷爷奶奶的簸箕

稻谷收割和脱粒后需要过筛。在没有机械的情况下，人们用簸箕装着稻谷抛向空中，稻糠会被吹走，而较重的稻米则落回簸箕中。这样的簸箕也用于准备食物，由藤条和竹子编织而成，表面涂上树胶来密封内侧。挂钩可以用于悬挂。任何彩绘装饰都只出现在外侧，以避免与食物接

触。加拉毕人有一个习俗，子辈、孙辈出生后，父母和祖父母的名字都要改。这两件器物上标记了两个名字"Merua' Ulun"和"Tepo Ben"，这是一对祖父母的名字。

1987（左）1986（右）
加里曼丹岛，沙捞越州，雷木都（Remudu），加拉毕高原
藤、竹、树胶
高 16.4 厘米，宽 47.2 厘米
高 16.7 厘米，宽 49.5 厘米
馆藏编号 As1988,22.89-90

5. 水罐

从至少 8000 年前起，陶器就在东南亚各地发挥着多种用途。作为水罐使用，陶土的多孔特性会带来蒸发，使罐内的水冷却。陶罐放在火上不会开裂，因此也可用于烹饪、制药或制备纺织品染料。尽管许多陶器在制作完成后看起来大同小异，但其成型方法却多种多样，可以从一整块黏土开始，也可以在制作过程中添加黏土。

19 世纪晚期
马来西亚，霹雳州，迪加岛
陶器
直径 26.5 厘米，高 18 厘米
霹雳州民族博物馆捐赠
馆藏编号 As1905,0316.23

6. 蒸锅

1886 年，为了在伦敦举办殖民地和印度博览会，海峡殖民地（槟城、天定、马六甲和新加坡）专员购买了这件蒸锅，目的是展示当地社区的各种烹饪设备。蒸笼由树皮制成，上面覆盖着露兜树叶，并用藤条固定在一起。

19 世纪 80 年代初
马来半岛，海峡殖民地
树皮、藤条、露兜树叶
直径 22.2 厘米，高 35 厘米
海峡殖民地政府捐赠
馆藏编号 As1886,1213.75

7. 食物防蝇罩

东南亚许多地方都使用这种防蝇罩来防止昆虫等动物在准备和摆放时靠近食物。露兜树叶常见又柔韧，是制作轻质盖子的理想材料，这个盖子用藤条支撑。

19 世纪晚期
加里曼丹岛，沙捞越州，峇南河区
露兜树叶、藤条
直径 50.6 厘米，高 14 厘米
馆藏编号 As1900,-.687

8. 饭盒

这种外形的饭盒可能是给上班族用的，随着 19 世纪末殖民时期印度社区的迅速扩大而传入缅甸。饭盒的每个部分都可以盛放一个独立的盘子，盖子可以翻过来当杯子使用。该盒产自皎加（Kyaukka）镇，该镇以生产坚固的素色漆器闻名。

1900~1939
缅甸，实皆省，皎加
漆、木
直径 14.1 厘米，高 32.6 厘米
拉尔夫·艾萨克斯和露丝·艾萨克斯捐赠
馆藏编号 1998,0723.221

9. 勺子

伊富高人（Ifugao）用带汤匙（pakko/idu）的深木碗盛饭和用餐，不用时就放在篮子里。勺子用各种木材雕刻而成，勺柄上的装饰多是站立或坐着的人物。勺子要仔细清洗和保养，并作为传家宝流传下去。

19 世纪末至 20 世纪初
菲律宾，伊富高人
木
长 19 厘米，宽 6.3 厘米
赫斯特小姐（Miss Hirst）捐赠
馆藏编号 As1927,0107.2

10. 容器

直到 20 世纪中叶，帝汶岛人还在用竹子、葫芦、木头和骨头制作用于储存刺激性药物的装饰容器。上面的图案主要是花卉和几何图形，就像这一件一样。

约 1880
帝汶岛，法图纳巴（Fatunaba）
竹
高 18.3 厘米，直径 2.5 厘米
A.W. 弗兰克斯捐赠，亨利·福布斯（Henry Forbes）收集
馆藏编号 As,+.1896.a–b

11. 成套砝码

在传统手持秤上，秤盘会悬挂在杆的两端，一端放着成套的砝码，称量另一端秤盘中货物的重量。这套砝码采用失蜡法铸造（见第 28 页），每套多达 10 个，造型通常是神鸟或神兽。1886 年英国吞并缅甸后停止生产。

19 世纪
缅甸
铜合金
高 2.3~13.5 厘米
唐纳德·吉尔和琼·吉尔
（ Donald and Joan Gear ）
捐赠
馆藏编号 1993,0731.13-14,
1993,0731.93, 1993,0731.88-
89, 1993,0731.91

13. 梳子

闪迈人（Semai）的梳子用竹子制成，上面刻有花纹，并用深色材料涂抹使花纹更加突出。这种梳子显然是妇女们用来防病的护身符。

19 世纪
马来半岛，闪迈人
竹子
长 25 厘米，宽 5.7 厘米
A.W. 弗兰克斯捐赠，传教士威廉·S. 辛普森博士（ Rev. Dr. William S. Simpson ）收集
馆藏编号 As1896,-.764

12. 椰子刮刀

在电动刮椰子器发明之前，这样的椰子刮刀是磨碎椰肉并将其从椰壳中取出来制作椰子油和椰奶的必备工具。椰子油和椰奶是许多东南亚人的主食。椰子油还可用于美容，椰奶也是风靡全球的清爽饮料。椰子树的汁液可以晒干制糖，椰子叶可以编织成实用的篮子，椰子坚硬的外壳可以用

来做碗和勺子，椰子树作为木材可以用于建筑。千百年来，椰子因其用途多样而在东南亚发挥着重要作用。

20 世纪 40 年代至 50 年代初
菲律宾，民都洛岛，哈努诺人
（ Hanunóo ）制作
木、铁、铝
长 60.8 厘米，宽 28.4 厘米
馆藏编号 As1958,06.97

4 | 2 漆器

东南亚大部分地区的漆都是从缅漆树（*Gluta usitata*）中提取的。这种树的树液在接触氧气后会变成有光泽的黑色，也可以用于染色。漆需要一层又一层地涂在通常由木材、竹子、金属或其他材料制成的胎上，一层漆干透后才能再涂下一层。漆器的外形多种多样，有碗、盒、盘、供器、水壶（2）等。东南亚的木构寺庙、宫殿和其他建筑都涂有漆，以抵御风雨和昆虫的侵袭，还可以用漆将金箔粘在物体上。

东南亚各地区漆器生产的实物证据各不相同。在缅甸，漆器生产可追溯到蒲甘时期（11~13 世纪），至今仍是一项重要产业。缅甸的漆器与泰国的漆器有相似之处，如云纹装饰技艺和密集的花卉图案，这种花卉名为"清迈"（Zinme），就是缅语中对泰国北部兰纳王国首都清迈城的称呼（3）。漆器生产似乎是从兰纳扩散到了泰国中部，在那里漆器被用来装饰手稿箱（见第 86~87 页）和祭器、支架之类的较小物件。在花卉和几何图形中镶嵌珍珠母来创造黑白交错图案的技术可能始于 9 世纪或 10 世纪，到 18 世纪时已变得非常复杂（1）。

越南的漆器传统与东亚有联系，使用的是漆树（*Toxicodendron vernicifluum*）而不是缅漆树的树液。漆器有碗、盒、托盘和其他器物（5）。自殖民时期以来，漆被用于制作绘画，并取得了巨大的商业成功。苏门答腊岛东南部的巨港地区长期出口一种从当地棕榈科植物中提取的红色树脂——龙血树脂，用于中国的漆器生产。巨港的漆器是近代产品，可能源自 19 世纪初移居那里的中国工匠（4）。

1. 镶嵌珍珠母的具足盘

这种镶嵌器具尤其与阿瑜陀耶王国、暹罗王国及如今的泰国首都曼谷有关。镶嵌器具仍然成套制作，在佛教仪式上用来盛放鲜花、蜡烛和香，有时镶嵌器具还用来向僧侣呈上小盘食物。

1980~1990
泰国
漆、珍珠母、木
直径 21.6 厘米，高 12.8 厘米
馆藏编号 1991,1023.96

2. 一对供器

这种类型的漆供器，在缅语中称为"hsun-ok"。它们采用"汉密斯韦查"（hmansishwecha）装饰法，即用漆腻子（thayo）制作高浮雕图案，再镶嵌玻璃。这种供器是用来装施舍给僧侣的食物用的。器物上大部分的图案都是花卉和抽象图形，还装饰着少量神话中的生物。盖子上有一层类似伞的图案，代表着荣誉和地位，顶上是神圣的辛塔鸟（hintha）。

19 世纪中叶
缅甸
竹、漆、玻璃、木、金、其他金属
直径 60 厘米，高 116 厘米
直径 56 厘米，高 119 厘米
馆藏编号 1994,1116.1-2

3. 水容器

这件水器上的图案采用了"云"（yun）技法，即先在漆器上刻出图案，然后填入不同颜料，通常是红色、黄色和绿色。上边缘的印鉴显示，这件器物是萨耶·康（Hsaya Kaing）大师为玛拉漂（Ma Hla Phyu）制作，上面的图案叙述了"古萨本生"（Kusa Jataka，佛陀前世故事之一）中的人物和情节。

1900~1925
缅甸，蒲甘
竹、漆
高 19.4 厘米，宽 23.9 厘米
拉尔夫·艾萨克斯和露丝·艾萨克斯捐赠
馆藏编号 1998,0723.2

4. 盒子

苏门答腊岛的漆器通常用竹子编出底胎，绘上中国风格的图案（这件器物上是星星和花朵）并以漆覆盖。盒子大小不一，有的小到如这件，有的大到足以存放衣物。

20 世纪初
印度尼西亚，苏门答腊岛，巨港
漆、藤条、金色颜料
高 14 厘米，宽 12.5 厘米
拉尔夫·艾萨克斯和露丝·艾萨克斯捐赠
馆藏编号 1998,0723.180

5. 嵌套盒

这嵌套的三个木盒上在制作时都
需要涂多遍黑漆，每层漆干燥、
抛光后，才能涂下一层。然后用
彩色漆涂上花卉装饰，再覆盖一
层透明漆，才算完成。许多类似
这套盒子的器物是为全球市场制
作的。

1995~1996
越南
漆、木
高 5 厘米，宽 14.5 厘米（最大
的盒子）
比奇·泰勒（Bich Tyler）捐赠
馆藏编号 1996,0510.6

4 | 3 槟榔器和烟草器

21 世纪以前，嚼食槟榔在东南亚各年龄段、各阶层的人群中十分常见。槟榔在个人审美（黑牙被认为是一种美）、社会交往和礼仪（从基本待客到巩固正式关系）中发挥着重要作用，还能作为药物、等价交换物和供奉神灵与祖先的供品使用。基础的食用槟榔，需要用蒌叶将槟榔片和石灰膏包在一起炮制，更高级的版本可以添加其他成分来彰显身份。作为正式仪式（如提亲和葬礼）的一部分，槟榔配料以及用具的安置和摆放均需要严格遵循当地习俗。

在东南亚许多地区，用于储存、准备和食用槟榔的托盘、容器与切割工具成了艺术的载体。槟榔相关物品与一个人的社会身份息息相关，其材料横跨棕榈叶（4）、漆、木、陶瓷、铁（1）、黄铜（2）、银（3）和金，再加上不同水准的装饰，能够彰显主人的财富和地位。确认统治者合法性的王家礼服套装中也包括槟榔器。

早在 16 世纪时，烟草就通过葡萄牙和西班牙商人传入东南亚，但直到 20 世纪晚期，它才逐渐取代了流行的槟榔占据主导地位，不过，在具备象征意义的场合或传统礼仪中，还是槟榔更重要。在卷烟兴起之前，烟草被放入槟榔中嚼食或用烟斗吸食（6）。与槟榔一样，烟草的储存和使用也有专门的用具（5）。

1. 槟榔刀
槟榔刀用于切割坚硬的槟榔，是槟榔器的重要组成部分。这把槟榔刀描绘了一只神话中的长着翅膀的狮子，上面点缀着中国风格的之字形图案、星星和卍字以示吉祥。

19 世纪末至 20 世纪初
印度尼西亚，巴厘岛
铁、银
高 10 厘米，宽 2 厘米
特蕾莎·帕丁森（Teresa Pattinson）捐赠
馆藏编号 As1932,0406.6

2. 槟榔盒（lotoan）

菲律宾南部的穆斯林社区以制作槟榔盒闻名，这是一种镶嵌银片的长方形铰链盒，通常有四个格子，用来放置蒌叶、槟榔、石灰和烟草。这种盒子代表着社会地位和财富，在婚礼等仪式上交换，并作为传家宝保存。这些盒子上装饰着被称为"okir adatu"的花卉和几何图形，这些图案也会在木雕中出现。

19世纪至20世纪初
菲律宾，棉兰老岛
黄铜、银
高7厘米，宽13.5厘米
馆藏编号 As1996,09.1

3. 蒌叶夹

这件蒌叶夹使用了前文中描述过的乌银工艺，没有发黑处理的银花镀了金。泰国和马来西亚共享马来半岛，文化上有密切联系，这样的蒌叶夹在泰国也有发现。

20世纪初
马来半岛
乌银、金
高13.9厘米，宽8.2厘米
馆藏编号 As1931,0320.6

4. 槟榔盒

这个盒子是由一名帝汶妇女用复杂的六角形编织法制作的，这种编法诨号"疯狂编织"（anyam gila）。盒子用于向祖先供奉槟榔和食物，侧面装饰着用彩色条带挑出的同心星，盒盖是一个精致的屋顶结构，周围悬挂着编织出来的星星。星星是帝汶艺术的惯用元素，在其他东南亚艺术与印度进口纺织品（如帕托拉布）中也很常见。

19 世纪四五十年代
帝汶岛
棕榈叶、植物纤维
高 20.8 厘米，直径 10.2 厘米
馆藏编号 As.5597.a–b

5. 烟草容器

这个容器是用坚果雕刻而成的，上面缠着编织纤维绳，便于携带。在明打威群岛，有两种主要的艺术理念：一种是物品不仅要实用，还要与周围环境相协调，这种理念被称为"mateu"；另一种是物品的制作要尽可能精良，被称为"makire"。

20 世纪早期至中期
印度尼西亚，明打威群岛，罗格多格（Rogdog）
坚果、纤维
直径 6 厘米，高 13 厘米
馆藏编号 As1994,07.2.a–b

6. 烟斗

这件烟斗的银嘴上点缀着几何纹和花卉带，表明该烟斗用于特殊场合。银嘴和木杆是 19 世纪晚期添加的，而陶瓷做的小锅很古老。在掸邦，这种小锅极其常见，它们被用作烟斗或试金石。

19 世纪
缅甸，掸邦，娘瑞
（Yaunghwe）
陶、木、银
高 31 厘米，宽 24 厘米
馆藏编号 As1904,0626.22

4 | 4 马来银器

在马来诸邦，许多国家自 15 世纪以来就由苏丹统治，宫廷聘用银匠制作礼仪用具，包括乐器、珠宝和用于待客及祭祀的器皿。这些器物包括槟榔器、祭祀水注、武器支架、化妆品容器、碗、盘子、痰盂、托盘、枕头两端和幼儿佩戴的阴部套（1，2，4）。马来贵族在宫廷和国家仪式上佩戴精致的皮带扣（3）。马来银器的生产在 20 世纪初逐渐衰落。

马来银器的制作方法有锤揲（从外侧塑造金属形状）、压花（从内侧改变金属的凹凸）、焊接颗粒（在器物表面添加小金属球）和镂空（去除图像以外的材料）。银器的大小和装饰的复杂程度反映了银器主人的社会、经济地位。银器上通常装饰有吉祥纹饰、花卉、叶片和几何图形，包括带有特色的莲花瓣、云朵和几何图形带。盒子、扣子、枕头两端和盘子上的平面区域会有一个中心图案，图案周围环绕着宽度不一的花纹。碗的边缘通常饰有图案带，中间则有较大的图案。这些几何形状和设计，以及非图案的装饰，呈现一种伊斯兰美学，显示了 19 世纪东南亚与奥斯曼帝国之间的联系（见第 90~91 页）。

（见第 90~91 页）

1. 长颈瓶

山在东南亚许多文化中都具有重要的精神意义，因此山的形状经常被融入艺术品中，这个银制长颈瓶的盖子就显示了这一点。造型独特的花卉与几何图形环绕着器皿的上下两部分，器身条纹密布。小长颈瓶常被用来盛放药膏和油。

19 世纪末
马来西亚
银
高 10.7 厘米，宽 5.7 厘米
馆藏编号 As1931,0320.

2. 石灰罐

氧化钙和水混合后生成氢氧化钙，即熟石灰，这种碱性物质是吃槟榔时的必要物品，盛装它的罐子是槟榔器之一。这款石灰罐的盖子和底部环绕着装饰有马来西亚和泰国中部风格的花卉图案。这类器物通常可以通过其内部留下的白色石灰残留物来识别。

19 世纪末至 20 世纪初
马来西亚
银
直径 5 厘米，高 6.6 厘米
馆藏编号 As1931,0320.2

3. 传统带扣（pinding）

在马来诸邦和苏门答腊岛，传统带扣有尖，是权威的象征，其材质、尺寸和装饰表明等级和地位。用于展示使用者统治合法性的套装、王家服饰和配饰中，就包括带扣。这件带扣很可能是由土生华人或中国银匠用从东南亚大陆区域进口的白银制成的，采用乌银技术生产。带扣也可以镶嵌宝石并刻字。

19 世纪
马来西亚，彭亨州，关丹
银
高 10 厘米，宽 17.6 厘米
比阿特丽斯·萨托（Beatrice Satow）捐赠
馆藏编号 As1963,01.12

4. 有盖容器

像这样的南瓜形容器在东南亚很受欢迎，在马来银器和缅甸漆器等各种器物中都可以看到。底座上刻着"恩姑勿刹（Engku Besar）拥有这件银拉鲁（lalu）"，它可能曾是廖内龙牙苏丹国（Riau-Lingga，1824~1911）贵族成员的收藏，这个国家控制着苏门答腊岛上的一块飞地和海上的众多岛屿。

19 世纪
马来西亚或廖内龙牙苏丹国
银
直径 19.5 厘米，高 20.6 厘米
布伦达·塞利格曼（Brenda Seligman）捐赠
馆藏编号 As1951,03.1.a-b

4 | 5 珠宝

在东南亚，从远古时代到 20 世纪中叶，一直有人用玻璃珠和石珠作为随葬品。装饰物在社会中一直扮演着储存财富和装饰个人的角色（2，5），同时也是祭祀用品、护身符以及等级与地位的标志（1）。在理解通过个人展示进行的社会交流时，应将珠宝与文身、镶牙、裹头、其他服装和祭祀武器等自我装饰元素一起看待。饰品可以显示年龄、性别和婚姻状况（4），珠宝首饰是结婚仪式上交换的物品之一。一些设计元素，如螺旋形，跨越了不同的文化区域（3）。

珠宝首饰通常受制于服饰法令。缅甸国王巴基道（Bagyidaw，1819~1846）颁布过一份清单，规定其女儿在成年穿耳洞仪式上可以使用的物品，其中包括金鞋。东南亚的财富给欧洲人留下了深刻印象，他们经常对此进行详细描述。弗朗索瓦·范·伯克霍兹（Francois van Boeckholtz）记录了爪哇王子"第一个手指上戴着金戒指，其他手指上都戴钻戒"。

1. 手镯（geland sarung）

卡罗巴塔克人（Karo Batak）信奉伊斯兰教，多峇巴塔克人（Toba Batak）信奉基督教，这两个苏门答腊族群都佩戴这种手镯。如今，卡罗巴塔克男子佩戴这种手镯是为了在葬礼或婚礼等仪式上显示等级，同时它也是防止做噩梦的护身符。这种手镯由三个滑动的金属管组成，金属管上装饰有珠子和几何图形缠绕金属丝，米南卡保穆斯林贵族以及亚齐、德里苏丹国的首饰上也可以看到这些图案。

19 世纪末至 20 世纪初
印度尼西亚，苏门答腊岛，卡罗巴塔克人
金、银等金属
直径（最宽处）17 厘米
馆藏编号 As1988,28.1

2. 那伽耳环

长期以来，缅甸一直是宝石的主要产地，尤其是红宝石和蓝宝石，这些宝石至今仍在少数民族居住的山区开采。红宝石与皇室有关，其使用受法律限制。

19 世纪初
缅甸
金、红宝石、珐琅
直径 3.1 厘米
A.W. 弗兰克斯遗赠
馆藏编号 Af.2373

3. 耳饰（padung-padung）

已婚的卡罗巴塔克妇女会佩戴这种重可达1千克的耳饰，它由三根管子组成，佩戴时要固定至头饰上，以支撑金属的重量。老式的这种耳饰是实心的，无法从耳朵上取下。现在，这种耳环即使存在，也大多只在节日佩戴。螺旋是东南亚的古老图案，佩戴时通常一侧螺旋朝前，另一侧螺旋朝后。

19世纪
印度尼西亚，苏门答腊岛，卡罗巴塔克人
金属
高12厘米，宽8.3厘米
S. R. 罗宾逊（S. R. Robinson）
捐赠
馆藏编号 As1895,0902.46-47

4. 项链（kalung）

苏门答腊岛中部的米南卡保穆斯林母系社会中，已婚妇女佩戴的项链非常精致，种类繁多。财富由母亲传给女儿，珠宝是财富的重要组成部分。她们会将银珠、金珠与红色宝石（如珊瑚或红玉髓）交替穿起，这是米南卡保人的典型做法。红色宝石可能是由商人和学者从也门进口的，这些商人和学者被称为哈德拉米（Hadhrami），因为他们来自哈德拉毛（Hadharem）地区，定居在东南亚岛屿，并在这里取得了商业上的成功。

20世纪二三十年代
印度尼西亚，苏门答腊岛
红玉髓、银
长65.1厘米
馆藏编号 2016,3065.1

5. 硬币项链

东南亚大陆区域的许多族群会将印度银卢比硬币做成项链或缝在衣服上，作为一种储存和展示财富的方式。这种风俗尤以曾在英国人统治下之族群，例如钦族和克钦族为甚。图中项链用的硬币是1/4印度卢比，每枚重2.92克，纯银含量91.7%。

20世纪初
缅甸，钦人
金属、羊毛
长77.5厘米
D. 海尼夫捐赠
馆藏编号 As1948,07.21

4 | 6 克里斯祭祀短剑

克里斯祭祀短剑，或称马来短剑，象征着高雅、神性和性能力，人们认为它具有神奇的力量，东南亚岛屿区域的许多邦国无论男女都曾佩戴它作为武器和装饰（3）。克里斯的规格可能受服饰法令的控制，例如在马来王国，只有苏丹赠送的克里斯才可以有金质剑柄。殖民时期，当局禁止民众携带武器，此后当代社会与克里斯的关联性也在降低，它已不再那么重要，如今能熟练制作这种武器的铁匠也很少了。在爪哇岛等地，克里斯仍是正装的一部分，也是文化生活中不可或缺的元素，而在其他地区，这种短剑只保留了象征意义。

克里斯由剑身、剑柄和剑鞘三部分组成，可通过剑身的形状和质量评判高下。克里斯的剑身是由数十甚至数百个铁镍合金片堆叠、弯折打制出的，呈现特别的合金花纹，即著名的"大马士革纹"（1）。剑身狭长、不对称，长15~50厘米不等。早期的版本是直刃，后来像波浪一样的弯折形态占据了主导地位，剑身上的"波浪"数量不等，但一定是奇数。剑身的制作过程往往伴随复杂的仪式，但不同文化会用不同的仪式。

人们认为每把克里斯都有特别的精魂，必须与主人匹配，否则会带来不幸。作为护身符，它们被认为可以抵御火灾和敌人，并带来好运（2，4）。克里斯会成为传家宝，会有祖灵栖居其中。它常出现在王家仪仗之中，也是社交仪式中的重要赠礼。一些贵族授予它们名字和头衔，还有战士挥舞着传奇克里斯的故事流传下来。在马来的手稿中，克里斯的图案被用作印章。直到如今，东南亚岛屿区域的旗帜、徽章、钱币和标志上依旧能够找到克里斯图案。

1. 克里斯

克里斯所有的组成部分都具有象征意义，尤其与男性和权力有关。例如，如果一个男人不能参加婚礼，克里斯可以代表他。剑刃是一把克里斯力量的源泉，剑柄会显示它的来历。许多种类的树木都被视为具有神奇的力量，特定的木材会被用来制作剑柄。这件克里斯的木柄的几何形状被称为"蜥蜴式"（cecak redut），是巴厘岛直到20世纪都还在使用的样式。

19世纪
印度尼西亚，巴厘岛
铁、金、木
长53.1厘米，宽10.5厘米
馆藏编号 As1926,0607.1.a–b

2. 克里斯

神话中的那伽与冥界和水有关，它的形象贯穿东南亚各地的历史。人们认为克里斯的剑身就是一条大蛇，在这件作品中，沿着剑身描绘的那伽形象更加强化了这一概念。在大炮和枪支上也可以看到那伽与武器之间的联系（见第117页）。据说这是加里曼丹岛沙里拔（Saribas）苏丹赠送给收藏家卡尔·博克（Carl Bock）的礼物，但它的鞘非常简单（此处未展示），相对其他部分的华丽是反常的，应该不是原装，或者暗示这件克里斯的来源不甚准确。

18世纪至19世纪中叶
加里曼丹岛，沙里拔，马来人
钢、金、铜、钻石或水晶、木
长36.5厘米，宽6.5厘米
馆藏编号 As,Bk.88.a

3. 克里斯及剑鞘

大而厚重的剑身是武吉斯风格克里斯的典型特征，剑鞘的形状也是标准的，末端外翻，开口处有船形凸缘。克里斯的剑柄通常有一定的角度，以确保刺击时的良好握持感。这件作品上面的图案是花卉而不是人物，符合武吉斯人的伊斯兰信仰。

18~19 世纪
印度尼西亚，苏拉威西岛，武吉斯人
钢、象牙、金、银、木、钻石
剑长 39 厘米，宽 7 厘米
鞘长 44 厘米，宽 17 厘米
馆藏编号 As1972,Q.982.a-b

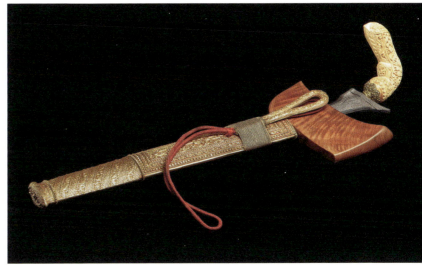

4. 克里斯

克里斯的各个部分有不同的含义，在爪哇岛和马都拉岛（Madura），剑身插入剑鞘，代表真主与其造物的统一。这件克里斯的剑柄被雕刻成护卫灵的形象。这类器物的许多创作灵感来自对东南亚文化影响深远的史诗《摩诃婆罗多》和《罗摩衍那》。

18 世纪末至 19 世纪初
印度尼西亚，马都拉岛
铁、象牙、金
长 55.6 厘米，宽 9.6 厘米
约翰·亨德森（John Henderson）遗赠
馆藏编号
As1878,1230.910.a-b

4 | 7 巴厘岛的宫殿和神庙雕塑

巴厘岛大多数人信奉一种独特的印度教，它将印度教的神灵信仰与祖先崇拜及几种历法系统结合在一起。巴厘岛的核心山阿贡火山（Gunung Agung）象征宇宙中心，它和大海所在的方位支配着当地人生活的许多方面，包括寺庙、宫殿和房屋的布局，以及供品的摆放。最神圣的区域紧邻山峰，大门作为过渡空间面向大海，接纳一切积极或消极。

宫殿是艺术生产的主要中心。神庙和宫殿的大门由统治者雇来艺术家制作使用了高浮雕、彩绘和镀金等技艺的复杂、繁复的装饰（1）。在巴厘岛大门的砖、石、木构件上，不同的装饰元素被安排在特定的位置。墙角有时会有一个动物或鸟的头像，但大多数时候都是花卉等植物，其中不少以莲花缠枝图案（lotus tendril）为基础。有些图案源于中国或欧洲，还有些图案是由印度进口奢华纺织品的图案改编而成。

无论是神庙还是住宅，都能找到作为支柱、建筑装饰品或克里斯短剑支架的雕塑。作为神灵暂时的躯壳，宗教造像（arca lingga）由经过祭司祝祷的艺术家制作（2，3）。为了让人一眼就能辨认出来，造像有标准化的特征，遵循同面具、皮影类似的规则。艺术家不收取报酬，但会收到包括中国铜钱、纺织品在内的祭祀礼物。

1. 宫殿大门和它的局部细节

神庙和宫殿的墙壁是砖砌的，门框和门板是木制的。门上有精心雕刻的高浮雕，细节包括花卉图案、菱形图案和代表时间的怪兽迦罗（kala）的脸。这些装饰都贴了金箔，与主人的等级相称。红色颜料是从中国进口的朱砂。巴厘岛建筑通常由一系列独立的院落组成，这些门也可能是内部装饰。

19 世纪早期
印度尼西亚，巴厘岛
柚木、金、其他金属
高 253.7 厘米，宽 179.3 厘米
馆藏编号 1880.2486.1-15

3. 迦楼罗身上的罗摩王子

毗湿奴神化身为罗摩王子，他的坐骑是神话中的神鸟迦楼罗（Garuda）。迦楼罗的爪子紧紧抓住它的敌人兼食物那伽。此类雕像采用纹理平直的软木制作，可以呈现复杂的细节。

19 世纪至 20 世纪初
印度尼西亚，巴厘岛
木、颜料
高 99.7 厘米，宽 50 厘米
馆藏编号 As1970,20.1

2. 湿婆

湿婆是巴厘岛上最重要的印度教神灵，在这件作品中，湿婆被点缀得十分华丽。每个神都与特定的颜色、数字和方位有关。湿婆的颜色是白，圣数是 8，位居中心。巴厘岛人认为这位神居住在世界的中心阿贡火山上。

19 世纪早期
印度尼西亚，巴厘岛
柚木、金、颜料
高 107.5 厘米，宽 33 厘米
英国皇家植物园邱园捐赠
馆藏编号 As.3438

4 | 8 托拉查建筑

公元前500～公元前300年，在越南北部居民制作的东山铜鼓中，出现了带马鞍形屋顶的干栏建筑的图像。直至今天，这种建筑形式在东南亚仍然很常见。房屋不仅是来遮风避雨、抵御恶劣环境的地方，还可以被视为氏族的起源，能提高氏族在社区中的等级和地位。苏拉威西岛的托拉查社会就是如此。在等级森严的托拉查社会中，装饰精美的房屋和粮仓是贵族专用，雕刻的图案元素涉及特定形式的财富（2）。

托拉查人的东阁南（tongkonan）氏族屋会和一个或数个谷仓（alang）建在一起。氏族屋是私人的，谷仓除了作为储藏室，也有其他的公共用途；下方的空间是接待客人和社交的地方，也是解决纠纷或安排婚姻等正式活动的场所（3）。谷仓下面的空间也是进行纺织和编制篮子等日常工作的地方。房子朝北，是神的方向；谷仓朝南，是祖先的方向。谷仓也是祭祀场所，在一些托拉查人社区，举行繁复的葬礼时，会将已故的家庭成员暂时安置在谷仓里。祭祀仪式也会在氏族屋中举行，用房间隔板将各部分隔开，以举行与生死有关的不同仪式（1）。

自殖民时期始，东南亚社会加速，经济变革，许多传统建筑如今已不再使用，大多数人选择了更现代化的住房。作为财富和地位的标志，一些托拉查人仍然保留着传统的氏族屋和谷仓，或用波纹铁皮等现代材料建造新的房屋。时尚也在随潮流变化，20世纪90年代，超大型房屋开始流行起来。

1. 分割房屋的圣栏（ampang bilik）

作为氏族祭祀生活的中心，托拉查房屋的设计是宇宙的缩影。隔板将室内空间分隔成具有重要宇宙意义的单元，每个单元都有符合祖先之道（aluk to dolo）的指定功能。在这个例子中，房屋的南部和北部被隔开。北方是吉祥之地，所以房子的北部可用来接待客人、用餐和举行与生命有关的仪式。

20世纪初
印度尼西亚，苏拉威西岛，兰特包（Rantepao），萨达（Sa'dan）托拉查人
木
高159.5厘米，宽184厘米
馆藏编号 As1992,07.1

2. 饰有水牛浮雕的大门

在托拉查社会中，除了家庭头衔和氏族屋外，财富还以水牛的数量来衡量。水牛被用于祭祀而非劳动，祭祀用的水牛角会被挂在氏族屋上以显示财富、等级和力量。房屋、粮仓和石制坟墓的门上也有水牛雕刻，外墙也会雕刻或绘制水牛图案。

20 世纪早期至中期
印度尼西亚，苏拉威西岛，马马萨，萨达托拉查人
木
高 106.7 厘米，宽 47.8 厘米
馆藏编号 As1987,01.24

3. 谷仓

1987 年，大英博物馆邀请一群托拉查人建造一个谷仓，用于在伦敦举办展览。他们使用从苏拉威西岛进口的材料，采用传统工艺，历时数月建造出这个谷仓。精心制作的图案表明，它应该是为一个富裕的高级家庭制作的。由于受到建筑规范的约束，这些设计与氏族屋密切相关，因此两者之间的设计可以互换使用。在屋内，供奉神灵和祖先的干稻束以及供人食用的大米会根据对象的不同摆放在不同的特定方位。

1987
托拉查工匠制作于英国伦敦人类博物馆 *
木、竹
高 800 厘米，宽 300 厘米
长 1100 厘米（尺寸近似值）
馆藏编号 As1987,01.9

---

* 大英博物馆下属机构，1997 年拆分重组，藏品归入亚洲部、非洲部、大洋洲部等多个部门。

1. 灵龛

至少从 15 世纪起，泰国就开始制作这种微型寺庙。早期用途尚不清楚，但如今它们被用作祭祀灵的神龛。这些神龛由陶土、木、石、漆甚至水泥等更现代的材料制成，通常安装在小平台上，放置在住宅区、商业区以及摩天大楼顶部。人们向灵供奉香、鲜花、水、彩带、幡、食物、饮料，使灵保持快乐，避免不祥。

2. 米神（Bulul）造像

伊富高人会成对制作米神造像，按照复杂的制作仪式进行雕刻，整个过程可能需要六个多星期。人们认为，一旦用猪血对其进行沐浴祭祀，造像就被激活了，就会拥有护佑并使稻谷满仓的神力。米神造像由家中的长子继承。

20 世纪初
菲律宾，吕宋岛，伊富高人
木、贝壳
高 41 厘米，宽 16 厘米
馆藏编号 As1974,20.1

灵和先祖

在过去，东南亚社会整体都相信神灵、超自然力量或祖先占据着他们周围的自然世界（这种信仰体系如今被称为泛灵论），其中的大多数至今依旧相信。神灵可能与自然景观的特征有关。例如，泰国的灵"毗"（phii）和缅甸的灵"纳"（nat）占据着特定的地点，如房屋、田地、动物、石头、树木或水体等。对加里曼丹岛的一些群体来说，上层世界由鸟类来象征，下层世界则是水域，与鳄、鱼和神话中的那伽（龙）有关。逝者被认为会留在活人中间，或转世到后代身上，将人们与先祖联系在一起。

暴力或意外致死都会导致亡灵做出有害的行为，灵魂或其他超自然力量如果没有得到合适的对待都很危险。人们认为它们会影响现在和未来活动的成败。当然，灵和先祖也能给活人带来保护、财富和生育祝福，因此人们会花费大量精力来祭祀或纪念（1），比如依据通过观察周围环境而确立的特定规则生活和安排物质世界以取悦神灵，或是供奉香、水、食物、牲畜甚至殉人等各种祭品。在一些民族中，猎头曾是取悦或供奉灵和先祖的一部分。

萨满，如马来的巫师（bomoh）和缅甸的纳加杜（nat kadaw），充当着灵和人类世界的中介。长期以来，萨满术一直是治疗疾病的传统手段，萨满术会为这些活动制作祭祀用品。如今，人们使用现代医学治疗许多疾病，但传统的治疗方法和萨满术仍在广泛应用，包括在城市当中，且这些方法已为适应新生活方式而发生改变。

在整个东南亚，艺术通过雕塑、建筑、供品、宴会、祭祀、音乐、口述历史、"跳大神"等形式表现出来，人们认为这些事物能够与看不见的世界建立联系，确保和谐，符合自然规律。有些灵是无形的，有名字的灵更容易在艺术中得到表现，使人能够辨认（3）。在缅甸，被命名的灵与国家、特定地区和王室有关，它们各有自己的图腾（5）。有些群体会保留祖先造像，有时就与萨满信仰有关。祖先造像的类型多种多样，最普遍的是坐像或蹲像，通常是男女成对（2）。造像通常裸体，佩戴珠宝，但有时也会被纺织品包裹或穿上衣服，放在家中或神龛等特殊的地方。守护灵通常体形较大，会被放置在入口或十字路口等特定地点或过渡区域（4）。

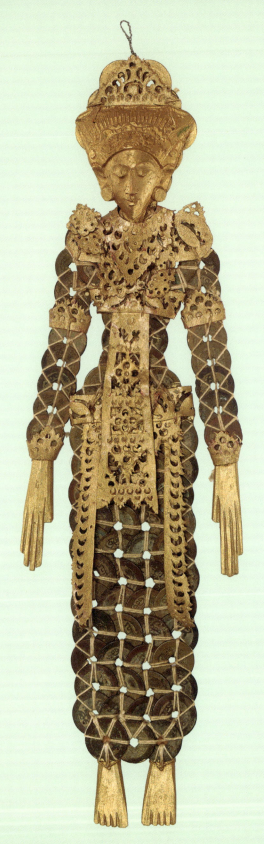

3. 吉祥女神（Dewi Sri）

吉祥女神是与稻米和生育相关的女神，在爪哇岛和巴厘岛都受到崇拜。这件女神像有着陶制头部、木制手脚和涂金的纸质装饰。她的身体是用中国铜钱制成的，这种钱币在巴厘岛经常被用于祭祀。这件造像应该是被悬挂在寺庙亭子里的。

20 世纪 50 年代
印度尼西亚，巴厘岛
金属、陶器、纸、木、纤维
高 45 厘米，宽 10 厘米
埃拉·坎贝尔（Eila Campbell）
捐赠
馆藏编号 As1994,20.

4. 汉巴东

加里曼丹岛的许多族群会制作一种名为汉巴东（Hampatong）的造像来代表先祖和守护灵。它们或是被放置在氏族屋、酋长之家、猎头和殡葬圣地前，或是镇守墓地等可能有恶灵出没的地方。不同族群的汉巴东风格各异，但通常都不会上色。这一件汉巴东头上的动物会被视为增加了它的威力。人们会向汉巴东供奉祭品，祈求神灵保佑。

19 世纪晚期至 20 世纪中叶
加里曼丹岛，加里曼丹地区
木材
高 198 厘米，宽 15 厘米
馆藏编号 As1984,24.10

5. 吴敏焦佐和他的仆人

吴敏焦佐（U Min Kyaw Zaw）是缅甸万神殿中 37 个重要的"纳"之一，这些"纳"均与国王有关，并死于暴力。他的特征是酗酒、斗鸡和骑马，这从他的画像中可以看出。"纳"信仰与佛教有联系，因此画中远处有一座佛教寺庙。吴敏焦佐仆人阿坝扭（Ah Ba Nyo），焦森（Kyaw Shein）的大腿、手臂和胸部都有传统风格的文身，上面有重复纹路、魔法符咒、保护性的佛教图案和经文，以及有威力的动物。

1979 年设计，20 世纪 90 年代初绘制
缅甸
玻璃、颜料、金属箔、墨水
高 50 厘米，宽 39.6 厘米
拉尔夫·艾萨克斯和露丝·艾萨克斯捐赠
馆藏编号 1996,0507,0.6

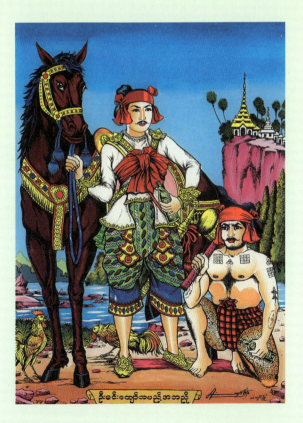

4 | 9 葬礼

东南亚地域广阔，族群繁多，丧葬习俗丰富多样，既有佛教徒和印度教徒的火葬，也有基督教徒、穆斯林和一些土著群体的土葬。岛屿地区的一些群体还会对死者进行二次葬：躯体腐烂后，将骸骨取回并举行仪式，然后将部分或全部骸骨放入不同的容器，如陶瓷罐或木盒（2）中，重新下葬。伊斯兰教要求人要在死后尽快下葬，而在对死者进行二次葬的社区，从死亡到取回遗骨的时间可能长达数月或数年。一些岛屿社区中，葬礼是一件大事，可能需要数年时间来筹划，并占用社区数天或数周的时间，苏拉威西岛的托拉查人社区就是如此。苏门答腊岛巴塔克人与死亡有关的仪式会伴随朗诵、歌唱和舞蹈，有时还会戴面具（1）。葬礼会重申生者和死者的地位，并提供物质交换和社会交流的机会。

伴随丧葬传统的是丰富的物质文化。除了祭祀柱、先祖雕塑、棺木和陪葬品外，人们还制作特定的衣服和布料供活着的人使用，并为客人建造临时住所。祭品被供奉、焚烧或与死者埋在一起，以陪伴他们进入来世，并保持和提高他们的地位。在松巴（Sumba）岛上，贵族成员下葬时会穿礼服，以表明他们在两个世界中的崇高地位（3）。托拉查人会为高阶层者制作人像俑（tau-tau，4）。墓地有时会有先祖雕像保护（见第 157 页）。这些传统能够帮助死者从世俗生活向另一个世界过渡，并确保死者对生者怀有好感。

1. 面具
巴塔克舞者会戴着代表先祖的哀悼面具，陪伴地位崇高的死者参加二次葬仪式。通过这种仪式，祖先们会得到保证——他们的后代将继续在祭祀宴会上供养他们。他们也被认为能确保部族未来的繁荣。有时，面具会被留在坟墓旁，这可能代表先祖世界中曾被献祭来服侍死者的奴隶。

19 世纪早期至中期
印度尼西亚，苏门答腊岛
木、铜、毛发
高 30 厘米，宽 25 厘米
S.R. 罗宾逊捐赠
馆藏编号 As1895,0902.13

2. 罐子
这些大罐子制作于东南亚或中国，在加里曼丹岛作为容器备受推崇。它们还被用作棺材，罐子被切成两半，以便放入尸体。在对死者进行二次葬时，会将死者的骨头取出清洗，然后将一些骨头（尤其是头骨）放入罐中。由于罐子价值不菲，它们还可以作为等价交换物使用，并作为结婚的聘礼或嫁妆进行交换。这些罐子至今仍被视为传家宝保存着。一些人认为，非常古老的罐子会被强大的灵魂激活。

18~19 世纪
可能是中国
有釉炻器
直径 37 厘米，高 79.3 厘米
馆藏编号 1900,0616.1.a-j

3. 围身布

松巴男子的全套礼服就是围在腰间、披在肩上的兴吉布（hinggi）。兴吉布采用经线绊织法编织，即在编织前将图案染在经线上，这种布是在谈婚论嫁时女方家庭作为婚嫁礼品的一部分赠送的。传统上，男子会用这种布入土为安，地位较高的人可以用几块这种布包裹。

19 世纪
印度尼西亚，松巴岛
棉布
长 226 厘米，宽 119 厘米
馆藏编号 As1949,09.1

4. 人像俑

这件人像俑是用陈年柚木照着高阶层者制作的造像。它们被称为"被看见的灵魂"，在漫长的葬礼仪式中与遗体一起保存，伴随遗体从家中被运往米仓，最终一同被运往附近的石灰岩悬崖安葬。在东南亚，洞穴和悬崖石窟作为处理死者的场所已有数万年的历史。

20 世纪中叶
印度尼西亚，苏拉威西岛，托拉查人
柚木、纺织品、种子、骨、竹
高 117.5 厘米，宽 35 厘米
馆藏编号 As1987,01.88.a-l

4 | 10 灵纸

为了纪念和帮助已故的祖先，华人在一年一度的清明节与各种家庭纪念日都会烧灵纸。人们相信逝去的家庭成员会在另一个世界用到这些祭品。这种仪式遵循了赡养家族祖先的孝道，确保活着的人吉祥如意。人们认为，忽视祖先会导致他们变成充满仇恨、危险和饥饿的鬼魂。

这些物品都由纸制成，包括特别制作的货币（4）、信用卡、护照和旅行票据。日常用品会制作服装、电视机（3）、汽车及摩托车（1）、风扇、宠物（2）、烹饪设备、珠宝、电子产品、家具及家居装饰品、高档食品及饮料，还有房屋。品牌和高档商品的复制品尤其受欢迎。这些商品都是东南亚当地工厂制造的，近年来会从中国进口，因为成本更低。

1. 摩托车

20 世纪中后期，随着东南亚地区生活水平的提高，摩托车取代了自行车在日常生活中的地位。这一点也同样体现在烧给祖先的灵纸中。烧摩托车给祖先至今仍很盛行。

20 世纪 80 年代中期
马来西亚，槟城州
纸、塑料
高 107.1 厘米，宽 175 厘米
馆藏编号 As1989,04.4

2. 狗

在东南亚的许多城市，狗是很受欢迎的宠物。焚烧像这样的复制品可以确保死者在另一个世界有一个动物伙伴。

20 世纪 80 年代中期
泰国，曼谷
纸
高 34 厘米，长 62 厘米
馆藏编号 As1989,04.5

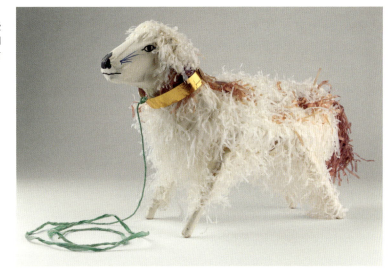

3. 电视

电视曾是身份的重要象征。这台电视机是当时最豪华的型号，它的细节也得到了充分展示。

2000~2001
新加坡
纸
高 35.5 厘米，宽 39.5 厘米
馆藏编号 As2002,07.49.a

4. 冥币

这张冥币印制得类似法定货币，面额 10 亿元，焚烧后祖先就可以使用。钞票上的文字说明了钞票的价值，发行方是冥通银行，在地府流通。图案是标准的中国吉祥物，包括蝙蝠、男童和龙。后面的男孩手持一个寓意吉祥的"福"字，男子则身着中国传统的君主冕服。

2000~2001
新加坡
纸、塑料
高 12.5 厘米，宽 23.8 厘米
馆藏编号 As2002,07.34

4 | 11 越南的神灵

在越南众多本土文化群体中，包括瑶族、叶坚族（Giê Trieng）在内的民族都崇拜自然和同族、亲属、直系祖先（1）。由于中国曾经的统辖，以及长期与中国人接触，佛教（尤其是大乘佛教）、道教和儒学也蓬勃发展起来。从 11 世纪起，儒家的农神就在宫廷中得到推广。中国是道教和儒家思想的唯一来源，而佛教则在 3 世纪初通过中国和印度僧侣传入，在 6 世纪开始在普通民众的生活中占据重要地位，一些观念和习俗一直盛行至今（2）。这三种宗教被合称为"三教"（tam gíao），影响着当地的信仰并与之相互关联（3）。道教神灵会与当地神灵重叠融合，君主制也被与越南先祖伟人的灵魂联系在一起。法国的基督教传教始于 17 世纪，但直到 19 世纪末基督教才在越南占据重要地位。

1. 守护灵

这件守护灵是用斜纹织法（见第 213 页）仿照了人或鸟的形状编成，由男性绘上图案，放置在田地中，阻止鸟类和恶灵毁坏作物。这件作品的红色、黑色和自然色牢牢地将其与东南亚的美学和色彩象征联系在一起，其历史很古老。

20 世纪初
可能是叶坚族
越南中部
纤维、竹
高 121 厘米，宽 110 厘米
馆藏编号 As1956,06.1

2. 吉祥日，吉祥时（Ngày hoàng dao giò hoàng dao），黎国越（Le Quoc Viet）创作

这块木刻版具有社会主义现实主义的外貌，但也与源自中国的历史叙事画、佛教的诸天图像以及越南风格佛寺的装饰艺术有关。这些要素表明，如果在吉时开展活动，神灵将提供帮助，确保活动取得成功。艺术家黎国越（生于 1972 年）在佛教环境中长大，6~15 岁当过沙弥。

2001
越南
木刻版
高 75 厘米，宽 145 厘米
馆藏编号 2003,0802.1

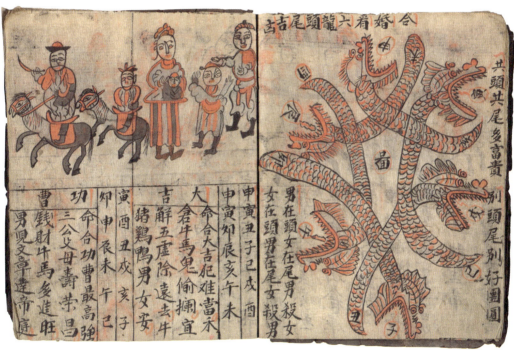

3. 萨满书

书籍是瑶族萨满的法宝，通常由他们自己制作。这些萨满书用毛笔和墨水书写，并用两种或三种颜色绘制插图，提供有关特定仪式、咒语和护身符的信息。有些与道教有关，有些则是药书、占星或占卜手册、关于祖先的记录甚至历史文献。这里的六蛇图是旋转的那伽符咒，可以用来确定做某件事（例如房屋破土动工）的吉时，在东南亚的许多文化区域都会使用。

20 世纪中叶
越南北部，瑶族
桑皮纸、纤维
长 21.6 厘米，宽 18 厘米
帕梅拉·A. 克罗斯（Pamela A. Cross）资助
馆藏编号 2019,3032.1

4 | 12 爪哇护身符及其影响

铜质护身符从 13 世纪晚期一直使用至今，但在 15 世纪到 18 世纪中叶，它在爪哇岛尤其流行。这些物品在驱魔仪式中扮演着重要角色，被放置在圣地的宗教容器中，爪哇男子佩戴它们是为了保护自己、增强体质，并将之作为爱情符咒（3）。自 20 世纪开始，越来越多与爪哇岛有大量接触的地区——例如巴厘岛和马来半岛东岸——的居民也会用这些符咒。

这类护身符一般串在项链上或缝在布上，形状通常像中国铜钱（圆形，中间有一个方孔），这类钱币直到 19 世纪还在东南亚群岛的部分地区充当货币。这些中国铜钱也被用作祭祀供品，护身符模仿它的形状，是将财富观念与宗教信仰结合起来。马来半岛东岸后来出现的一些伊斯兰钱币没有中心孔，因为它们是以英国银币为基础制作的。

护身符上的图像不仅以哇扬皮影戏的形式展现了史诗《摩诃婆罗多》中的英雄人物（1），还展现了另一种戏剧——面具哇扬（wayang gedog）中的人物，讲述了潘吉（Panji）王子寻找心上人坎卓·琪罗纳（Candra Kirana）的冒险故事（2）。史诗文学的精神重要性和爪哇戏剧的仪式保护功能通过这些图像要素传递到护身符中。

伊斯兰教的护身符中，有手持法杖的大胡子人物，代表先知和圣人。有的也会展现《古兰经》中的阿拉伯语铭文，可以是祈求真主保佑的句子或伊斯兰信仰宣言（4）。

1.《摩诃婆罗多》人物护身符

这个护身符展示了《摩诃婆罗多》（见第 190~191 页）中的重要人物。一面是黑天神和般度五子中的阿周那；另一面是广声（Burisrava）和迦尔纳（Karna），前者是一位王子，加入了与般度族敌对的俱卢族；后者是一位复杂的悲剧人物，在他身上体现了各种伦理道德困境——尽管他与般度族有血缘关系，但还是站在俱卢族一方战斗。这个护身符通过展示般度和俱卢两方的人物，体现斗争的两股力量处于稳定的状态，从而创造出许多东南亚社会所追求的平衡。

1500~1860
印度尼西亚，爪哇岛
铜
直径 5.95 厘米
馆藏编号 CH.661

2. 潘吉故事护身符

该护身符代表婚姻和繁荣，正面
是潘吉王子和坎卓·琪罗纳公主
跪在一起，旁边放着米筒和水
壶；反面是一位妇女跪在纺车和
炊具等家用物品前。其他带有潘
吉图像的护身符则描绘了王子的
仆人班查克（Bancak）和多约
克（Doyok），或王子骑马去迎
娶新娘的仪式（见第 190 页）。

16~18 世纪
印度尼西亚，爪哇岛
铜
直径 3.6 厘米
索菲亚·莱佛士捐赠，斯坦福·
莱佛士收集
馆藏编号 CH.646

3. 班查克小丑的皮影

班查克是面具哇扬戏潘吉故事中
的小丑仆人之一。在这件皮影
中，他的脖子上挂着一个硬币护
身符。

17 世纪晚期至 1816 年
印度尼西亚，中爪哇
皮、角、金
长 49.5 厘米，宽 14.1 厘米
索菲亚·莱佛士捐赠，斯坦福·
莱佛士收集
馆藏编号 As1859,1228.579

4. 1 第纳尔护身符硬币

泰国南部和马来西亚的皮影戏
（见第 202~203 页）会以两位
神灵之间的仪式性战斗开始，以
一位圣人（如这枚硬币护身符上
的这位）介入，恢复宇宙的和谐
与平衡结束。这里的圣人是一个
手持乞讨碗和水壶的苦行者。

20 世纪 50 年代
马来半岛
银
直径 3.6 厘米
威廉·巴雷特（William Barrett）
捐赠
馆藏编号 2006,0929.7

4 | 13 巴塔克人的灵巫艺术

巴塔克人是 6 个相关民族的统称，他们的故乡在苏门答腊岛北部的高原地区，有着共同的文化、社会、宗教和艺术观念。巴塔克人曾一度刻意保持自我封闭，但在 19 世纪中叶，欧洲人强行开放了巴塔克地区。20 世纪初，大部分巴塔克人皈依基督教，文化和宗教生活发生了巨大变化，许多传统消失。

除了精雕细琢的房屋、祭祀石座、坟墓和日常用品之外，巴塔克人还以文学创作闻名，他们在古爪哇文的基础上发展出了一种文字，以及一种名为"波达"（poda）的祭祀语言，这种语言如今几乎已经被废弃。"波达"专门由男性宗教祭司使用，这些人被称为"灵巫"（datus），不仅是神灵和黑白魔法方面的专家，也是巫师和治疗师，还能决定祭祀仪式的时间。法杖（tunggal panaluan）、药角（naga morsarang）和巫术书（pustaha，用"波达"写成）是灵巫自用的三种基本祭祀用品（1，2，4）。他们还制作了关于仪式和季节的日历，并在水牛骨和竹子上刻下护身符和别的符咒，佩戴在身上以求保护（3）。这些物品制作精美，但抵御负面力量的功效更为重要，这决定了它们的地位。

1. 药角及塞

药角是盛放巫药的容器，由水牛角和木塞组成，通常被雕刻成某种守护动物的形状，这种动物结合了神话中辛加（Singa，一种强大的动物）、那伽和水牛的特征。

19 世纪初至 60 年代
印度尼西亚，苏门答腊岛
水牛角、树皮、木
高 44 厘米，长 51 厘米
阿姆斯特丹动物学会捐赠
馆藏编号 As.7555.a-b

2. 巫术书

巫术书由树皮纸制成，做成折叠册，夹在两块木板之间，是灵巫记录咒语的参考书，内容包括爱情魔咒、占卜公式、清除敌人的方法、神谕、仪式程序和药方等。只有在极少数情况下，这种书中才包含历史记载或神话故事。巫术书在灵巫之间流传，每个灵巫都会对书中的内容和列出的谱系进行补充。

19 世纪
印度尼西亚，苏门答腊岛，实武牙（Sibolga）
树皮
高 3.8 厘米，宽 9.6 厘米
馆藏编号 As1913,1114.96

3. 神符

灵巫经常为乞求保护、请求治疗疾病、寻求建议（例如关于建造房屋、出行或结婚）的客户雕刻神符。这件神符上有"波达"文字、具有仪式效果的星形图案以及人面蜥蜴。

1850~1930
印度尼西亚，苏门答腊岛
水牛骨、纤维
长度（单条）13.2~13.6 厘米，宽 1.8~1.9 厘米
H. E. 米勒捐赠
馆藏编号 As1933,0307.39.a-e

4. 法杖

每个灵巫都会雕刻自己的法杖。法杖有多种仪式功能，包括保护、治疗、降雨以及确保土地、人和牲畜兴旺。法杖上雕刻的多层人物和动物图案源自巴塔克起源神话。在祭祀仪式上，灵巫手持法杖跳舞，献祭动物并用其鲜血涂抹法杖。

18 世纪晚期至 19 世纪中叶
印度尼西亚，苏门答腊岛
木、毛发
高 179.8 厘米，宽 4.7 厘米
A.W. 弗兰克斯捐赠
馆藏编号 As,+.3484

4｜14 尼亚斯岛

尼亚斯岛是苏门答腊岛西岸最大的岛屿，曾经有一条主要的贸易路线经过。现存的物质文化遗产大多是 19 世纪至 20 世纪初的产物。尼亚斯岛在文化上分为北部、南部和中部三个主要地区，通过部族战争、猎头以及相关仪式维持着高度分层的社会。

用石头和木头雕刻成的祖先造像在尼亚斯社会中扮演着重要的保护角色。最大的木雕（adu siraha salawa）代表着已知最古老的祖先或杰出的村落领袖，能确保人、土地和牲畜兴旺，在氏族屋中拥有尊贵的地位。在这样的房子里，可以容纳成百上千的此类造像（3）。这些雕像是裸体的，但饰有高高的头冠和其他首饰来显示社会地位。与东南亚许多地方的情况一样，尼亚斯人的地位在一定程度上是通过奢华的宴会和大量牲畜的献祭来确认的。在宴席上，人们会尽可能穿得雍容华贵，戴上礼仪头冠、项链、脚镯、手镯和耳环，其中很多都是黄金做的，同时还会展示他们的战斗配件（1、4）。男性和女性都会佩戴用各种金属制成的项环（nifatali-tali），有猎头经历的人会用黄金、水牛角或椰子壳圆环制成特别的"卡拉布布环"（kalabubu，2）佩戴。

1. 刀和鞘

成功夺取敌人首级的尼亚斯战士，刀柄上会装饰一种被称为"拉萨拉"（lasara）的神兽，这种神兽也会被装饰在所有表示强大的物品上。战士们还会在刀鞘上贴上自己组装的一组护身符，包括小型木制祖先造像、犀鸟像和一些自然造物，以便在战斗和袭击中保护自己。

19 世纪早期至中期
印度尼西亚，尼亚斯岛
金属、木、黄铜、藤条
长 68.7 厘米、宽 7.5 厘米；
鞘长 53.9 厘米、宽 9.3 厘米
阿姆斯特丹动物学会捐赠
馆藏编号 As.7569.a-b

2. 卡拉布布环

渐尖的水牛角圆环连接在黄铜核心上,组成了这种卡拉布布环。这种颈饰代表着勇敢,仅限于完成了猎头的贵族佩戴。

19 世纪早期至中期
印度尼西亚,尼亚斯岛
水牛角、金属、黄铜
直径 23.5 厘米
阿姆斯特丹动物学会捐赠
馆藏编号 As.7571

3. 祖先造像

这件造像呈现北尼亚斯祖先**造像**的特征,包括坐姿、胸前杯状合拢的双手以及贵族猎头者的头饰等装饰品。在被临终者的最后一口气激活后,它将被置于房屋正厅的右墙上,并在那里摆放祭祀供品。

17 世纪末至 19 世纪 20 年代初
印度尼西亚,尼亚斯岛北部
木
高 70.1 厘米,宽 11.9 厘米
威廉・莱佛士・弗林特捐赠,斯坦福・莱佛士收集
馆藏编号 As1859,1228.168

4. 盾

除了在战斗中起到保护作用,盾牌还是礼仪性服饰的一部分。尼亚斯盾牌由一整块木头制成,形状像一片树叶,上面有支撑肋,上下还有长长的延伸,尖端覆铁,可以插到地上。中央的凸起覆盖着盾牌的握手,在战斗时提供额外的保护。

19 世纪中叶
印度尼西亚,尼亚斯岛
木、铁
高 121 厘米,宽 25 厘米
阿姆斯特丹动物学会捐赠
馆藏编号 As.7568

　　印度尼西亚东部的马鲁古群岛盛产丁香和肉豆蔻，以香料贸易闻名于世，这些香料过去只生长在这里。这些岛屿上的民族有着共同的文化特征，这些特征是地区性战争、掠夺奴隶和水资源短缺导致人口定期迁移的结果。马鲁古东南部众多岛屿上的艺术品非常复杂，给19世纪的殖民者留下了深刻印象，并在20世纪初成为收藏家的心头好。在基督教传教士改变了当地居民的信仰（有时是强迫）之后，这些艺术品中的许多已不再制作。随着殖民带来的社会变革，这些礼仪用品也变得不再重要。

　　马鲁古的艺术与生育、先祖和社会地位有关，形式覆盖造像、浮雕、纺织品、鼓（2）和珠宝（3，尤其是金饰）。圆雕蹲坐人像曾被认为是祖灵的居所，在家庭成员去世后祖灵会通过祭祀仪式被安置在雕塑中（4）。船是社会的隐喻，社会的成员被视为船员。这与东南亚许多地区常见的神话起源故事有关，这些故事讲述的往往是乘船而至的特殊男性移民与当地女性结合的故事。船在马鲁古也发挥着实际作用。祭祀用的双桅船是用一根原木挖成的，饰有精致的船首板（kora），上面有螺旋形图案和代表守护神及祖灵的动物形象（1）。

1. 船首板

马鲁古群岛和许多岛屿地区一样，船除了作为交通工具外，还具有仪式和社会意义。参加重要活动的船只都装饰有船首板，船首板上有镂空的螺旋形图案，底部会有一种动物，通常是公鸡、蛇、狗或鱼，既是氏族或村庄的标志，也是变形的祖先。这件船首板上的狗象征着成为一名成功猎头者所需要的勇敢和攻击性。

19世纪50~70年代
印度尼西亚，马鲁古群岛的塔宁巴尔（Tanimbar）群岛，里塔贝尔（Ritabel）
木、毛发、贝壳、藤条
高111厘米，宽10.3厘米
A.W. 弗兰克斯捐赠，亨利·福布斯收集
馆藏编号 As,+.1876

2. 鼓

在马鲁古群岛东南部的部分地区，人们在为确保新一年丰收举行的舞蹈庆典中，会敲打大型立鼓。19世纪80年代，植物学家亨利·福布斯在该地区居住了几个月，收集了这种鼓。

19世纪中叶
印度尼西亚，马鲁古群岛的塔宁巴尔群岛，里塔贝尔
木、藤条、蜥蜴皮
直径15厘米，高43.2厘米
英国皇家学会捐赠，亨利·福布斯收集
馆藏编号 As,HOF.36

3. 梳子

20 世纪初，这种象牙和木头雕刻的发梳（suar silai）只供社区中的高等级男性使用。早期记录显示，只有战士、酋长和在各种比赛中取得胜利的男子才会佩戴这种梳子，作为给敌人留下深刻印象和威慑敌人的装饰品。梳子会平插在头发中，上面有一组羽毛向后伸展。梳子由一整块木头雕刻而成，上面镶嵌着骨头，有着与船桨相关的图案和符号。

19 世纪
印度尼西亚，马鲁古群岛的塔宁巴尔群岛，里塔贝尔
木、骨
高 13.3 厘米，宽 23.5 厘米
英国皇家学会捐赠，亨利·福布斯收集
馆藏编号 As,HOF.1

4. 祖灵像

马鲁古群岛东南部的祖灵像会雕刻成坐在椅子或凳子上的姿势，表明他们地位崇高。祖灵像会将双臂放在膝盖上，有时前面还放着一个碗，象征为神灵收集供品。雕像通常饰有珠宝，躯干细长，面部鼻子突出，五官镶嵌贝壳。当家庭成员去世时，雕像会被仪式性地激活，并与其他祖先的造像一起放在家中的顶层。

19 世纪末 20 世纪初
印度尼西亚，马鲁古群岛，勒蒂
（Leti）
木
高 50.5 厘米，宽 10 厘米
惠康医学史研究所（Wellcome Institute for the History of Medicine）捐赠
馆藏编号 As1954,07.182

1. 水壶

岛屿区域的许多地方都发现过带有中国元素（如龙）的水壶。这种水壶在文莱制造，被文莱宫廷和沿海的马来人使用，转运到内陆的族群中，则会被当作礼仪用具，像货币一样进行等价交换，并作为财富储存起来。

19 世纪末
加里曼丹岛，沙捞越
铜
高 29.6 厘米，宽 38.5 厘米
馆藏编号 As1908,0625.61.a–b

2. 萨满之匣（lupong manang）

伊班族萨满会把功能强大的装备放在用树皮、藤条、竹子和木头做成的匣中。在萨满组装和制作这种匣子时会举行仪式，会将一些财产融入其中，这样的萨满之匣会世代相传。有时，这种匣子还装饰有可以治疗疾病的造像，通常是一对男女。一般来说，如果这些雕像不再匹配，比如其中一个破损时，就会被简单地替换掉。

19 世纪中后期
加里曼丹岛，伊班族
树皮、木、藤条
高 30.2 厘米，宽 20 厘米
馆藏编号 As1906,0529.1.a–b

加里曼丹岛

加里曼丹岛是世界第三大岛，居住着众多文化群体，包括马来人、华人和通常被统称为达雅族（Dayak）的族群。数千年来，这些族群一直从事金属制品、陶器、奢侈品和森林产品 [例如沉香、犀鸟头、燕窝、橡胶、蜂蜡和樟脑（1）] 的贸易。14世纪，中国商品进入岛内社区，这些物品被视为传家宝，并被用于仍旧存在的受人尊重的传统中。

考古证据表明，人类首次登陆加里曼丹岛是在大约 40000 年前，随后出现了来自不同地区的多次移民潮。在过去的 2000 年中，一部分沿海地区出现了印度教-佛教政体，但大多数思想是经爪哇和三佛齐传入，而不是直接从印度传入（见第 61 页）。后来，满者伯夷王国将其控制范围扩大到加里曼丹岛南部的部分地区。15 世纪 30 年代，马六甲皈依伊斯兰教，成为一个主要的转口港，之后至 17 世纪，东南亚岛屿区域的沿海部分也逐渐皈依伊斯兰教。文莱在 16 世纪成为一个重要的贸易站，统治者同样皈依了伊斯兰教，但宗教变化并没有打断沿海与岛内的连接和影响深远的贸易模式。一直以来，人们认为岛内的一些小族群在种族上有别于沿海族群，但实际上，与东南亚大部分地区一样，种族是灵活的。沿海的达雅族人与来自阿拉伯世界和印度的商人通婚，一些人最终皈依了伊斯兰教，并被称为马来人，他们统治着沿海王国。由于殖民历史的原因，今天的加里曼丹岛分属文莱、马来西亚和印度尼西亚三个国家。马来西亚沙巴州主要由英国北婆罗洲公司控制，今日的沙捞越州从 1841 年起由布鲁克罗阇统治，1946 年成为英国直辖殖民地。文莱在 1958 年选择不加入马来亚联合邦，1959 年开始内部自治，1984 年完全独立。加里曼丹岛的荷兰殖民地区直到 1950 年才归于印度尼西亚。

3. 紧身衣（rawai）

伊班妇女传统上穿的紧身衣是用小铜环穿在藤圈上做成的。这种紧身衣套在绊织裙布的外面，可以遮住臀部、腹部和腰部，大号的甚至笼罩大腿以上到胸部的所有部位。男性则会在腿上佩戴较小的版本。紧身衣上的黄铜可能是从与沿海社区的贸易中得来。

19 世纪晚期
加里曼丹岛，沙捞越州，峇南河区
藤条、黄铜
直径 32 厘米，高 19.2 厘米
馆藏编号 As1904,0416.6

4. 屋板

长屋曾是加里曼丹岛、明打威群岛和越南高原地区广泛使用的一种住房形式。长屋可容纳多个家庭，通常由独立的房间组成，每个家庭负责维护自己那部分的建筑。在加央族这样等级森严的族群中，酋长的房间可以用有雕刻和绘画的木板来装饰，上面的图像表明了等级。这一件屋板以当地风格展现了神话中的阿苏（aso）狗龙。

19 世纪
加里曼丹岛，沙捞越州，峇南河区
木
高 34.8 厘米，宽 276 厘米
馆藏编号 As1905,-.797

5. 婴儿背篓

婴儿背篓上的装饰图案表明了孩子的等级，这个背篓上还装饰有铃铛、贝壳圆盘、象牙和符珠等护身符，用来驱除恶灵，确保孩子健康。这种背篓通常由孩子的祖母制作，需要长达三个月的时间才能完成。

19 世纪晚期
加里曼丹岛，肯雅族
（Kenyah）
木、贝壳、玻璃、植物纤维
高 31 厘米，宽 37 厘米
馆藏编号 As1904,0416.104

19世纪时，加里曼丹岛被卷入殖民资本主义，许多达雅族人皈依基督教，欧洲人认为这是"文明化"当地人、促进欧洲法律和秩序在当地建立以及破坏伊斯兰国家的一种手段。但欧洲人又反过来被加里曼丹岛小规模族群的文化吸引，对其感到震惊和由衷地钦佩。欧洲人有一个目标：消除猎头和其他他们认为"野蛮"的习俗，这一目标相对成功。在殖民统治结束时，掠夺和贩卖奴隶的行为基本停止。

在与加里曼丹岛各民族往来的过程中，欧洲人收集了一些物品，这些物品反映了这些社群对世界的基本看法、当地可用的材料以及繁盛的贸易网络（3）。一些族群发展出高度分层的社会，如加央族（Kayan）和美拉瑙族（Melanau，4，5），而另一些族群，如伊班族，身份地位的高低则与个人能力密切相关，这也反映在艺术创作中。达雅人的物品精美，需要高超的技艺制作，同时也具有现实和精神领域的双重功能。许多物品都是为了取悦和祭祀神灵制作的，祈祷神灵支持和保护佩戴者或使用者。除了一个或两个主神外，达雅族社会还承认自然神灵和祖先神灵。除了人类世界之外，他们相信还有上层世界和下层世界，人们通过梦境、鸟类信使（尤其是犀鸟）、动物和萨满与精神世界取得联系（2）。猎头是群体间交往的一部分，也被认为与人类的生殖力、福祉以及动植物资源的丰富与否有关。如今，一些曾经与猎头有关的仪式已被改用于庆祝其他过程艰难的活动，如长途旅行或丰收。还有一些习俗在20世纪已不复存在，因为它们与不断变化的生活方式愈行愈远。人们开始接受化学染料和合成纤维等新材料，但随着泛加里曼丹岛达雅族身份认同思潮的兴起，如今人们又重新对早期工艺以及与之相关的思想和信仰产生了兴趣。

4 | 16 美拉瑙疾病造像（bilum/akan）

美拉瑙人主要居住在沙捞越，传统上以航海为生。他们现在信奉伊斯兰教或基督教，但在 20 世纪之前，美拉瑙人信奉万物有灵，并以此信仰为日常生活的哲学基础，展开治疗活动。如今，这样的活动在某些情况下仍然存在，但因为与现代美拉瑙社区脱节，已基本停止。

有些疾病曾被认为是离开了正确位置的精灵附体所致，因此治疗方法之一就是雕刻一个疾病造像，以恢复病人身体的平衡，帮助精灵离开。一旦灵媒诊断出疾病，专业雕刻师就会迅速用苏铁柔软的树芯雕刻出疾病造像，从脚开始，最后雕刻出眼睛或耳朵。每种造像都与一种特定的疾病相关，美拉瑙人使用的造像形象达 140 多种。特定的标志可以区分不同类型的精灵，因此任何形象特征都不能省略或改变。

造像一旦完成，就会放在病人附近，通过吟唱咒语激活，然后放置三天，使精灵进入造像。在此之后，这件造像被认为是危险的，需要带到与其精灵类型相关的地方——水灵是河（3），土灵是土地（4），气灵是树（1，2）——帮助精灵迈上回家的旅程。

20 世纪末，雕刻家们开始为游客制作疾病造像。

1. 飞天那伽（naga terbang）像
有些精灵有人类或动物相伴，在其他情况下，精灵会以动物的形式出现，例如那迦。据说加里曼丹岛的那伽形象是从蟒蛇或穿山甲演变而来的。那伽有几种类别，其中的飞天那伽头上有角，腿有鸟爪，尖尾弯曲，还有翅膀（这一件是鳞片状花纹）。它们会引起咳嗽和发烧。这种造像会被挂在屋顶或树上，因为它们与空气有关。

19 世纪晚期
加里曼丹岛，沙捞越州，伊干（Igan）江地区
苏铁树芯
高 65.5 厘米，长 191.5 厘米
馆藏编号 As1905,-785

2. 兰吉特（langit）空气精灵像

这件兰吉特空气精灵可能是"dalong separa"，会引起发烧和溃疡。它是一个蹲坐着的人，有翅膀、鸟爪，身体多毛（用条纹表示）。灵媒会在精灵进入造像后决定将其悬挂在何处。

19 世纪晚期
加里曼丹岛，沙捞越州，伊干江地区
苏铁树芯
高 48.8 厘米，宽 11 厘米
As1905,-.651

3. 杜希格（durhig）水精灵像

杜希格精灵有几个子类别，并非都与水有关，但大多数都是女性。水精灵坐着，眼睛扁平，头戴尖顶，有些还有鳞片或尾巴。它们大多会引起消化道疾病，造像会被沉入水中。

19 世纪晚期
加里曼丹岛，沙捞越州，伊干江地区
苏铁树芯
高 44 厘米，宽 14 厘米
馆藏编号 As1905,-.637

4. 比鲁姆（bilum）土精灵像

土精灵比鲁姆的眼睛突出，手持吹箭或别的武器，甚至拉着自己的舌头。降灵后，这种造像会被丢弃在森林的土地上。这件造像是凶猛的土精灵"geragasi tugan"，它长着毛茸茸的脸和獠牙，会吃人。它最初会让人吐血，后来会让病人发疯。这件造像是人类学家斯蒂芬·莫里斯（Stephen Morris）记录的关于疾病造像传统的众多例子之一。

1971
加里曼丹岛，沙捞越州，奥亚（Oya）区，美拉瑙人
苏铁树芯
高 35 厘米，宽 13 厘米
乔治·莫里斯捐赠，斯蒂芬·莫里斯收集
馆藏编号 As1994,05.55

4 | 17 猎头

除游居的本南族（Penan）之外，加里曼丹岛的大多数岛内族群都有猎头传统，但这种行为只是偶尔为之，通常是在显赫人物去世之后。在所有族群中，人头都受到尊敬和礼遇，因为人们相信族群的福祉取决于人头。它们会恢复宇宙秩序，保持祖先和神灵的正确关系，并确保族群及其牲畜、农作物兴旺繁盛。人头是生死相关仪式的重要组成部分，因为它们是结束哀悼期的必需品，人们认为头颅会陪伴死者前往亡灵之地。猎头也是一种政治行为，因为各个族群都在争夺资源和扩张领地。

各个族群会为战争、猎头和相关仪式制造盾牌、刀、帽子和斗篷。不对称、重复和交织的神话人物、神灵、恶魔、蛇和鸟类以及曲线美化了这些物件，但也意味着它们在视觉上令人不安，以此迷惑和压制敌人。盾牌、刀和刀鞘上装饰着从前那些被击杀者的头发以恐吓对手（2，4）。与胜利、生育和地位相关的图案被雕刻、绘制在刀鞘上，并附有强大的珠子提供保护（见第 110 页）。成功的战士和高级人物还佩戴特殊的装饰品和装备（1，3）。

1. 战帽

在战争和猎头中有英勇行为的高级人物，帽子上会加饰犀鸟羽毛。这个精致的帽子以藤条编织骨架，饰有染色的山羊毛、金属饰板，当然也有犀鸟羽毛。这类帽子用于与战争、猎头和生育有关的仪式。

19 世纪末
加央族或肯雅族
藤条、山羊毛、金属、犀鸟羽毛
长 71 厘米，宽 30 厘米
馆藏编号 As1900,-.680

2. 盾

这面盾牌上画着眼睛和獠牙，周围装饰着在此前袭击中被杀的人类的头发，用来吓退敌人。头发下面有藤蔓的图像，为设计增添了一种运动感，旨在惊扰对手，同时保护持有者。盾牌也很实用，由轻质、坚固的木材制成，并用水平编织的藤条来加固，凸起的中线用于卸去攻击。这种盾

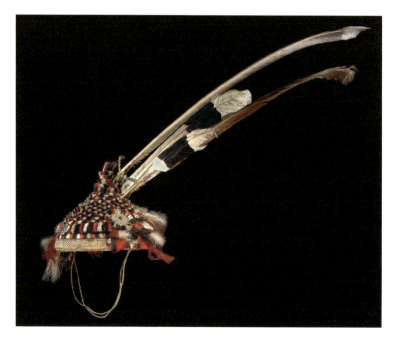

牌起源于肯雅族，其他群体也有使用。

20世纪初
肯雅族
木、铁、毛发
高117.2厘米，宽38厘米
馆藏编号 As1948,01.25

3. 战斗斗篷

在分层的肯雅族社会中，地位高且英勇的男人都拥有用犀鸟羽毛、贝壳、珠子、毛发和动物皮制成的斗篷。动物皮来自豹子、熊、山羊和猩猩。贝壳圆盘位于胸部，羽毛从背部垂落。

19世纪末
肯雅族
山羊皮、毛发、犀鸟羽毛、贝壳、玻璃珠
长173厘米，宽66.2厘米
馆藏编号 As1905,−.438

4. 刀和鞘

有证据显示，加里曼丹岛的矿石冶炼大约始于10世纪。肯雅族和加央族都以锻造高品质铁刀而闻名，这些铁刀的上缘通常饰有浮雕和镶嵌物。刀柄上刻有动物头像和水蛭的图案，代表血与水，将猎头带来的生育力与女性的农业活动联系起来。刀鞘上精心装饰着珠子，还覆盖着毛发和强大的阿苏狗龙。

19世纪
肯雅族
铁、木、毛发、玻璃、鹿角、植物纤维
长69.4厘米
鞘长102.3厘米（包括珠子）
馆藏编号 As1905,−.717.a-b

4 | 18 普哇（Pua）葬布

伊班族社会是精英掌控的。成功的猎头和战斗能够展示伊班男子的勇武，确立其群体地位和威望，并使他们成为理想的婚姻伴侣。伊班男性努力通过这些方式证明自己的实力，而女性则通过经线绊织法（见第213页）制作一种名为普哇的礼仪服装来展示自己的能力并获取社会地位。纺织被称为"女人的战争"，女性用自身掌握的技能来表明适婚性，并以此在社会中获取显赫地位。

普哇上的抽象图案来自自然世界，从岩石、云朵和水到花卉、动物、头、眼睛、几何形状以及与伊班族文化紧密相关的物体，例如船（1）。最古老、最有价值的图案是小而紧的线圈，人们认为这种花纹能够激励猎头活动（2，3）。许多设计源于梦境，人们相信那是众神的启示，认为它具有神奇的力量，只有精神强大的女性才能制作出来。仪祭属性强的普哇会受到赞扬，并根据其邀神保护的效果进行排名。这些强大的布被用来组成抵御邪恶的屏障，以及祈求祖先的祝福、划定神圣的空间、覆盖神殿和尸体、包裹新生儿以及接收被砍下的头颅。人们还在重大活动中穿戴它们，将它们作为传家宝和礼物，或用来支付仪式费用。

19世纪末之前，女性会使用蓝色的木蓝和红棕色的巴戟天这类天然染料为本地棉纱染色。一些织工至今仍在使用这些材料，但现在的普哇基本是由商业棉线和合成染料制成的。许多伊班人在19~20世纪皈依伊斯兰教或基督教，但仍会制作普哇，有一些专为旅游市场制作。

1. 竹子普哇
这件普哇两端的大三角代表竹子，中心由重复的固定风格的鸟类图像组成。后一种图案在几处伊班族聚居区的纺织品上都有发现，表明它起源于族群分迁之前。伊班人非常多元化，现居住在加里曼丹岛的许多地区，包括马来西亚的沙捞越州、印尼的西加里曼丹省和文莱。

19世纪早期至中期
加里曼丹岛，沙里拔，伊班人
棉布
长202厘米，宽105厘米
馆藏编号As1905,-.405

2. 普哇

这款普哇采用横向对称花纹，沿垂直于幅宽的方向不断重复。一款布的名称是由织工根据主要图案决定的，而图案源自自然世界和神灵的托梦。如果一个设计被证明是有效的，它就会被其他编织者重新诠释。这种普哇图案称为"bali bugau kantu"，一些人将其与战争胜利联系在一起。它被列为无法可靠再现的图案，这表明除了编织者本人之外，任何人都难以复制。

19 世纪中后期
加里曼丹岛，沙里拔，伊班人

棉布
长 197 厘米，宽 82 厘米
馆藏编号 As1905,-.410

3. 普哇

在这种布上，末端的钻石状图案被称为"selaku"，有时会被认为是织工守护者（Kumang）居住的地方。中央部分称"水果"（buah），主要图案是本地风格的保护神鳄鱼，较小的线圈和其他图案填充了空白空间。这种装饰只能由地位高、精神力量强大的女性编织，因为它描绘了与猎头相关的图像，比如边框上的水

果代表着未被夺走的人头。

19 世纪中叶
加里曼丹岛，拉让江沿岸，
伊班人
棉布
长 254 厘米，宽 130 厘米
沙捞越王后玛格丽特·布鲁克捐
赠
馆藏编号 As1896,0317.6

4 | 19 伊班犀鸟雕塑

鸟类在加里曼丹岛许多群体的万物有灵信仰中扮演着重要角色。最重要的鸟类是马来犀鸟和栗鸢，它们都与权力和祖先有着广泛的关联。加里曼丹岛的伊班人与许多东南亚岛屿地区的群体一样，阴间与蛇、女性和农业有关，而阳间则与鸟类和男性有关。马来犀鸟与猎头有关，被认为是战神森加朗·布隆（Sengalang Burong）的信使，战神则被认为是栗鸢。

伊班人制作的犀鸟雕塑被称为"肯雅兰"（kenyalang），会在祭祀森加朗·布隆和庆祝猎头远征取得丰硕成果的宴会上展示（1，2）。只有取到人头的人才能举办这样的宴会，而展示的雕像数量则表示一个家庭中成功猎取人头的人数。在伊班社会中，地位需要通过个人能力与成绩获取。在持续数天的祭祀活动结束时，人们会祭祀肯雅兰，并将其安装在高高的柱子上。人们认为在这个时刻犀鸟的精魂会飞上天空，削弱敌人。

伊班人认为，砍树是一项危险的工作，因此制作肯雅兰需要举行一系列仪式，包括祭祀被砍伐的树木，接砍好的树木回村。博物馆、收藏家手中的大多数肯雅兰木雕都是用涂漆的软木制成的，但有证据表明，较早的版本是用硬木雕刻的，而且没有涂漆。自20世纪中叶以来，这种传统已经发生了变化，以适应许多伊班人信奉伊斯兰教或基督教的当代环境（3）。

1. 肯雅兰

专业雕刻师制作的犀鸟雕像，头和尾羽都大得不成比例，因为伊班人认为犀鸟的头和尾羽特别珍贵。犀鸟尾羽可以装饰头盔、盾牌和刀鞘，并起到保护作用。

19世纪早期至中期
加里曼丹岛，沙里拔
木
高59厘米，宽76.1厘米
乔治·达比·哈维兰（George Darby Haviland）捐赠
馆藏编号 As1894,0414.1

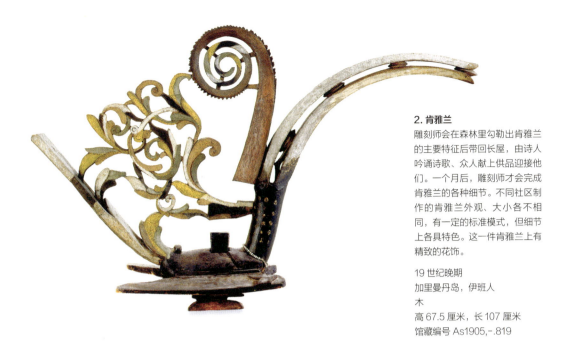

2. 肯雅兰

雕刻师会在森林里勾勒出肯雅兰的主要特征后带回长屋，由诗人吟诵诗歌、众人献上供品迎接他们。一个月后，雕刻师才会完成肯雅兰的各种细节。不同社区制作的肯雅兰外观、大小各不相同，有一定的标准模式，但细节上各具特色。这一件肯雅兰上有精致的花饰。

19 世纪晚期
加里曼丹岛，伊班人
木
高 67.5 厘米，长 107 厘米
馆藏编号 As1905,–.819

3. 肯雅兰

肯雅兰与早已不复存在的猎头活动和部族战争密不可分，但鉴于它们是重要的文化标志，因此也被纳入稻米节等其他重大社区活动中。1974 年 6 月 28 日，卢博安图（Lubok Antu）的斯克朗斯基姆（Skrang Skim）村举行了一次盛宴，村民就用上了这一件肯雅兰。第二年，它再次出现在盛宴上。肯雅兰一旦安装到柱子上，精魂就会离开，但通过特殊仪式可以将其召回，从而重复使用雕塑。和普哇葬布一样，每个肯雅兰都会被赋予特殊的名字，可惜属于它的美名没有被记录下来。

1973
加里曼丹岛，沙捞越州
木
长 239.1 厘米，高 116.1 厘米
馆藏编号 As1977,06.1

东南亚许多文化中都有文身的习俗，加里曼丹岛的也不例外。人们认为死后之世是今生的反面，深色的文身在死后会变得明亮，指引死者前往死亡之地。在加拉毕人的神话中，有一位理想的男人图克德·里尼（Tuked Rini），他的妻子说："我是一个美丽的文身女人，文身的颜色来自龙脑树胶燃烧时的烟灰，图案于朦胧黑暗中铺展……"（Janowski，2014：77）。

加里曼丹岛的男女都会文身，各个族群的文法不尽相同（1，2）。欧洲人对文身的看法并不积极，但他们还是被文身吸引，于是大量收集文身模型和印章（3）。随着基督教、伊斯兰教的传播与全球化的深入，古老的文化和习俗变得不那么重要，文身也逐渐不那么流行。但近年来，传统文身在加里曼丹岛的一些人群中得到复兴。

加央族称文身为"tedek"。它在过去能用来展示一个人的成就（如在猎头中取得成功），是身体的装饰，使文身者具有吸引力和适婚性，并起到护身符的作用，在高度分层的社会中还标志着贵族身份。女性文身师使用锋利的针和特制的锤子，将烟灰、脂肪和藤汁制成的墨水压入皮下。不同的图案与不同的等级相关联。神话中的阿苏狗龙用来代表酋长，四线图案代表平民。还有很多图案取材于自然，例如以同心圆形式呈现的满月，包含蕨类、毛鱼藤*和茄子花在内的植物，加央人尊崇的虾和狗这类动物等。被称为"鲁古珠"的珍贵玻璃珠则是另一个重要的图案来源。

1. 文身印

在正式刺破皮肤前，文身的图案会手工绘制或用印章盖在皮肤上。这两件文身印是常文在大腿上的钩状图案。由于仪式要求和成本原因，可能需要数年才能文完一个人身上的各种花纹。

19 世纪晚期
加里曼丹岛，沙捞越州，加央族
木
高 16 厘米，宽 9.5 厘米
沙捞越王后玛格丽特·布鲁克捐赠
馆藏编号 As1896,0317.74

---

* 毛鱼藤有毒，可作为杀虫剂和毒鱼药使用，在印度尼西亚的文化和传统农业、采集生产中比较重要。

2. 文身印

文身印是男性雕刻的，涂上墨水，就能盖在皮肤上。加里曼丹岛的岛内族群过去无论男女都会文身，花纹会覆盖身体的大部分部位。在加央族中，妇女前臂、手背、大腿和跗骨皮肤上的图案都是与自然界和生育有关的抽象图案。这件文身印上有花卉图案和阿苏狗龙的眼睛。

19 世纪
加里曼丹岛，沙捞越州，峇南河区，
加央族
木
高 35.2 厘米，宽 5.7 厘米
馆藏编号 As1905,−.310

3. 文身手臂的模型

这件手臂模型上的图案属于加央族妇女。文身开始前，要举行祭神仪式，文身师和顾客都要遵守各种限制。在生病、死亡或播种稻谷期间不能文身，在文身过程中禁食某些食物。

19 世纪晚期
加里曼丹岛，沙捞越州，峇南河区，加央族
木
高 35.5 厘米，宽 5.2 厘米
馆藏编号 As1905,−.300

大事年表

8 世纪末至 9 世纪初	中爪哇人建造了婆罗浮屠和普兰巴南，其上有大量叙事浮雕
12~16 世纪	东爪哇人制作了大量叙事浮雕，图像元素与皮影戏十分类似
12~19 世纪	缅甸大量绘制壁画，与文学、诵经紧密相关
15 世纪	泰国南雅（nang yai）皮影戏出现，可能与柬埔寨的大皮影戏（sbek thom）紧密相关
16 世纪初	泰国孔剧（khon）出现，可能与南雅皮影戏有关
17 世纪	卡马桑（Kamasan）成为巴厘岛的绘画中心
	泰国幡画被引入佛像创作中，会在不同背景下重复使用，显示出这种艺术形式在较早时期的重要性
18~19 世纪	在缅甸，许多描绘佛本生故事和佛传故事的小型金属造像被封存在密闭的置物空间中。
19 世纪至 20 世纪初	如今泰国东北部、老挝在鬼脸节（Bun Phra Wet）期间使用的长幅故事布出现
20 世纪初	宫廷表演减少
	泰国幡画的制作逐渐减少
1998	皮影戏在马来西亚因"不符合伊斯兰教教义"被封禁
20 世纪末至 21 世纪初	泰国孔剧、印度尼西亚皮影戏和佳美兰被联合国教科文组织列为非物质文化遗产

5——
叙事和表演

叙事在东南亚艺术中扮演着重要角色，社会各阶层都在舞蹈、歌唱、朗诵和戏剧中讲述故事，并以雕刻、绘画等无数种方法复制。史诗文学和缅甸蒲甘古城的壁画（11~13 世纪）以及中爪哇的婆罗浮屠和普兰巴南（770~850）、东爪哇神庙（11~15 世纪）、柬埔寨的巴戎寺（Bayon，12 世纪晚期）、素可泰的西昌寺（Wat Si Chum，14 世纪晚期）等古迹中的浮雕都清楚地展现了这一点。讲故事是传播价值观、伦理道德和风俗习惯的主要方式，在当代社会仍然具有现实意义。

　　在东南亚，表演一直是重要的宗教、社会和艺术媒介。表

1. 游神人像
这个潘吉故事中的士兵皮影曾在巴厘岛的宗教游行中使用，可能与火葬有关，显示了巴厘岛宗教仪式与皮影戏之间的紧密联系。

17 世纪晚期至 18 世纪中叶
印度尼西亚，巴厘岛
藤、竹、树皮、木
长 87 厘米，宽 37.4 厘米
As.7183

**2. 苏库神庙（Candi Sukuh）
上的怖军浮雕，J. 韦瑟罗尔（J.
Wetherall）绘制**

无论哪种宗教环境，《摩诃婆罗
多》和《罗摩衍那》中的人物
在东南亚都非常重要。中爪哇
拉武（Lawu）火山下、建于15
世纪的苏库神庙中，有一个浮雕
展示了《摩诃婆罗多》中的人物
怖军在小丑仆人的注视下击败敌
人。在雕塑中复制皮影戏的图像
元素和这个被认为具有强大精神
力量的角色，表明了故事和戏剧
在仪式上的重要性。绘画的欧洲
人并不了解神庙图像的含义，画
中怖军的头冠就像缠在他头上的
树叶。

1811~1815
印度尼西亚，爪哇岛，苏库神庙
纸上铅笔画
高 18.2 厘米，宽 26.3 厘米
J.H. 德雷克捐赠，斯坦福·莱佛
士收集
馆藏编号 1939,0311,0.7.98

演形式多种多样，从舞蹈、舞剧到面具表演，不一而足。人偶
剧是另一种主要的表演形式，尤其是用皮制人偶在幕布上投影
的皮影戏。表演与精神世界有关，被认为是一种与精神世界交
流的方式。它们有助于实现誓言，在人生大事上起到祭祀神灵
和祖先的作用，还能描绘理想中的标准和原则（2）。鉴于这种
联系，叙事和表演往往在宗教场所举行。

由于戏剧极受欢迎，并且和祭祀、超自然的事物有天然的
联系，其他艺术形式，如绘画、雕塑、连环画和电子游戏，也会
使用类似的形象来描绘人物并模仿表演形式（1）。人们以许多
不同的方式认同特定的角色，重新理解或思考文化规范，并吸收
表演产生的力量：一些护身符描绘了皮影戏的角色和样式（见第
165~166 页）；19 世纪，缅甸王室以泰国剧团的服装为蓝本制作
了官方服饰；许多叙事浮雕复制了叙事织物上的内容。

3.《罗摩衍那》挂毯

《罗摩衍那》不仅可以通过戏剧表演，还可以通过石制品、纺织品和陶瓷来表现。在缅甸，挂毯叫"kalaga"或"shwe-gyido"，被用作宫廷、寺院和住宅的房间隔断，墙壁装饰，马匹和大象的饰物以及棺盖装饰。这幅挂毯展示了几个《罗摩衍那》的场景，其中一个只出现在东南亚版本中——在通往十首魔王罗波那的王国所在地斯里兰卡的大桥边，白猴哈奴曼与破坏桥梁的巨蟹搏斗。

19 世纪末至 20 世纪初
缅甸
棉、法兰绒、亮片、金属缠线
高 53.5 厘米，长 290 厘米
亨利·金斯伯格（Henry
Ginsburg）捐赠
馆藏编号 2011,3013.1

　　表演和口头文学在今天已不那么重要，但作为一种交流手段仍具有现实意义，在 20 世纪中叶，印度尼西亚和泰国曾利用皮影戏宣传节育。佛教叙事、史诗和其他故事继续在仪式和娱乐中发挥作用，尽管宫廷表演尤其是泰国和柬埔寨的宫廷表演已经停止。在巴厘岛、爪哇岛和泰国南部，一些戏剧形式仍然具有重要的象征意义和仪式意义。

　　在图像艺术与表演艺术中，佛教和印度教叙事、基督教故事、伊斯兰传说与众多当地民间故事、寓言以及《星球大战》等当代全球故事相融合。东南亚许多地方都能找到三个史诗故事：《摩诃婆罗多》、《罗摩衍那》和"潘吉故事"。最后一个故

事似乎起源于爪哇岛，后来流传到印度尼西亚其他岛屿和中南半岛，讲述了传说中的重迦罗（Janggala）王子潘吉的冒险和磨难，以及他的王国中的政治活动和战争（1）。这些故事与爪哇岛上的伊斯兰教苏菲派有关联，直到20世纪30年代，巴厘岛上还盛行一版名为"马拉"（Malat）的潘吉故事。史诗《摩诃婆罗多》和《罗摩衍那》都起源于印度，并流传到东南亚。《摩诃婆罗多》讲述了般度和俱卢两族堂兄弟在天神、恶魔、妖怪和精灵的帮助下，为争夺王权而展开的战争。这部史诗在爪哇岛和巴厘岛仍很常见，尤其是在皮影戏中，但在东南亚其他地方则不太流行。《罗摩衍那》讲述了罗摩王子解救惨遭十首魔王罗波那绑架的妻子悉多公主的故事。在夺回妻子的过程中，王

4. 存放于佛塔中的夜半逾城像

佛本生故事和佛传故事有时会被制作为一系列金属造像。这些造像通常被信徒存放在佛塔的舍利室中，通过施舍来增加自己的功德，提高建筑的神圣性，防止佛法衰落。在这里，为了抛弃世俗生活，悉达多太子（不久后成为佛祖）骑着他那匹名叫犍陟（Kanthaka）的马准备离开父亲的宫殿，然而宫墙挡住了去路。此时四大天王出现，各自捧着一只马蹄，静悄悄地越过宫墙，太子的马夫车匿（Chana）紧紧抓住马尾。这是缅甸艺术中的经典形象。

18~19 世纪
缅甸，贡榜王朝
青铜或黄铜
高 23 厘米
弗洛伦斯·麦克唐纳（Florence MacDonald）捐赠
馆藏编号 1981,1023.1

子得到了白猴哈奴曼的帮助。在马来西亚，《罗摩衍那》被重新命名为《森林伟王》（*Great Forest King*），强调了罗波那的作用。在中南半岛，《罗摩衍那》曾在缅甸、泰国、柬埔寨和老挝频繁上演，并在雕塑和绘画中有所表现。

无论是信奉印度教、佛教还是伊斯兰教，不同地区的东南亚人都按照自身的文化和精神价值观对这三个故事进行了改编，艺术家们保留了原本的故事脉络、情节要素、角色和人物关系，用自己的方式进行了美化，创造出适合所在社会环境的叙事。

在爪哇岛，般度五子之一的阿周那成为《摩诃婆罗多》中的主角和典型的英雄——英俊、强壮、贤德*。在马来西亚和印度尼西亚，利用史诗中的传统人物创作的新冒险故事被称为"分支和枝条故事"，这不光出现在主角身上，连皮影戏中的小丑**这样的角色也获得了新创作（3）。

中南半岛上盛行描述佛祖前世的本生故事、讲述佛祖成道传法的佛传故事以及诸过去佛的故事（4）。这些和其他佛教故事展示了觉悟者的殊胜，讲述了成佛所需的功德。故事本身也是功德的源泉，能够使人们感受到自己是佛祖的信众。

某些故事，如潘吉故事或以爪哇语讲述了一位传奇英雄参与满者伯夷王国和布兰邦甘（Blambangan）王国之间战争的"达玛乌兰故事"（Damarwulan），与时常变化的王庭之间有紧密的联系，这使它们在20世纪逐渐衰落，当代已经很少出现。戏剧的赞助方在一些地方也发生了变化，例如泰国的南雅皮影戏，现在的剧团依靠佛教寺院生存，而不是王室宫廷。如今，史诗、民间故事和佛教叙事也以现代形式出现，如图像小说、杂志文章、漫画、电影和电视连续剧。佛教相关事物也出现在现代背景的画作中，如英国伦敦温布尔登的泰国佛学院（Wat Buddhapadipa）。1998年，泰国国王普密蓬·阿杜德（Bhumibol Adulyadej，1950~2016年在位）出版了自己的漫画版《摩诃旃纳卡本生经》。传统故事的衍生品也自然而然有了新的衍生，根据小说和电影改编的新故事以及新的英雄和恶棍也在不断涌现。联合国教科文组织认可东南亚叙事和表演的重要性，将其中一些艺术形式列入非物质文化遗产。

---

* 在原版的《摩诃婆罗多》中，最重要的角色或者说主角毫无疑问是黑天，他是毗湿奴最重要的化身之一，信徒众多。在抛弃印度教之后，爪哇版的印度故事显然会弱化其中的神灵。

** 在哇扬皮影戏中，小丑并非主角，却非常重要。他们推动剧情、点出价值观、阐释故事，是一部戏必备的组成部分。其中最重要的几位，例如塞马尔（Semar），本身就会被视作神灵。

5｜1 巴厘岛的卡马桑绘画

巴厘岛东南部的卡马桑村以绘画闻名，其历史可追溯到 17 世纪。这里的画家曾为巴厘岛众多王国的国王和贵族服务。

天花板、檐篷、旗帜、横幅和棺材盖都是创作彩绘之处。画作有方形、长方形（2）和窄长条形（ider-ider），这种窄长条画作会悬挂在宗教建筑和宫殿的屋檐或天花板上（1、3）。绘画还被用作供品。

在现代颜料出现之前，所有艺术家都使用天然矿物、植物染料及烟灰作画，如今有些人还在坚持使用。绘画是一项集体活动，由绘画大师绘制设计草图，然后由学徒和上色师傅（其中许多是女性）完成。这种图像艺术与巴厘岛的皮影戏传统和东爪哇的浮雕有很大关系，巴厘岛曾与东爪哇有着密切往来。与木偶一样，每个彩绘人物的内在本质都通过外表表现得淋漓尽致。狭长的眼睛和纤细的身材表示人物文质彬彬，大块头、多毛的身躯和睁大的圆眼睛则表示人物粗俗。人物的社会地位会通过头饰、服装的样式和精致程度来体现。

巴厘岛绘画中的故事题材众多，除《摩诃婆罗多》和《罗摩衍那》这两部史诗外，最常见的是潘吉故事（"马拉"是这个故事主要的巴厘岛版本之一）。

1. 寺庙挂画的局部（窄长条式）
这幅挂画采用了平面卡马桑风格，使用大红、赭石、蓝色和黑色的天然颜料绘制，描绘了潘吉故事中的情节。画中，潘吉王子和他失散的未婚妻在山中游荡时重逢。主人公坐在象头石上，显示他们地位崇高。画中的象头石为粉色和白色，可通过相拥男女右侧的象牙和扭动的躯干辨认出来。一些丝绸挂画至今尚存。

约 1850
印度尼西亚，巴厘岛，卡马桑
棉布、丝绸
长 509 厘米，高 27 厘米
馆藏编号 1996,1211,0.1

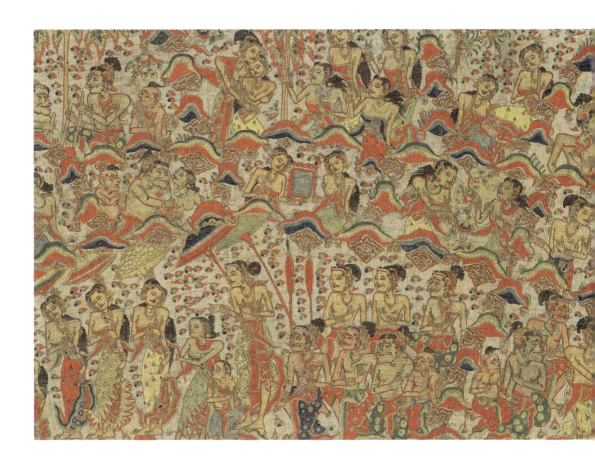

2. 挂画的局部（长方形式）

这幅棉布画取材于潘吉故事，描绘了马来宫廷与潘吉王子及其爱人的意外相遇。这种宽大的长方形挂画被称为"langse"，会悬挂在寺庙、宫殿和住宅中装饰墙壁或窗帘。下部边缘曾附有另一块布，上部则会穿上有孔的中国铜钱用于悬挂。

19 世纪晚期
印度尼西亚，巴厘岛，卡马桑
棉布
长 230 厘米，高 94 厘米
馆藏编号 1957,0511,0.1

3. 寺庙挂画的局部（窄长条式）

这幅画出自一位艺术大师之手，描绘的是潘吉故事中的男女。这种图像通常用于表示叙事的开始。

20 世纪初
印度尼西亚，巴厘岛，卡马桑
棉布
长 336 厘米，高 26.5 厘米
馆藏编号 1957,0511,0.2

5 | 2 爪哇戏剧

爪哇的各种戏剧依旧在社会、宗教和艺术生活中发挥着作用，会伴随仪式、宣誓、庆典和生活中的重大事件上演，尽管已经没有以前那么普遍。传统上，表演能与看不见的世界建立联系，召唤有用的灵魂，净化人和空间，确保丰收，并为结婚或割礼等成人仪式祈福。人们仍然认为表演的环境是吉祥的（3）。戏剧中讲述的故事包括史诗《摩诃婆罗多》和《罗摩衍那》。曾经很常见的达玛乌兰故事和潘吉故事现在已经非常少见了。

爪哇传统戏剧统称哇扬，包括不戴面具的舞剧哇扬翁（Wong）、戴面具的舞剧哇扬托蓬（wayang topeng，9，10）、皮影戏哇扬库里特（wayang kulit，4，5）、平面木偶戏哇扬克里提克（wayang klitik，6，7）和立体木偶戏哇扬库鲁丘吉利革（wayang krucil gilig，8）。各种哇扬有一些相通的特征，如主要角色类型——高雅的、半高雅的、强势的、情绪失控的，以及小丑和恶魔。各种类型的角色在妆容、造型和表达上是相通的。

各种哇扬都会有佳美兰音乐伴奏，这种音乐也会出现在正式活动、成人仪式、礼仪游行和祭祀活动中。佳美兰乐团的主力是打击乐器，完整的阵容包含木琴、金属琴、用木槌敲击的锣、用手敲击的鼓、用琴弓演奏的弦乐器以及歌手。一场演出通常会使用 15~20 件乐器，在宫廷演奏中，乐器数量少的时候只用 4 件，多的时候可超过 100 件（1，2）。

1. 铜板琴（gendèr）
铜板琴是一种用两个击锤敲打的佳美兰乐器。爪哇北部沿海地区的佳美兰乐器设计繁复，色彩鲜艳，动物造型丰富，中爪哇的佳美兰乐器风格则较为内敛。在这件铜板琴上，神圣的迦楼罗在竹制的共鸣腔上展翅飞翔，而敌人——与水和冥界有关的那伽则自两侧滑下。

17 世纪晚期至 1816 年
印度尼西亚，爪哇岛
木、铜、金、漆、竹
高 74 厘米，宽 134 厘米
威廉·莱佛士·弗林特捐赠，斯坦福·莱佛士收集
馆藏编号 As1859,1228.207

2. 罐锣（kenong）
佳美兰音乐非常复杂，由环环相扣的乐曲格式与中心旋律交织而成。锣声的节拍之间是用罐锣标记的。一套佳美兰乐器是一起制作和调音的，不能与其他乐器套组混用。

17 世纪晚期至 1816 年
印度尼西亚，爪哇岛
木、纤维、金、铜
支架高 49.4 厘米
罐高 30 厘米
威廉·莱佛士·弗林特捐赠，斯坦福·莱佛士收集
馆藏编号
As1859,1228.196.a-b

3. 灯

皮影戏中，操偶师（dalang）操纵人偶挡住光源，在白色幕布上投出影子。过去使用油灯，这件油灯是金翅鸟迦楼罗的形状。现在，油灯已被电灯取代。表演通常持续整晚。

19 世纪末至 20 世纪初
印度尼西亚，爪哇岛
黄铜
高 59 厘米，宽 61 厘米
馆藏编号 As1955,03.1

4. 罗刹鸠槃羯叻拿的皮影人偶

鸠槃羯叻拿是十首魔王罗波那的弟弟，后者是《罗摩衍那》中的大反派，绑架了罗摩的妻子。恶魔、巨怪通常被描绘成大块头，眼睛圆睁，显示其粗野的本性。头部的角度也能显示其性情，向下倾斜表示谦逊，向前看则意味着天性大胆。

18 世纪末至 19 世纪初
印度尼西亚，西爪哇，井里汶
兽皮、角、金
高 101 厘米
威廉·莱佛士·弗林特捐赠，斯坦福·莱佛士收集
馆藏编号 As1859,1228.781

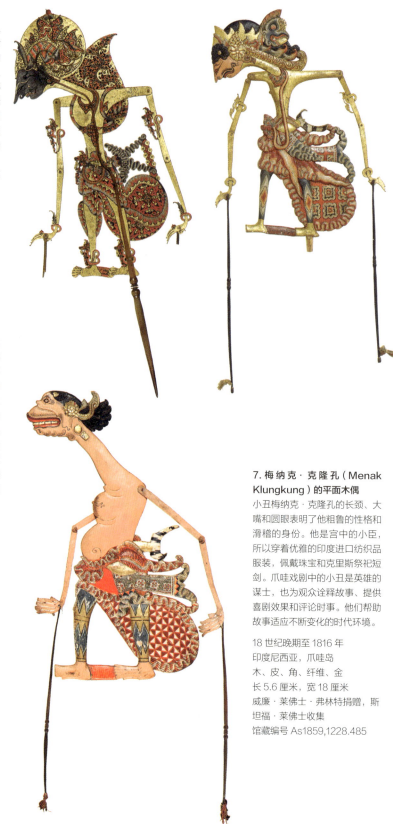

5. 阿周那的皮影人偶

阿周那是《摩诃婆罗多》中的人物，是高贵的般度五子中的老三，爪哇戏剧中会特别强调他的功绩。人偶师会制作处于不同人生阶段和不同情绪的多个阿周那人偶。这件作品黑色的脸部显示出活跃的特性，纤细的身体及四肢与精致的五官象征着杰出人物的优雅和控制情绪的能力。一些人偶，尤其是英雄、神和小丑，被视为神圣之物，用于占卜或制作圣水。

18 世纪晚期至 1816 年
印度尼西亚，中爪哇
兽皮、角、金
高 72 厘米
威廉·莱佛士·弗林特捐赠，斯坦福·莱佛士收集
馆藏编号 As1859,1228.501

6. 跋毗阇耶的平面木偶

哇扬克里提克的人偶，是由经过雕刻并上漆的木头制成。与皮影戏不同，这种木偶戏不需要幕布，通常在白天表演。这件作品表现的是达玛乌兰故事中的王室男性角色——满者伯夷王国的跋毗阇耶（Brawijaya）。他头戴精致的冠，佩着克里斯祭祀短剑，长裤和裙布上有奢华的印度进口纺织品的图案。低垂的脸庞显示了他的谦逊，粉红肤色和圆形的眼睛则显示出他的强势。

18 世纪晚期至 1816 年
印度尼西亚，爪哇岛
木、皮、金、纤维、角
长 43.7 厘米，宽 18 厘米
威廉·莱佛士·弗林特捐赠，斯坦福·莱佛士收集
馆藏编号 As1859,1228.471

7. 梅纳克·克隆孔（Menak Klungkung）的平面木偶

小丑梅纳克·克隆孔的长颈、大嘴和圆眼表明了他粗鲁的性格和滑稽的身份。他是宫中的小臣，所以穿着优雅的印度进口纺织品服装，佩戴珠宝和克里斯祭祀短剑。爪哇戏剧中的小丑是英雄的谋士，也为观众诠释故事、提供喜剧效果和评论时事。他们帮助故事适应不断变化的时代环境。

18 世纪晚期至 1816 年
印度尼西亚，爪哇岛
木、皮、角、纤维、金
长 5.6 厘米，宽 18 厘米
威廉·莱佛士·弗林特捐赠，斯坦福·莱佛士收集
馆藏编号 As1859,1228.485

8. 马缨丹女神的立体人偶

这件木偶是达玛乌兰故事中的女性角色马缨丹女神（Dewi Puyengan）。立体木偶戏哇扬库鲁丘吉利革在18世纪末到19世纪初就已绝迹，现仅余木偶存于博物馆中。这类木偶也用于表演潘吉故事。从底座延伸出来的支撑杆已被锯掉，可能是为了方便与斯坦福·莱佛士的其他藏品一起运往英国，或者是为了便于在欧洲展出。

18世纪
印度尼西亚，中爪哇，可能造于梭罗
木、金、纤维
高28厘米，宽7.5厘米
威廉·莱佛士·弗林特捐赠，斯坦福·莱佛士收集
馆藏编号
As1859,1228.436a-c

9. 白猴哈奴曼的面具

这个面具被斯坦福·莱佛士或他的助手注标为战士兰加·梅甘塔拉（Rangga Megantara），但它其实是白猴哈奴曼，是《罗摩衍那》中协助罗摩找回妻子的关键角色。戴面具的哇扬托蓬剧团会表演《罗摩衍那》和潘吉故事，如今他们主要为游客表演。面具用柔软的本地木材雕刻而成，涂有油漆，宫廷里的版本还用金箔装饰。表演者用牙齿咬住面具内的咬绳或木片，将面具固定在脸上。

1800~1816
印度尼西亚，中爪哇
木、金、纤维
高20.3厘米，宽15.9厘米
威廉·莱佛士·弗林特捐赠，斯坦福·莱佛士收集
馆藏编号 As1859,1228.349

10. 潘吉王子的面具

面具内的爪哇语标签上写着"潘吉（皮南吉）"，而英语标签则写着"重迦罗国王之子"。潘吉王子的面具要么是白色的，要么是淡绿色的，表明他是一个能够控制情绪的高雅人物。通常额头上会有一个印记，代表潘吉的灵眼。面具的三角形轮廓，说明它来自中爪哇。

1800~1816
印度尼西亚，中爪哇
木、金、纤维
高19.3厘米，宽16.3厘米
威廉·莱佛士·弗林特捐赠，斯坦福·莱佛士收集
馆藏编号 As1859,1228.282

5 | 3 泰国戏剧

泰国有许多传统戏剧，其中大多数都有管弦乐队伴奏，使用包括齐特琴（zither）和鲁特琴（lute）在内的弦乐器，两种核心木管乐器，以及钹、响板和鼓等大量打击乐器（1）。器乐合奏有三种不同类型，分别在不同的活动中演奏。

用于表演《罗摩衍那》（泰国版为《拉玛坚》）的孔剧是 16 世纪或 17 世纪的阿瑜陀耶王室*舞团发明的，有自己的音乐形式、歌曲和高度风格化的动作。孔剧的面具用漆纸糊制，并用颜料、金箔和玻璃片进行装饰（3）。现在，孔剧不光吸引外国游客，也有本地人观看，并会得到国家赞助。除此之外的表演形式还有马来半岛上的默诺拉（Manora）舞、中部的利凯（Likhe）即兴戏剧和南部的拉空（Lakhon）舞剧，其中拉空舞剧主要表演佛本生故事。

泰国有两种最重要的传统皮影戏，一种是与王室有关的南雅皮影戏，另一种是南部地区的南塔隆（nang talung）皮影戏。传统上，这两种皮影戏都是在夜间对着从背后点亮的屏幕表演。南雅皮影戏使用大型皮偶，每个皮偶由一名表演者操纵，在音乐和歌曲的伴奏下讲述《罗摩衍那》中的故事（2）。到了 20 世纪，尽管有瓦栖拉兀王（Vajiravudh，1910~1925 年在位）这样大力支持的国王，戏剧艺术获得的赞助依旧逐渐减少，培训也从剧团转移至官方开办的学校。泰国第一所官方戏剧学校成立于 1934 年。

1. 杯形木鼓（thon chatri）

杯形木鼓用于婚礼、吉祥的社交活动和舞剧中。1855 年，英国外交官和殖民地官员约翰·鲍林（John Bowring）在泰国与泰王拉玛四世谈判，泰王赠送了他一些礼物，这件木鼓可能就是其中之一。鼓上的镀金，说明它是王室工匠制作的。鲍林于 1857 年将它捐赠给大英博物馆。

19 世纪 50 年代早期
泰国
陶器、蛇皮、竹、玻璃，以及黄金等金属
直径 24 厘米，高 37.5 厘米
约翰·鲍林捐赠
馆藏编号 As1857,0101.11

* 数个泰国王朝赞助《拉玛坚》的创作，是为了凸显王室的神圣性，这些君主认为自己和罗摩有关。阿瑜陀耶就是罗摩统治的国家的名字。阿瑜陀耶王国的几个王朝中都有使用"拉玛铁菩提"王号的君主，当下执政的却克里王朝，每一代君王的正式王号中也都有"拉玛铁菩提"，意为"罗摩王"。

2. 南雅皮偶

食人魔图特（Thut）是雅鲁克（Jaruek）王国的统治者，也是著名的食人魔维伦查邦（Wirunchambang）的父亲。在泰国版《罗摩衍那》的表演中，图特头戴王冠，手持长矛，骑着神马。南雅皮偶雕刻精细，有彩绘，但较早的皮偶只用烟灰涂成黑色或用罗望子涂成棕色，这一件就是如此。

19 世纪末至 20 世纪初
泰国
兽皮、木
高 177.5 厘米，宽 142 厘米
馆藏编号 As1929,0815.3

3. 罗摩的面具

绿色的皮肤、优雅的五官和精致的王冠是这个面具的特征，它代表的是罗摩王子。孔剧表演者曾经都戴面具，但现在只有代表恶魔和动物的表演者才戴，代表天人和王室成员的表演者则戴宝冠。

1900~1920
泰国
纸浆、金、木、玻璃、丝绸、树脂、金属、漆
高 35 厘米、宽 24 厘米
馆藏编号 As1929,0108.1.a–b

5 | 4 泰国南部和马来西亚的皮影戏

由于历史和文化上的关联，马来西亚和泰国南部的皮影戏之间有着密切的联系。皮影人偶的视觉特征相似（1），戏剧通常以两个神之间的争斗仪式开始，以一位圣人化解争斗、恢复宇宙的平衡与和谐作为终结。泰国南部的皮影戏比马来西亚的还多一段湿婆骑在公牛南迪上的仪式性场景（3）。之后，通常就会开始表演《罗摩衍那》中的情节，不过现在也可以取材于小说、电影和电视节目，并加入新的英雄和恶棍，如官僚、商人和军界领袖（4），以及达斯·维达*这样的全球经典人物。在泰国南部，南塔隆皮影戏作为仪式的一部分和娱乐活动持续蓬勃发展，人们会在节日中表演，在集市上表演，在付钱的家庭和社区中表演，配合婚礼、庆祝丰收、治病辟邪。在马来西亚，自20世纪90年代以来，保守的伊斯兰政客一直禁止或限制皮影戏的表演，指责皮影戏鼓励崇拜真主以外的神灵。

与爪哇皮影戏一样，马来西亚和泰国的皮影人偶也是由一名操偶师在屏风上操纵，并由管弦乐队伴奏。演出通宵达旦，演员大多为男性，偶有女性，他们吟诵诗歌、为角色配音、讲述故事并指挥乐队。现代的创新包括用电灯取代油灯，用扩音器和电动乐器增进演奏效果等。雕刻精美、色彩鲜艳的皮影人偶由兽皮制成，有时制作者就是操偶师。最近，一些皮影人偶制作者尝试用塑料代替兽皮（5）。皮影人偶反映了政治、社会、宗教和审美方面的变化，出现了新的角色类型和新的着装形式，但仍有很大的延续性，因为贵族仍然穿着传统的宫廷服装，半神小丑仍然是黑色的（1，2）。

1. 罗摩王子皮影，托·阿旺·拉（Tok Awang Lah）制作

在泰国南部和马来西亚的皮影戏中，贵族角色十分相似。这个来自马来西亚的罗摩王子皮影与泰国贵族、神灵的皮影人偶在彩绘等方面有着相似的视觉元素——弧形的手指、柔和的脸部轮廓、高冠、背后持弓的姿势和垫在脚下的那伽。

20世纪早期至中期
马来西亚，吉兰丹州
兽皮、木、竹
高94.2厘米，宽31.3厘米
馆藏编号 As1970,02.109

---

* 系列电影《星球大战》中的重要反派角色。

2. 多戈尔先生（Pak Dogol），托·阿旺·拉制作

小丑是东南亚皮影戏的重要组成部分。与其他的小丑类似，多戈尔先生的身体也是扭曲的，而且他和其他泰国南部及马来西亚的小丑一样被涂成黑色，项圈上的圣线代表他的神性。这些小丑皮影被认为是神圣的，并与其他皮影分开存放。在表演之前，皮影艺人会向多戈尔先生念诵祷文。

20 世纪早期至中期
马来西亚，吉兰丹州
兽皮、木、竹和棉
高 58.2 厘米，宽 24 厘米
馆藏编号 As1970,02.129

3. 坐在公牛南迪背上的湿婆

在泰国南部，湿婆皮影是皮影戏开场时仪式性场景的重要组成部分。几个世纪以来，印度教仪式元素已成为泰国传统的一部分。在泰国，人们在新年的特里扬帕瓦伊（Triyampavai）仪式上荡起巨型秋千，敬奉仁慈的湿婆，这是一个开创和复兴的日子。皮影戏中湿婆的出现标志着表演的开始，他使表演变得神圣，并确保剧团的繁荣。

20 世纪 70 年代中期
泰国南部
兽皮、竹
高 77 厘米，宽 40 厘米
馆藏编号 As1977,19.72

4. 将军

在泰国南部，皮影可以以真人为原型。这件作品中的红眼镜很有个性，可能说明他是当地的知名人物。如今，红眼镜已成为一种常见元素，在许多军事皮影人偶上都能看到。

20 世纪 70 年代中期
泰国南部
兽皮、竹
高 77 厘米，宽 40 厘米
馆藏编号 As1977,19.32

5. 娘惹皮影，米丁（Midin）制作

20 世纪 60 年代，一些皮影制作者尝试用塑料布进行制作。这些皮影通常很小，细节通过涂色来

展现。这种创新并不成功，现在很少有人使用塑料皮影。这件皮影描绘了一位年轻女性的形象，她身着当地的蜡染纱笼和紧身衫子，具有峇峇娘惹的风格。

20 世纪 60 年代末
马来西亚，吉兰丹州
塑料、竹
高 43.2 厘米
馆藏编号 As1970,02.43

5 | 5 泰国宗教画

在泰国，人们会把佛教内容绘制在布料、木材和佛寺墙壁上。这些绘画描述了佛传故事和佛本生故事中的内容，包括佛陀身侧的两位重要弟子舍利弗和目犍连（1），本时代的五位佛陀和他们诞生的故事（3），向佛祖前世预言未来成佛之路的24位过去佛等。这些画作被陈列在寺庙内外，提醒人们注意佛祖与佛法，布画还能在节日和仪式上拿出寺院巡游。人们委托他人作画，来纪念佛陀、修功德和护法，希望自己和分享功德的人有更好的来世。

用作屏风的彩绘木板相对较小（2），布画较大，宽可超过1米，高可达4米。不使用时，纸画和布画被卷起来存放。由于材料的易朽，现存画作大多只能追溯到19世纪末至20世纪初，且保存状况通常很差。在这个时期之后，手绘的宗教画被版画取代。在极少数情况下，人们在一些意外保存完好的地方发现了一些可追溯到16世纪的画作，这表明绘制宗教画是泰国由来已久的宗教习俗。画作上很少有艺术家或施主的姓名（2）。

1. 佛祖与二弟子画像
这幅画以典型的泰国花卉图案为背景，佛祖站在精致的基座上，右手持无畏印，两侧是双手合十礼拜他的目犍连和舍利弗。人物上方有两位飞翔的持明（vidyadhara，一类拥有法力的隐居者），撒着鲜花、双手合十向佛陀致敬。在常见的条幅宗教画中，下方会有一个单独的场景，在这幅画里是供品。这些动物可能与施主的生肖有关。本应写铭文的位置是空白的。

19世纪中后期
泰国
织物、纸、颜料
高289厘米，宽89厘米
馆藏编号 1959,1010,0.9

2. 佛祖自忉利天返回尘世

这幅画画在木头上，但其上却题着"僧人克鲁姆（Krum）的布画是为佛祖教法（Buddha-sāsana）而作"。佛祖教导世间万物皆无常，因此人们会制作佛教物品，来确保佛法在衰落和消失之前尽可能长久地存在下去。据说佛祖曾前往帝释天掌管的忉利天，为往生至那里的母亲讲经。

19 世纪中后期
泰国中部
木、金箔、颜料
高 54.3 厘米，宽 38.5 厘米
多丽丝·杜克慈善基金会捐赠
馆藏编号 2004,0628.39

3. 当前劫中的五佛

上座部佛教认为，世界的每个时代（劫）都有五位佛陀。在当前劫中，四位佛已经涅槃，第五位的弥勒佛即将到来。这幅画作画的是五位佛陀坐在宝座上，身边都有一只动物陪伴。位于顶端的是佛祖。莲叶和花朵从下部的湖中涌出，讲述了泰国版本的五佛陀诞生故事：他们的母亲是一只白乌鸦，一场暴风雨将其装有五只鸟蛋的巢吹入水中，白乌鸦悲痛欲绝，从树上摔了下来。最终，鸟蛋被一一救起，小鸟则由与鸟蛋一起出现的动物抚养长大。

19 世纪晚期
泰国中部
织物、纸、颜料
长 303 厘米，宽 92 厘米
馆藏编号 1959,1010,0.8

5 | 6 佛教游神布

在泰国东北部和老挝低地区域，人们为了获得功德，会委托画师绘制长长的棉布卷轴，内容是佛陀前世故事之一的"善施太子本生故事"（Vessantara Jataka），讲述佛陀前世善施太子布施自己的财产甚至家人的美德（1）。这些游神布由当地手工作坊绘制，长度在 15 米到 75 米之间。在每年三月或四月丰收后举行的鬼脸节上，僧侣们会诵读整个故事，并由俗家弟子将游神布带出村庄完全展开，向佛祖致敬，然后在音乐和舞蹈的伴奏下，组成一支队伍，将展开的布带回村庄。在村子里，人们会举着布顺时针绕当地寺庙三圈，将其挂在寺庙议事堂里。游神是一项集体积累功德的活动，它再现了善施太子故事的结局：因布施王国珍宝造雨象而被放逐的太子，最终以深受爱戴的姿态被迎接回家。

1."善施太子"游神布及局部

完整的善施太子本生故事由 13 个章节、1000 句诗组成，游神布创作的通常是几个特定的场景，这些场景体现了善施太子抑制欲望和执着的能力，以及慷慨大方的完美品质。图中的内容主要讲述了善施将自己的孩子施舍给婆罗门如迦卡（Jujak）的故事，不过叙述并不是按照时间顺序进行的。从左侧开始，是如迦卡的死亡，他是怎么死的呢？在准备宴席时吃得过饱撑死了。接下来的图像是如迦卡睡在一棵树上，孩子们被绑在树下，由化成父母的神灵安慰。再往右，是如迦卡把孩子们卖回他们祖父的宫殿。太子的父亲在听说儿孙的遭遇之后，遣人迎太子回国，于是太子游行回宫，这是整个故事的结尾。这些场景的上方是一排插

满莲花的花瓶，象征佛陀的清净。在整块布的右端，是善施将孩子们施舍给如迦卡，并将这个消息告诉妻子曼坻（Maddi），曼坻听到消息后晕倒在地。最右，是善施找到了逃到莲花池里躲起来的孩子们并将他们再次施舍给如迦卡。在这些场景的上方，是曼坻在森林中采集食物返回时，被三位伪装成猛兽的天神拦阻，以免她干涉善施的施舍。与众不同的是，尽管这块布只描绘了部分故事，但四周都有边框，说明它是完整的。

20世纪中后期
泰国东北部或老挝
棉布、颜料
高89厘米，长约500厘米
馆藏编号 2003,1027,0.1

约公元前 5000~公元前 2000 年	语言学证据表明，"anyam"这个表示编织的词，很早就在东南亚广泛传播。
约公元前 3000 年	绳纹陶器出现，说明那时一定有绳子
约公元前 1000 年	早期的腰机出现在东南亚
1~800	东南亚开始进口印度贸易布，石像和浮雕上出现纺织品的图案
17 世纪	东南亚许多地区发展出"传统"服饰，到了 19 世纪末至 20 世纪初，这些服饰在殖民统治的影响下进行了改良
	荷兰东印度公司逐渐垄断纺织品贸易，印度纺织品进口减少
18 世纪	本地纺织中心出现，如爪哇岛、苏拉威西岛南部和菲律宾的帕奈岛（Panay）
19 世纪	欧洲大批量生产的廉价纺织品开始进口，逐渐取代了当地的纺织产业和家纺服装
19 世纪六七十年代	引入用于纺织品和编织品的化学染料
19 世纪末	引入合成纤维
20 世纪 80 年代	东南亚成为纺织品的主要出口区域
20 世纪末	塑料越来越广泛地代替天然材料，传统编织被取代，废弃塑料制作的编织物品逐步发展
2009	印度尼西亚蜡染被联合国教科文组织列为非物质文化遗产
2021	马来宋吉锦（Songket）被联合国教科文组织列为非物质文化遗产

6

纺与编

纺织和编织是东南亚重要的艺术形式，它们是互补的。这片区域的山海人文造就了形式和功能的多样性，宗教、贸易和文化的联结促进了相似结构和图案的出现。但纺织品和编织品的生产并非一成不变，随着新思想、新材料的出现和新时尚的产生，它们可以创新。同样，随着时间的推移，社区会发生变化，意义和时尚也会随之改变（3）。

编织通常是妇女的活计，织物既可以供家庭使用，也可以用在祭祀和典礼上，当然还可以用来交易创收。编织不像纺织那样常有仪式限制，男子也可以参与其中。大多数编织品都没有图案，但那些具有仪式功能的编织品通常会有精妙的色彩搭配、设计和多样的附属物。与东南亚的许多艺术形式一样，产品中体现的高技术性是最令人愉悦的。

1. 绊尾幔（sampot chawng kbun）局部

这种斜纹、纬面结构的绊织布会被系在腰间，并在两腿之间绕成圈，形成一种类似长裤的服装，所以称为"绊尾幔"，男女均可穿着。布料染成柬埔寨传统的黄、绿、红、蓝四色，布面上有菱形格子图案，中间是八瓣花，采用类似印度帕托拉布的布局。边框图案是坛城（yantra），这是一种具有保护效力的图案，源于印度，变化很多，在东南亚的各种文化和媒介中都能找到。由于泰国和柬埔寨之间存在政治和社会交往，这些设计与专门为泰国市场生产的印度纺织品十分相似。

20 世纪早期至中期
柬埔寨
丝绸
长 308.5 厘米，宽 95.5 厘米
道格拉斯·巴拉特（Douglas Barratt）捐赠
As1962,02.1

2. 衣服

这件棉布外衣属于生活在中国云南省南部和越南北部的瑶族，图案具有越南北部老街地区沙坝一带纺织品的典型特征。外衣的袖口和底部有花边，背后和衣领周围有刺绣，还点缀了玻璃珠、羊毛绒球和穗子。

20 世纪中叶
越南，沙坝
棉布、羊毛、玻璃
长 100 厘米，宽 120 厘米
馆藏编号 As1995,27.1

东南亚的纺织品与妇女息息相关，几乎完全由妇女制作。在某些文化中，织布机一旦投入使用，男子就不得触碰，妇女在染色和纺织过程的每个阶段都要遵守身体和精神方面的限制，以确保自身和社区的安全。纺织品提供收入，是财富的宝库，是个人和家庭声望的来源，并能用来建立联盟。妇女负责制作家庭服装、祭祀用品、宗教挂饰、戏剧服装和王室用品。具有重要精神和仪式意义的织物往往与神话传说有关，这些神话传说讲述了纺织技术或文化的起源。纺织品具有重要的社会意义，因为它们的设计、形式、复杂程度、穿着方式以及原材料的价值都有助于确定使用者的社会地位、出身、氏族关系、婚姻状况、年龄和性别。纺织品具有很强的力量，可以作为护身符佩戴，在经济交流中也曾发挥过重要作用——在古代，纺织品通常被用作货币。高等级的布料和进口纺织品常被当作传家宝。作为宗教物品，纺织品被用于分娩、结婚和死亡等成年人的仪式中，它能够在仪式和宴会上展示拥有者在社区中的地位。在一些社区，互换礼物时，妇女的家人会赠送纺织品，换回与男子有关的金属和木制物品。家庭、氏族的妇女之间也会礼仪性地交换纺织品。纺织品也是供奉祖先、神灵的祭品，确保死者

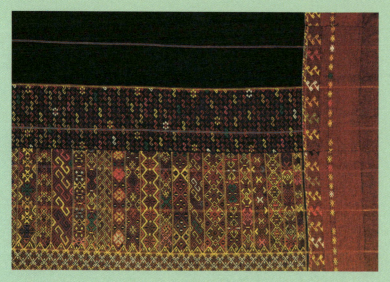

3. 笼基（longyi）局部

这种裙布产于缅甸的克钦邦或掸邦北部，那里有大量的克钦族聚居。裙布上有大量的花纹图案，采用斜纹编织，彩色纬线中通纬、断纬均有，底色为黑色和红色。下缘的竖条纹，如今与克钦族分出的勒期族（Lachik）联系颇为密切，但在过去这些条纹似乎在景颇族中更为普遍。裙子上部加装了黑色饰片，可能是原有的布料磨损了。

20 世纪初
缅甸
棉布
长 188 厘米，宽 71 厘米
安妮·史密斯捐赠
馆藏编号 As1992,01.5

在前往阴间的途中获得保护。纺织品的巨大意义还体现在其图样会被描绘在其他媒介上，包括 9 世纪印度教寺庙（如中爪哇的普兰巴南）的石刻，18~19 世纪泰国、缅甸佛寺的壁画等。

纺织的原料多种多样，从树皮、植物纤维（包括棉花）、丝（最初可能来自中国）到现代出现的合成纤维。这一章讨论的多数纺织品都是在原始腰机上织造的。织物的张力由织工腰上的背带控制。有机架的织机是后来发展起来的，通过机架横梁使织物保持合适的张力，主要用于纺织丝绸、带金属线的织锦（例如宋吉锦）和挂毯。最重要的染料颜色是木蓝的靛蓝色，此外还有各种来源（例如橄榄树和盾柱木）的红色、棕色。19 世纪末，化学染料传入东南亚，受到热烈欢迎，几乎取代了植物染料。

许多纺织品使用的技术非常复杂，需要掌握多种纺纱、染色技术以及纺织工艺，制作者的能力就是以这些为标准来评判的。在纺织过程中，经线系在织布机上，纬线用梭子织入。当一块布被称为"经面"结构时，意味着经线的密度较大，掩盖了纬线；而"纬面"结构则相反。最基本的纺织方式是平纹，经线和纬线在其中以一上一下这种最基本的排列方式相互交错。浮线纺织是指经线在两条或两条以上的纬线之间穿梭（反之亦可）。例如斜纹织法，纬线浮在两根或多根经线上，形成斜向织纹（3）。扭绞是指将两根或多根纬线相互缠绕，再与经线相交（反之亦可）。在东南亚，这些纺织方法既可以制出纺织品的主要图案，也可以作为其他织造或装饰技术的基础。该地区广泛使用"加经""加纬"法，即在织布过程中额外加入经线或纬线（3）。这些线既可以是连续的，贯穿布料的整个宽或长（"通经""通纬"）；也可以是不连续的，一根线在一块图案中来回穿梭（"回"）。当额外添加纬线且纬线不连续时，这种技术也称为"缂织"。织锦是在织造时添加辅线（通常是金银线），刺绣则是用针线在织物上绣制各种装饰图案。在底布上缝制附加布片称为贴花（2）。珠子、贝壳、种子、金银线、绒球、云母片、玻璃片也经常被融入设计中（2）。并非所有图案都是织出来的。制作蜡染时，要在织物表面涂上热蜡或米糊，防止染料渗透，染色后，再去除抗染剂。絣织使用的是另外一种抗染织法，即在织造前先将经线、纬线扎染，再纺织出图案（1）。

19世纪，主要产自欧洲且大规模生产的廉价印花纺织品开始倾销东南亚，逐渐取代了当地手工纺织品和家纺服装。到了20世纪，东南亚自身也已成为大规模纺织品生产中心和服装出口地区。

6 | 1 树皮、树皮布和植物纤维

在东南亚，植物纤维的缠绕、编织古已有之，早期陶器上发现的痕迹就证明了这一点。在东南亚新石器时代遗址中发现过敲打树皮的木槌，说明人们很早就发明了树皮布。树叶、植物纤维和树皮如今仍然是服装的一部分（3）。在加里曼丹岛，树皮布曾被用来制作与战争和猎头有关的外套（1，2）。在与死亡相关的仪式上，人们仍然穿着树皮布来防邪。树皮布纺织品也是菲律宾北部伊富高人丧葬仪式的一部分。树皮布和粗植物纤维制品曾在东南亚非常普遍，但如今只有少数偏僻地区的族群将其用于服装制作，因为在许多社区，它们已被机织布取代。

树皮布种类繁多，有用未经处理的粗糙树皮碎片拼接而成的布，也有浸泡树皮纤维并捶打制成的柔软绒布。制成的织物既可以上色，也可以用贝壳、种子、珠子和云母装饰（1）。在爪哇岛和巴厘岛，薄薄的树皮布还曾作为宫廷手稿和绘画的载体。在一些地方，人们会用粗糙的树皮布制作盔甲，用较细的树皮布制作日常或节庆服饰。在苏门答腊岛南部，树皮布至今仍被用作服装衬里。

1. 伊班衣服（baju buri）

这种衣服是猎头时穿着的，用捣碎树皮做的布制成，布料上缝制有宝贝。钩状纹与螺旋纹是远古时期就出现的东南亚审美的纹饰，宝贝拼成的鳄鱼仿佛在水上游动，荡起层层涟漪。伊班人将鳄鱼与水和冥界联系在一起，并相信它是协助人们猎头的精灵。

19 世纪末至 20 世纪初
加里曼丹岛，伊班人
树皮、宝贝
高 55 厘米，宽 65 厘米
As1923,1018.1

2. 伊班战甲

这件伊班战甲的是用细藤条和树皮纤维松散编织而成的，上面覆盖着穿山甲的鳞片，以抵御射出的武器。20 世纪，加里曼丹岛的许多族群之间仍存在战争。

19 世纪晚期
加里曼丹岛，伊班人
树皮、穿山甲鳞片、藤条
高 66.5 厘米，宽 42.5 厘米
馆藏编号 As1905,-437

3. 蓑衣

这种蓑衣是用干草紧密捻成的，上身短小，下身宽松。在东南亚的许多群体中，男女都会背上背篓，再套蓑衣防雨。

20 世纪初
缅甸，钦邦，可能是钦族
草
高 86.4 厘米，宽 56.7 厘米
馆藏编号 As1935,1008.1

6 | 2 伊富高纺织品

伊富高人是菲律宾吕宋岛中央山脉区域四种相关语言使用者的统称。和东南亚几乎所有地区的文化一样，伊富高人的纺织品是女性的艺术，在日常生活、经济交流、婚姻定居、丧葬习俗和其他仪式中扮演着重要角色。

妇女身穿用腰带固定的裹身布（2），有时也穿外套，男子则穿腰布和外套。他们有时会披毯子，每个人都带着编织袋和小包（1）。现在，很少有人每天都穿全套传统服饰，但许多配件仍在重要场合使用。随着织物在中央山脉区域广泛流通，织工们在遇到新的创意时会对设计、图案和颜色进行调整。如今许多纺织品也是为游客制作的。

在伊富高人中，经线绯织主要用于制作丧葬纺织品。有几种毯子可以用作裹尸布，如"gamong"（3）。只要家庭负担得起，就会用尽可能多的纺织品包裹尸体下葬，寡妇也会用这种布料遮盖自己。伊富高人曾有二次葬的习俗，挖出的尸骨会用新的葬布包裹起来，放在家中，直到有足够的财力举行昂贵的再安葬仪式。在安葬仪式上，这些织物有时会被仪式性地破坏，以免被盗。

1. 伊富高袋子（pinu' hha）和它的局部

这种铜环封口的三角形小包，伊富高男子用来装护身符、雕刻木勺、槟榔和其他必需品。黄铜圆环把手可以将袋子固定在腰布上。布上的图案是织布时加经或加纬织成的。

19 世纪晚期至 1910 年
菲律宾，吕宋岛
棉布、黄铜
长 71 厘米，宽 25.5 厘米
馆藏编号 As1914,0414.99

2. 女性裹腰布（mayad）

女性有时会把深色的男士腰布改成自己的裹腰布。这件作品使用了靛蓝染色的深色布料，说明就发生了这种改动。为了适合女性穿着，裹腰布的流苏又被系上了红色和黄色的穗子。布料主体中央有一条红色条纹，两侧有两条红蓝相间的条纹，都是加经线显花；末端加入红色和黄色纬线显花。

19 世纪晚期至 1910 年
菲律宾，吕宋岛
棉布
长 196 厘米，宽 18.5 厘米
馆藏编号 As1914,0414.88

3. 毯子

这种毯子需要用腰机织出两种花纹共四块布，然后拼接在一起。这条毯子的中央部分是蓝白相间的条纹，末端有蓝色的加纬显花，两侧部分是蓝红相间的条纹，中间还夹着加经织出的蓝白条纹。毯子两端还增加了单独的窄织带。

20 世纪
菲律宾
棉布
长 235 厘米，宽 159 厘米
馆藏编号 As1995,11.2

6 | 3 帝汶织物

帝汶织物是由大约 18 个民族语言群体制造出来的。当地的历史、政治事件，人口迁移以及岛屿的地理位置，都影响了材料的获取和生产。几个世纪以来，因为在文化中十分重要，帝汶岛的织物种类繁多，难以归类。帝汶织物极具个性，同时保留了可识别家庭、地区身份和社会地位的设计、色彩、技术和图案。织物上通常只有两种主要颜色，但帝汶人使用腰机纺织经面结构时使用了多种技术，包括平纹纺织、经线绊织、经线浮线纺织、彩纬环抱经线纺织、缂织、扭绞等。

与东南亚岛屿区域的许多族群一样，帝汶的纺织也是创世神话的一部分。纺织品的生产与妇女有关，它也是婚姻协议中礼品交换的一部分。如今，纺织品主要有三种形式：高胸裹身的筒状女装布（4）、带流苏的长方形男装布（1，2）以及 20 世纪开始流行的肩上单幅长流苏布（3）。头巾、腰巾和盛放槟榔用具的袋子现在已经很少生产了。大多数手工纺织品现在只用于节日盛装。

1. 男装布（selimut）

这种布由两块在腰机上织出的布制成，布为靛蓝染色、经线绊织，男性可将其系在腰间。布的中间有八条红黄两色的经线条纹，两侧各有一条更宽的条纹带，这种设计在帝汶的许多地方都能找到。在一些地区，大面积白色绊织图案是槟榔袋的特征，中部有靛蓝色的则多是男性衣物。

20 世纪初
东帝汶
棉布
长 233 厘米（不包括边缘），宽 125.5 厘米
馆藏编号 As1927,0215.1

2. 男装布

织法复杂，加纬显花，经线为浮线，中间的白色条纹图案表明，这种布料是为地位较高的男士制作的。如今，男子在正式场合会穿两条这样的布，一条围在腰间，另一条披在肩上。早期是否如此尚不清楚。

20 世纪早期至中期
帝汶岛，可能是阿托因梅托人（Atoin Meto）
棉布
长 190 厘米，宽 115 厘米
馆藏编号 As1981,11.3

3. 肩布

20 世纪 40 年代末，印尼从荷兰独立后，肩布成为其"国民服饰"的一部分。这块织物的制作工艺包括经线绊织、绞纬和加纬。

20 世纪中叶
帝汶岛
棉布
长 256 厘米，宽 71 厘米
馆藏编号 As1982,12.4

4. 裙布

这块女式裙布由四块布料制成。中间的棕色底上有深色条纹，外侧有两组靛蓝底花纹，花纹中含红、黄和粉条纹，以及奶油色经线絣织图案。上部和下部为纯靛蓝色。

20 世纪早期至中期

帝汶岛，阿约图帕斯（Ayotupas）

棉布

长 122 厘米，宽 52 厘米

馆藏编号 As1992,05.87

6 | 4 巴塔克织物

在苏门答腊岛的6个巴塔克族群中，妇女曾经都会纺织，并会在重要仪式上交换纺织品以巩固家庭关系。如今，织物仍然被用作礼物，但因经济上越来越不划算，生产越来越少。为了制作精美的纺织品，妇女们使用腰机，用天然植物染料给长长的棉线染色。织完布后将经线两端的部分裁开，将其缠绕、编织、打结或钩织成流苏。遵循既定规则的对称性是巴塔克纺织品的一个重要特征，它可以由三组图案组成，最常见的是两个侧边和一个中心。有时，中心部分也由三个部分组成（2）。镶边是一种标准元素，其精致程度各不相同。巴塔克人最珍视的纺织品是两端加入彩色纬线，精心织出图案的布料（1，2）。

巴塔克社会中有许多不同类型的乌洛斯布（ulos ragidup），用途各不相同。乌洛斯布是多岜巴塔克人最重要的布料，只有年长、地位高的人才穿（2）。它的名字意为"生活模式"，指的是婚姻交换。地位较高的妇女在怀孕第七个月时，有时会收到乌洛斯布作为一种保护，但在她成为祖母之前是不能穿戴的。中心片的主要图案包括奇数的条纹和加纬织造的图案，通常采用巴塔克纺织品的三种主要颜色——红色、靛蓝色和白色。

1. 珠饰乌洛斯（ulos na marsimata）

珠饰乌洛斯是乌洛斯布中独特的一种。这块珠饰乌洛斯由两块大小相等的深靛蓝色布纵向缝合而成。两端有相同的菱形、之字形、十字形、三角形和楔形带，边缘有条纹，使用了缂织、加经显花（回经）、斜纹纺织、加纬显花（有通纬和回纬）技术。流苏上串着玻璃珠或覆盖着金属条。两端还添加了红色法兰绒小片。

1800~1824
印度尼西亚，苏门答腊岛，南打巴奴里（South Tapanuli）的西皮洛克（Sipirok）巴塔克人或安克拉（Angkola）巴塔克人
棉布（可能）、玻璃、羊毛、金属、纤维
长196厘米，宽95厘米
J.H. 德雷克捐赠，斯坦福·莱佛士收集
As1939,04.121

2. 乌洛斯布及其细节

由三个独立的布块纵向缝合而成，中间部分有窄窄的靛蓝色和白色条纹，两端加纬织成复杂的图案且有流苏。两端的图案各不相同，一端被认为属于女性，另一端则属于男性。中间布片两侧的条纹是加经织成的。

19世纪早期至中期
印度尼西亚，苏门答腊岛，多岜巴塔克人
棉布
长185厘米，宽137厘米
阿姆斯特丹动物学会捐赠
馆藏编号 As.7563

6 | 5 楠榜（Lampung）织物

楠榜省位于苏门答腊岛南端的巽他海峡沿岸。这里自古就是贸易要道，以生产筒裙（tapis）、外套、船纹布（tampan 和 palepai）而闻名，这些织物都是楠榜族[考尔族（Kauer）是其分支]在节日、出生、割礼和死亡等仪式中使用的仪祭用品。年轻妇女在准备婚礼时会制作这些物品，也会将它们作为贵重的礼物。

筒裙和外套的制作非常耗时，有时需要长达一年的时间，材料也很昂贵。这类服饰可以用来向社区展示一个家庭的财富和社会地位（1，2）。它们的花纹通常由黄色、深红色、绿色、棕色、靛蓝色和奶油色的条纹组成。最重要的图案会用金银线、珠子、刺绣、镜子、云母、毛毡和羊毛片制成，钉在织物的表面，有时还针脚很精致。

这些图案的颜色和排列展现了制作者属于楠榜社会的哪一个群体，每个群体都有特定的服饰习惯，当然有些图案也体现了他们之间的广泛交流。织带上有时会出现船的图案，这表明在群岛的许多地区，船从古至今一直扮演着实用和象征的双重角色（1）。在楠榜，除了与婚姻有关的象征意义外，船还为穿着筒裙和外套举行的仪式性游行提供了概念性结构。

1. 外套

只有考尔族妇女才会用这样的外套搭配她们的筒裙。这件外套使用了多种技术制作，有贝壳贴花、印花、钉云母片、织条纹、直针绣、平针绣和加纬显花。内衬为平纹棉布。

19 世纪 70 年代~1883
印度尼西亚，苏门答腊岛，
楠榜，考尔族
棉布、泥螺壳、云母
长 30.5 厘米，宽 128 厘米
A.W. 弗兰克斯捐赠，亨利·福布斯收集
馆藏编号 As,+.1917

2. 筒裙

这条礼裙由 5 块布料手工缝制而成，布料上有刺绣、云母片、银色金属线和加入金属经线织出的竖条。图案的下部是为庆祝节日而搭建的小屋和其中的人物，人物之间挂着旗帜。在上部，一个人像被安置在船上，下面有两个俯卧的人像，可能是水手或被奴役的人。周围的花饰模仿大海。从色彩上看，这件筒裙由楠榜省西南海岸塞芒卡湾（Semangka）地区的考尔族妇女制作。

1800~1880
印度尼西亚，苏门答腊岛，塞芒卡湾，考尔族
棉布、金属、丝绸、云母
长 118 厘米，宽 64 厘米
A.W. 弗兰克斯捐赠，亨利·福布斯收集
馆藏编号 As,+.1914

6 | 6 宋吉锦

宋吉锦是一种织锦，产于东南亚岛屿区域的许多地方，包括苏门答腊岛（1）、巴厘岛、龙目岛、加里曼丹岛和松巴哇岛以及马来西亚各州，特别是马来半岛东岸的吉兰丹州和登嘉楼州以及加里曼丹岛的文莱。它是在腰机或有机架的地机上纺织的，以丝线或棉线为地，加纬织入额外的金银线或用金属包裹的线，使图案凸起于布的表面（3）。最近，涤纶织物和彩色金属线也开始流行。几何图形和花卉图案是主要的设计元素，偶尔也会在绊织物上或图案四周边框中使用宋吉锦的织法（2）。宋吉锦可以覆盖整块布料，也可以在穿着时可见的区域出现，还可以只在边框和布料两端出现。

宋吉锦及它的图案与阿达风俗有关，是为阿达仪式制作的。随着限奢法令的终结和王室赞助的减少，宋吉锦的主要生产中心迁出了宫廷。如今，妇女在家中或手工艺中心纺织的宋吉锦已经成为她们重要的收入来源。当然，这种织物也会被大型纺织品制造商大量机械化生产。自 20 世纪中叶以来，宋吉锦在东南亚岛屿区域广泛传播，它代表着"传统"，能够在婚礼、割礼、节日和国家活动等仪式场合展示财富、地位和民族身份。

1. 男性围腰布（cawek）或肩布（slendang）的局部

这块红色丝绸织物上有银色的宋吉锦元素——由宽窄不一的条带和多种图案组成，有些织银甚至完全覆盖了地。红地是苏门答腊纺织品的典型颜色，年轻人的颜色较亮，老年人的颜色较暗。腰带上有带绒球的长流苏，这是男子礼仪围腰布的典型特征。通常腰带两端的图案会被很长的素色部分隔开，但这一条并非如此。原来的主人可能将它的两端缝合在一起，改作肩布使用。

19 世纪六七十年代
印度尼西亚，苏门答腊岛，巴东高地
丝绸、藤条、银
长 176 厘米，宽 22.5 厘米
馆藏编号 As,Bk.30

2. 婴儿背带布（slendang）

这件丝织品将绊织与宋吉锦织造工艺结合在一起，是为马来半岛东岸的登嘉楼州、吉兰丹州或苏门答腊岛上的宫廷制作的。花卉纹和几何图形组成的方块图案和镶边几乎完全覆盖了丝织物，只在中间可见绊织图案。这种标准布局可能是由印度进口布上的图样发展而来。

19 世纪末至 20 世纪初
马来西亚，吉兰丹州或登嘉楼州
丝绸、金
长 220 厘米，宽 85.5 厘米
馆藏编号 As1955,06.2

3. 裙布（局部）

这块裙布上有类似印度进口布的图案和排列方式，可见三角形纹饰、八瓣花卉图案、具备特色风格的鸟类和树叶、几何元素窄条、较大的花卉与几何图形（如星星），这样的纹饰在东南亚岛屿区域的许多地方都很常见。许多宋吉锦都有相同的图案，这表明东南亚社会上层存在广泛的政治和家族联盟，或是一些中心区域出产的纺织品和图样更容易流通。

20 世纪早期至中期
印度尼西亚，可能是苏门答腊岛
丝绸、金
长 184 厘米，宽 87 厘米
馆藏编号 As1992,05.15

钦族是个由 70 多个不同族群组成的民族，居住在缅甸的钦邦和若开邦，以及印度和孟加拉国。由于分布广泛，他们的织物千差万别。

在钦族中，男子的主要服装曾是毯子，还会搭配腰布和头巾，妇女则穿裙装。男女都背包。花纹会说明穿着者是男性还是女性，以及他或她在社会中的地位。花纹还能体现织物的使用场合，有些织物专门用于节日和仪式，例如婚礼和祭祀宴席（1）。织物的生产也可能与等级有关，特定的图案仅可由高级纺织工制作，供特定的氏族使用。钦族织物的制作十分复杂，它们会成为珍贵的传家宝。

最早的织物由当地的棉和麻制成，并用植物染料染色，后来还加入了中国丝、印度商品棉、合成材料和染料。钦族织物多为经面结构，这意味着固定在织机上的经线多于织进来的纬线（后者会被经线盖住）。除经线竖条纹外，用加纬和斜纹织法织出几何图形也是钦族织物的主要特征（2，3）。正如老记录和游记描述所示，在 19 世纪，钦族织物的图案逐渐扩大，覆盖了越来越大的面积（4）。所有钦族织物都是用腰机织成的。

1. 庆典布毯（cong-nak puan）

在庆典宴会和其他仪式上，男女都会穿上这类庆典布毯。这条毯子由两部腰机织成，上面有经线条纹、菱形斜纹和加纬并以回纬织织成的图案。这样的设计可能需要一年的时间才能完成。

20 世纪初
缅甸，钦邦北部，马拉族或莱族（Lai）
棉布、丝
长 209 厘米，宽 140 厘米
D. 海尼夫捐赠
馆藏编号 As1948,07.99

2. 男性庆典斗篷（tawnok）局部

这条男性庆典斗篷有着钦族织物典型的经纬条纹，上面有许多绿色、黑色和红色的经线条纹，还有两条黄色菱形斜纹编织的水平带，将织物大致三等分。红、白、黑三色"瓦伊普安"（vai puan）图案是技术难度最高的，要在织物中加纬并回纬织造。此技法不止毯上可以看到。在庆典宴会上，这种斗篷还可用作帷幔。

20 世纪初
缅甸，钦邦，迪登（Tiddim）地区，四印（Siyin）族
棉布、丝
长 193 厘米，宽 131 厘米
D. 海尼夫捐赠
馆藏编号 As1948,07.107

3."瓦伊普安"庆典布毯局部

只有地位较高的妇女才能纺织带有"瓦伊普安"图案的布毯。这类布毯通过六条装饰带中心的以加纬并回纬方式织造的红、黑、白图案来识别和评判,技术难度很高。

20 世纪初
缅甸,钦邦北部,哈卡(Haka)地区,马拉族或莱族
缅甸
棉布、丝
长 190 厘米,宽 148 厘米
D. 海尼夫捐赠
馆藏编号 As1948,07.102

4. 庆典布毯局部

"参罗普安"(can-lo puan)庆典布毯是高等级男性的穿着,上面的菱形花纹是以加纬并回纬的方式织造的,马拉族认为这些花纹代表动物和鸟类的眼睛。这些布由两部腰机织成,有 6 条白色条纹,非常显眼。传统上,这些布是由扎豪(Zahau)、佐通(Zotung)和马拉族中地位较高的男子之妻织成。

20 世纪初
缅甸,钦邦北部,哈卡地区,马拉族
棉布、丝
长 209 厘米,宽 131 厘米
馆藏编号 As1928,0605.81

6 | 8 克伦织物

克伦族是生活在泰国和缅甸的多个近缘群体的总称，其中一些群体现在信奉基督教。他们曾用当地种植的棉花和天然染料在腰机上生产制作衣服、毯子和包所用的布料。男女都身着有装饰的深色筒裙、长衫和头巾，儿童则穿相对朴素的浅色长衫，长衫用两幅布纵向缝合而成，头部和手臂留有开口。

克伦织物大多是经面平纹布，在最精致的那些上还有经线绀织图案（1）。此外，还用不同颜色的彩纬，以通纬或断纬的方法，织造出重复的几何图形和人物小图案。大量缝缀薏仁是克伦族的分支普沃族（Pwo）和斯高族（Sgaw）的常见装饰（2），此外普沃族和帕库族（Paku）会使用刺绣。

现在，许多不那么保守的克伦族人只在特殊场合才穿传统服装，但自家织造的衣物无论如何都会被当作传家宝。最近，通过穿着自织的克伦族服装来强调自己的民族身份成为一种新趋势。

1. 衣布（ni）

这块衣布由两块棉布相连组成，上面装饰有经线条纹、经线绀织图案和复杂的辅助纬线图案。中央花纹是"蟒蛇皮"图案，这是斯高族妇女衣布上使用的一种重复的几何图形，是用经线绀织技术织出的。这种图案的起源和一个克伦族传说有关。

约 1860
缅甸，斯高族
棉布
长 114 厘米，宽 71 厘米
A.W. 弗兰克斯捐赠，莫登·卡修（Morden Carthew）收集
馆藏编号 As. 6881

2. 上衣（hse）

这件上衣产自下缅甸的丹那沙林
（Tenasserim），用两块靛蓝染
色的棉布缝制而成。1844 年，
因缀满种子，它被赠送给大英博
物馆生物部。这是一件精美的普
沃族妇女裙装，上面饰有用薏仁
排列出的花卉和几何图形，红、
黄、白三色刺绣以及红色布条花
边。泰国的一些克伦族妇女至今
仍在制作这种上衣。

1800~1840
缅甸，丹那沙林，普沃族

棉布、薏仁
长 77 厘米，宽 69 厘米
馆藏编号 As1979,Q.101

6 | 9 掸邦和兰纳

缅甸的掸族和泰国北部兰纳的傣族是近缘民族。他们是占据了缅甸东部、泰国北部、越南部分地区和老挝的掸傣族群的一部分，共享织物设计和纺织技术。妇女曾使用有机架织机为男子制作宽松的棉布裤子、头巾和宽松衬衫，为自己制作条纹裙布，有时还制作中式裙装（1，2）。男子和妇女都会用挎包（3）。

这一地区是中国与中南半岛之间重要的贸易枢纽，许多不同民族的布匹和材料，如彩纱线、亮片、珠子、天鹅绒和丝绸等，都在这里的定期市场上交易。织物有时会成为一种政治互动形式。来自清迈的达拉拉察米公主（Dararatsami，1873~1933）在成为泰国国王朱拉隆功（Chulalongkorn，1868~1910）的第五个妃子后，虽居住在曼谷，但一直穿着北方服饰。在19世纪傣族王子的照片中，他们的妻子身着传统服饰，以显示政治联盟中的关系。

1. 裙子（phasin）

这条裙子是为一位富有的女士制作的，由四块棉布制成。底面为平纹，用黄色丝质彩纬织成菱形和之字形图案，是典型的傣族纺织品。下部有一条精心制作的菱形图案带，上面的花卉几何图形是用黄、绿、蓝、白四色的丝质纬线使用回纬方法织造的。末端布片的下边缘则是泰国中部和北部地区典型的流苏状图案，这种图案出现在多种艺术形式中。

19世纪末
泰国北部
棉布、丝
长93.5厘米，宽69厘米
H. B. 加勒特
（H.B.Garrett）捐赠
馆藏编号 As1910,-.54

2. 裙子局部

这是一块高等级的裙装布料，在菱形斜纹黑底上用包金线和丝线加纬，织出菱形和八角星图案。部分嵌花棋盘格图案由包金皮革片制成。

19世纪五六十年代
缅甸，掸邦
棉布、丝、金、皮革
长93厘米，宽77厘米
爱德华·斯莱登（Edward Sladen）捐赠
馆藏编号 As. 7158

3. 挎包及其局部

这种制作精美的挎包是缅甸许多民族常用的配饰。它的上面有绿、橙、粉、黑和白五色纬线织成的几何图形带，既有通纬也有断纬。绣有红色纱线，还有用薏仁排列的条纹和星形图案。

19 世纪末或 20 世纪初
缅甸，掸邦，都彭
（Tawngpeng）
棉布、丝、薏仁
高 86 厘米，宽 20 厘米
馆藏编号 As1904,0626.6

6 | 10 阿卡（Akha）服饰

阿卡族生活在中国南部、缅甸东北部和泰国北部的高原地区，他们自己种植棉花和木蓝等纺织用作物。男子的衣着相对朴素，日常戴头巾，穿深色短外套和长裤，节日期间则穿有贴花、刺绣和银饰的同类服饰。妇女穿身后打褶的素色短裙、紧身裤、装饰华丽的外套（长至臀部中间）、露背上衣和腰带，佩戴精致的头饰（1）。男子和妇女都背包。服装可以识别一个人的年龄、经济地位和婚姻状况，未婚者往往穿着色彩鲜艳、图案繁复的纺织品。幼儿戴帽子，但不套腰带。快到适婚年龄的青少年会在衣服上添加一些装饰，如薏仁。

阿卡织物的刺绣和贴花图案独具特色。如今，一些贴花是用在山村集市上购买的商品化布料制成。刺绣有直针绣、十字绣绣出的线条，也有平绣绣出的色块。各种颜色的三角、菱形和窄条布头，拼贴成密集的图案（2）。

1. 头冠
无论结婚与否，经济地位是高是低，人们都会用珠子、羽毛、毛皮、银币等任何吸引眼球的东西来装饰帽子。这顶头冠由竹条骨架和树叶组成，装饰有红白两色的种子、坚果壳和甲虫翅膀，是未婚妇女戴的。阿卡妇女曾经常戴这种头冠，但自 20 世纪 90 年代以来，这种头冠只见于特殊场合。

19 世纪晚期
泰国北部，勤倮（U Lo）阿卡族
树叶、竹、种子、坚果壳、甲虫翅膀
高 29 厘米，宽 23 厘米
馆藏编号 As1903,−.23

2. 女士短外衣

这件短外衣袖子和背部有窄条、
菱形和三角贴花，也有多彩的刺
绣如钉线绣、十字绣、直针绣和
锁绣。薏仁、流苏和金属珠子为
它增添了活泼的意味。底布由四
块靛蓝棉布组成。这件短外衣专
为节日庆典设计。

20 世纪早期至中期
泰国北部，倮咪（Loimi）阿卡族
棉布、金属、种子
长 69 厘米，宽 136 厘米
馆藏编号 As1981,21.75

6 | 11 赫蒙（Hmong）织物

19世纪，大批赫蒙族从中国移居到越南、老挝和泰国的高原地区。受20世纪六七十年代的越南战争影响，如今许多赫蒙族定居在美国。

赫蒙族在东南亚山区以游居方式生活时，首饰、服饰和其他便于携带的物品成为各个族群重要的社会和文化标志，一个家庭的等级和财富可以通过服饰的材质和复杂程度来体现（3）。女孩在很小的时候就跟母亲学习如何纺纱、染纱、织布、刺绣和制作贴花图案。随着年岁的增长，她们能够制作出一整套服装作为嫁妆，纺织能力让她们成为理想的结婚对象。

妇女的纺织得安排在农闲和家务间隙。麻布和棉布用靛蓝、其他天然染料或合成染料染色，并用十字绣、贴花、蜡染图案、珠子和硬币精心装饰（1）。19世纪末至20世纪初，深色占主导地位。近年来，鲜艳的颜色开始流行，来自中国的刺绣和印花花边取代了难度更高的贴花技术。因为材料和技术都较为简单，牛仔裤和T恤衫越发流行。但传统风格的纺织品仍然具有重要的社会意义。在节日期间，人们会穿上带有大量装饰的特殊服饰（包括挎包，2），婴儿的衣服上也会有作为护身符的图案。

1. 短裙

这是一位妇女为女儿制作的嫁妆，它展现了一系列传统工艺，包括靛蓝染色、蜡染、十字绣和打褶。刺绣带上有橙色、红色和白色，白色的蜡染图案由几何图形、同心圆线条和类似十字绣的图案组成，密密麻麻地分布在中央。短裙与绑腿、外套、腰带和围裙搭配着。

20世纪初至20年代中期
泰国北部，赫蒙族
棉布
长55厘米，宽42厘米
J.卡特捐赠
馆藏编号 As1984,16.1

2. 钱包

赫蒙族使用方形小包来装钱。这个包的设计很典型，在方形刺绣和贴花布片周围有绒球，还装饰着玻璃珠和流苏。刺绣使用了锁绣、平绣和直针绣。

20 世纪中叶
泰国
棉布、羊毛、玻璃
长 21 厘米，宽 17 厘米
馆藏编号 As1983,09.35

3. 短外衣

随着赫蒙族在中南半岛高原地区的迁徙，不同的族群发展出了不同的设计。这件来自越南北部的短外衣上有很细的彩色织物镶边，中间穿插着较宽的刺绣带。与泰国赫蒙族服装上的图案相比，花卉和几何图形没有那么风格独特。

20 世纪
越南北部
棉布
长 42 厘米，宽 148 厘米
馆藏编号 As1995,28.4

1. 盒子

尽管这个盒子看起来很复杂，但它是十字编的平纹结构，使用红色、棕色和自然色藤条。盒盖和底外侧的纤维被裁成窄条，然后交织成被白色斜线环绕的八角星图案。这些图案与泰国北部、老挝、缅甸掸邦和中国西双版纳的掸傣族群织物上常见的图案类似。

19 世纪中叶
泰国
藤条
高 9 厘米，宽 26.5 厘米
馆藏编号 As2004,03.1.a-b

2. 蒸笼（paung-o）

这个蒸笼浸泡过漆，以增强材料的防腐能力。它由盘绕的藤条或竹条编捆扎成，用于蒸煮用树叶包裹的食物。蒸笼上部的弧度和口沿类似东南亚许多地区常用来烹饪和盛水的陶罐。

20 世纪中叶
缅甸
竹或藤条、漆
高 18 厘米，直径 22 厘米
拉尔夫·艾萨克斯和露丝·艾萨克斯捐赠
馆藏编号 1998,0723.44

编　织

编织是东南亚物质文化的重要组成部分，编织而成的各种器物至今广泛用于实用和仪式场合，有时也用作其他工艺（如漆器）的胚。主要的编织材料是植物纤维，尤其是竹子、草、各种棕榈（如苏铁、多种省藤和糖棕）以及长得很像棕榈的露兜树（2）。在编织过程中，人们要么将这些植物的纤维分离成股，要么使用整片叶子。在东南亚，纺织和女性相关，编织就没有那么多限制，男性和女性都可以参与，不过还是女性居多，编织能成为女性重要的第二财源。如果物品是供当地使用，那么编织材料通常来自邻近地区。原材料的区域贸易支持着更大规模的生产。在许多小规模社区，编织是性别角色范围内展示技能的一种方式，因此会成为婚姻的考量之一。加里曼丹岛乌特丹侬族（Uut Danum）的口头文学是如此描述的：

> 像犀鸟群一样聚集，
> 坐在拉杨（Lajan）叶编成的垫子上……
> 每一个都有不同的图案……
> （Couderc，2012：304）

从房屋的墙壁到垫子、帽子、鞋子、玩具、盖巾、渔网、陷阱，再到家用、商用和仪式性的容器，编织可以做出很多东西（5，6）。20 世纪下半叶，用铝箔包裹的篮子甚至被用来制作电视卫星天线。许多实用器物朴实无华、没有装饰，但一些仪式用器会使用彩色纤维（通常为红色、黑色）或使用特定编织方式，因而与众不同，这些技术可能与纺织有关（1）。有时，篮筐图案被命名，并有与之相关的故事。加里曼丹岛的姆鲁族（Murut）将一种四角孔图案称为纳古拉朗（nagulalang）。这个名字和猎头相关：

3. 提篮

东南亚人开发出了多向编织纤维的技术，就像这个由三股纤维编成的镂空提篮一样——一股纤维水平，另外两股斜向编织，一股左，一股右。细纤维和松散的编织表明，这个提篮不是用来装重物的。背带由树皮制成。

19 世纪
马来半岛
藤、树皮
高 54.5 厘米，宽 40 厘米
霹雳州苏丹捐赠
馆藏编号 As1902,0715.51

4. 篮子（selop）

这样的篮子可以挂在腰带上，播种时用来装稻种，也可以用来装槟榔。它的图案使用了斜角人字编技法，篮边是绞编，提绳也是绞编。制作这种篮子时男女会分工，通常由妇女编织篮身，男子编织篮边，并将两者连接在一起。

19 世纪晚期
加里曼丹岛，沙捞越州，峇南河区
藤条
高 23.8 厘米，宽 21.3 厘米
馆藏编号 As1904,0416.17

5 垫子（tikar burit）

在加里曼丹岛，垫子是重要的坐具和卧具，也可用于包裹物品。招待客人时，主人会拿出垫子，以示好客。大多数垫子都是素色的，有图案的垫子用于特殊场合。这块垫子以人字编编织黑色和自然色纤维制成，上面有一些加里曼丹岛流行的曲线图案，这些图案代表植物，与生育有关。垫子的边缘用红色织物镶边。红色、黑色和自然色或白色是东南亚象征美学的一部分，其历史可追溯到古代。

20 世纪初
加里曼丹岛北部
藤条、棉
长 71.2 厘米，宽 51 厘米
乔治·伍利（George Woolley）捐赠
馆藏编号 As1925,1118.23

6. 背包（bango）

伊富高人至今仍使用这种带毛的背包打猎，并在仪式活动中使用它来抵御灾害。这个背包有木质骨架，用劈开的藤条编人字编，松散的纤维束在热带雨林中可以保护包内物品。

19 世纪末至 20 世纪初
菲律宾，吕宋岛，伊富高人
藤条、植物纤维 *
高 40 厘米，宽 40.5 厘米
馆藏编号 As1914,0414.29

* 原文为 bejuco，意为假泽兰属植物。东南亚并没有这种植物，在大英博物馆官网关于本件藏品的介绍里，bejuco 后也打了问号，表示存疑。相关文献认为这可能是用当地几种树或藤的皮打出来的，所以此处译为"植物纤维"。

一个男人让他的妻子编织一种图案，但妻子做不出来。在被指责无能后，妻子向他提出挑战，要求他证明自己的确擅长完成男人的工作。于是，这个男人去猎头并且成功了，而妻子拿到头后，就轻而易举地编织出了图案。（Woolley，1929：302）。

编织的方法众多，包括盘绕编、变化多样的十字编、人字编、桩缕编和"疯狂编织"。盘绕编是有一股主纤维一直在盘绕（2，8），十字编则是各股纤维作用相当，交错编织（11）。最基本的十字编方法是"挑一压一"，在这种编织方法中，横向和纵向的纤维相互交错，有时还以斜角交错。东南亚各地都有这种工艺（1）。还有一种地域性技法是三股有孔六角编，即纤维斜向穿过水平和垂直纤维，形成六角形孔（3，4）。流行于加里曼丹岛和印度尼西亚西部的人字编是"挑二压二"或更多（4，5），人字编的两轴也可以不互相垂直。桩缕编通常用于制作功能性物品，硬质材料构成骨架，柔性纤维穿入编织，因此制出的物品在使用时能保持形状（7）。与此相似，绞编也有硬质结构，用于穿插的纬由多股纤维拧绞而成，编织密度比桩缕编更大。"疯狂编织"是一种非常复杂的技术，为东南亚所独有，用三对六股纤维交错成菱形编成（9）。在制作一件器物时，编织者通常会使用一种以上的技术，其形状和大小由功能决定（10）。

目前，现代材料和工业技术生产的现成产品，正在挑战传统的编织器物，但后者（有些现在是用塑料和其他回收材料编织而成）在东南亚仍发挥着重要作用。

7. 背篓
这个背篓的竖向骨架是坚硬的竹条，较细的竹条用桩缕编编织到骨架上。底座是木头制成的，每个角上都有竹条骨架，边缘用绳索固定，以确保器物保持圆形。与之配套的竹编带子被称为额带，使用时系在额头而非肩膀上。

20 世纪 90 年代初
菲律宾，吕宋岛，基昂岸
（Kiangan），伊富高人
竹、藤条
高 63 厘米，直径 43.5 厘米
馆藏编号 As1996,04.34.a-b

8. 有盖盒

这个矮矮的圆形有盖盒，是用藤条盘绕起来，再用柔韧的竹丝捆扎制成的，不同颜色的竹丝在编织后形成了装饰图案。

19 世纪中叶
印度尼西亚，塔劳（Talaud）群岛
藤条、竹
高 12.3 厘米，直径 22 厘米
A. 迈耶捐赠
馆藏编号 As,+.1272.a-b

9. 容器

马鲁古地区喜欢用进口布料包裹篮子。这件器物的篮身用雕版印花布包裹，篮盖则分别用红色和黑色布料包裹。篮子是用纤维盘绕制成的，但篮盖是用"疯狂编织"做成了雕塑效果，还加上了彩色棉线、玻璃珠和贝壳。篮盖下部周围还添加了使用同样技法制成的动物形象。

19 世纪中叶
印度尼西亚，马鲁古群岛，卡伊（Kei）群岛
植物纤维、棉
高 47.5 厘米，宽 24.5 厘米
馆藏编号 As1891,0815.37.a-b

10. 篮子

编织篮子要从篮底开始，有时会使用多种编织方法。在这个篮子上，底面的人字编斜纹渐变到侧面时，用一束纤维压住两束纤维，二者直角交叉，这是平纹编织的一种变体。

20 世纪 60 年代
印度尼西亚，塞兰岛
（Seram），鲁胡瓦（Ruhuwa）
竹、藤条
高 12.8 厘米、宽 66.1 厘米、
深 65.1 厘米
罗伊·艾伦（Roy Ellen）捐赠
馆藏编号 As1972,01.127

11. 装纱线的镂空篮

这个带提手的篮子由两部分组成，用来放棉线。篮体上相互缠绕的图样和两束纤维编出的大孔，是苏拉威西岛常见的样式。上、下部分的连接处，用盘绕的藤条加固。

20 世纪中叶
印度尼西亚，苏拉威西岛，巴鲁普（Barupu）
植物纤维
高 13.25 厘米、宽 20.25 厘米
馆藏编号 As1987,01.53.a-b

大事年表

1896~1898	反抗西班牙的菲律宾革命
1906	缅甸佛教青年会成立
1917~1945	设立柬埔寨艺术学院
1925	越南青年革命同志会成立
1925~1945	设立印度支那美术学院
1930	缅甸反抗英国统治的萨耶山（Saya San）起义爆发
1932	泰国成为君主立宪制国家
1941~1945	第二次世界大战太平洋战争
1942~1945	日本控制东南亚大部分地区
1946	菲律宾脱离美国独立
1948	缅甸脱离英国独立
1949	印度尼西亚脱离荷兰独立
1950	荷兰将加里曼丹岛殖民地交给印尼
	印尼艺术学院成立
1953	柬埔寨和老挝独立
20 世纪中叶在独立后	各国推出了各自的民族服饰，例如印度尼西亚的宋谷帽和肩带，泰国诗丽吉（Sirikit）王后的纱笼和外套
	基督教福音派扩大了在东南亚岛屿区域的影响力
1957	经过与政府的斗争，中加里曼丹成为印尼在加里曼丹岛的一个新省，由达雅族管理，为达雅族服务
	马来亚脱离英国独立
1959~1984	文莱自治，最终完全独立
20 世纪 60 年代	中东对东南亚伊斯兰教区域的影响日益增强
20 世纪六七十年代	为了逃避战争，许多赫蒙族逃离老挝，抵达泰国的难民营，还有不少赫蒙族在美国定居
1962	奈温将军发动军事政变，印度人被驱逐出缅甸，公司被国有化
1963	马来西亚成立，这个国家由马来亚、新加坡、沙捞越和沙巴组成
1965	苏哈托将军在印度尼西亚掌权，印尼出现针对华人的大屠杀
	新加坡从马来西亚独立
1969	胡志明逝世
1972	费迪南德·马科斯在菲律宾实施戒严令
1975	历经 20 多年的战乱，越南南北重新统一
1975~1979	"红色高棉"统治柬埔寨，杀害了四分之一至二分之一的人口
1980	印度尼西亚正式承认达雅族宗教
1980 以后	东南亚旅游业大发展
1985	柬埔寨由洪森担任政治领导人
20 世纪 90 年代	大型拍卖行开始销售东南亚现当代艺术作品
1997	亚洲金融危机
2002	东帝汶独立
2021	缅甸国防军接管政权，政治和经济发生变化

7

20~21 世纪

1. 带有甘地肖像和泰米尔铭文的盘子

在殖民时期，缅甸的印度社区——尤其是泰米尔社区——从事贸易和放贷活动，并不断扩大。这个盘子是用缅甸传统的黑漆点金箔工艺装饰的。甘地的形象是缅甸不同媒体艺术家为特定客户量身定制作品的一个例子。上面的泰米尔语铭文写道："自由是我们与生俱来的权利。不要给那些试图说不自由的话或做不自由的事的人留有余地。真理必将胜利。"

20世纪三四十年代
缅甸
竹、漆、金
直径18厘米
亨利·诺尔蒂（Henry Noltie）捐赠
馆藏编号 2001,0209.2

20世纪初，殖民者牢牢控制着东南亚的大部分地区，但抵抗运动（如1896年的菲律宾革命和1930年的缅甸萨耶山起义）风起云涌，民族主义组织（如1906年成立的缅甸佛教青年会和胡志明于1925年成立的越南青年革命同志会）纷纷成立。1941年至1945年，日本的入侵和第二次世界大战给东南亚造成了严重破坏。战后，东南亚从欧洲殖民者手中独立的时机出现。在某些情况下，独立是在没有军事行动的情况下实现的，但在另一些情况下，如在印度尼西亚和越南，独立斗争是旷日持久和血腥的。

20世纪40年代，缅甸、菲律宾和印度尼西亚独立。其中，印尼同荷兰经过4年浴血奋战才获得了独立。柬埔寨和老挝在20世纪40年代获得部分独立，并于1953年获得完全独立。老挝再次成为王国，但随后爆发内战，老挝人民党领导的巴特寮武装力量（Pathet Lao）在1975年取得革命胜利。越南的抗美救国战争1975年结束，越南宣布南北统一。柬埔寨"红色高棉"在取得控制权后引发了长达四年的浩劫。"红色高棉"垮台后，柬埔寨王国于1991年进入和平重造时期。马来半岛的马来亚联

2. 仪式水注

东南亚岛屿区域的许多族群，例如苏门答腊岛中部高地的米南卡保穆斯林，会用银和黄铜制作长颈水器，用在祭祀和礼仪中。这种水注由黄铜片焊接而成，装饰有苏门答腊岛特有的花卉和几何图形，与木雕中的图案相似。制作时使用了锤揲和压花技术，用锤子和凿子将图案从外侧压入或从内侧压出。

20 世纪
印度尼西亚，苏门答腊岛，米南卡保人
黄铜
高 31 厘米
2005,0507.1

合邦于 1957 年独立，1963 年新加坡、加里曼丹岛的沙巴和沙捞越同马来亚联合邦组成新的联邦国家马来西亚。但在 1965 年，新加坡退出马来西亚独立。最后两个获得独立的国家是 1984 年的文莱和 2002 年的东帝汶。葡萄牙于 1975 年离开了东帝汶，该地随即被印度尼西亚占领，冲突频发，直到 1999 年才结束。

在许多情况下，新政府吸收了西方僵化的民族分类观念，同时认为有必要建立统一的民族身份，因此往往忽视少数群体的声音。某些情况下，在殖民统治下扩大的印度人和华人社区遭到驱逐或攻击（1）。印度人（主要是泰米尔人）于 1962 年被驱逐出缅甸，华人则在 1965 年对印尼共产党的大清洗中遭到大屠杀。1965 年印尼的苏哈托将军、1962 年缅甸的奈温将军和 1972 年菲律宾的费迪南德·马科斯先后建立了军事独裁政权。20 世纪中叶以来，泰国军方也曾多次控制国家，最近一次是 2014 年由巴育将军担任总理。同样得到军方支持的洪森自 1985 年以来一直在柬埔寨担任政治领导人。2021 年 2 月，缅甸国防军接管缅甸国家政权。

　　无论是在民族主义运动中还是在战后的各种时期，艺术都被用来鼓舞士气、构建统一思想。除了众所周知的文化元素外，国家支持的艺术还重点展现了丰饶的场景、重要的历史人物与历史遗迹。欧洲人建立的艺术学校，如印度支那美术学院（1925~1945）、柬埔寨艺术学院（1917~1945）和1943年成立的泰国实巴功大学，培养了大批人才，在国家现代艺术运动的发展中发挥了重要作用。在这些学校里，艺术家们最初都会接受西方技术、材料和理念的培训，来表现风景和日常生活场景。独立之后，民族国家支持的学校相继成立，如1950年成立的印尼艺术学院。近年来，艺术家团体和组织，如新加坡的艺术家村、柬埔寨的艺术反叛者（Stiev Selapak）和菲律宾的98B合作社（98B Collaboratory），也在为艺术家提供支持，对艺术概念和假设进行批判性评估，并拓展跨学科的艺术创作。

　　20世纪末，随着冲突的减缓或停止，艺术在其他方面也变得重要起来。20世纪六七十年代，古董贸易规模扩大，文物被掠夺和走私，大量赝品被生产出来。盗取雕像和建筑构件对考古和历史遗址的破坏已成为一个重大问题，其中最广为人知的是柬埔寨的文物盗窃与走私。

国际旅游业以及后来的地区、地方旅游业促使家庭、小作坊和大工厂大量生产纪念品，例如古老艺术品和少数民族纺织品的复制品。本地的个人和团体也推动了对传统文化习俗的重新参与，尤其是在少数民族社区。近年来，从舞蹈到纺织、手工冶金、绘画等传统艺术形式的培训出现在大学和教育中心。东南亚艺术品在全球市场上的地位更加突出，客户中包括当地收藏家。1996 年，苏富比拍卖行在新加坡首次举办了一年两次的东南亚现代及当代艺术品拍卖会，佳士得拍卖行也于 2004 年开始举办此类拍卖会。

随着宗教信仰和习俗的变化，新的图像元素和艺术形式也被采用和本地化。20 世纪和 21 世纪，萨满、巫医和法师在许多群体中继续发挥作用。随着社会转向全球化的现代性，一些传统服饰和装备（例如手写的册子、手工制作的法杖和法衣）已不再使用，但仍有一些服饰在仪式中发挥着重要作用（2），有时会以新的形式或新的材料制作。与佛教、伊斯兰教和基督教有关的物品将地方性和全球性结合在一起。东南亚穆斯林与中东地区的联系使本地清真寺和服饰发生了变化。佛教徒会利用现代图像元素和技术来描绘古老的故事。基督教思想和符号被融入日常用品中（3）。技术也被用来支持古老的活动，并促进社会、政治和宗教创新。在当今的艺术创作中，过去和现在交织在一起，创造了现代东南亚。

7 | 1 战争和难民

20~21 世纪，东南亚战乱频仍。第二次世界大战期间，日本人在 1942~1945 年控制了东南亚的大部分地区，曾在缅甸、菲律宾、马来亚和印度尼西亚发行当地货币（3）。战后，缅甸和菲律宾相对平稳地过渡到独立阶段，苏加诺领导的印度尼西亚虽然在 1945 年 8 月宣布独立，但直到 1949 年仍不得不与荷兰人作战。20 世纪 60 年代，美国入侵越南（4），轰炸了柬埔寨和老挝，试图以此摧毁越南的部队和补给线，导致柬埔寨和老挝内部的政治纷争加剧。1975 年，越南以巨大的代价实现了国家统一。老挝和柬埔寨的动荡，导致了 20 世纪 70 年代后半段的人口迁移，许多人逃往泰国、马来西亚和印度尼西亚（1）。还有许多其他冲突，如缅甸的长期战乱，导致人们逃离家园，许多难民营因此建立，不少至今仍然存在。东帝汶在 1975 年之前一直是葡萄牙殖民地，不从属于荷兰人，它不是独立的印度尼西亚的一部分。1975 年至 1999 年，印度尼西亚入侵，东帝汶持续抗争，终于在 2002 年正式独立。各种战争遗留物至今在东南亚的许多区域十分常见，即使在 21 世纪，未爆炸的弹药也会造成人员伤亡。不过，有一部分遗留物作为原材料出现了新的用途（2）。

1. 刺绣战争叙事布

越南抗美救国战争期间，老挝也是战场之一。许多曾站在美国一边的赫蒙族，在 20 世纪 70 年代中期老挝人民民主共和国成立后离开了老挝。叙事布是 20 世纪 70 年代的发明，那时赫蒙妇女被鼓励制作纺织品来养家糊口。这些布讲述了战前、战时和战后的生活，并讲述了赫蒙的传说。这块布表现的是手持武器、正在战斗的士兵，以及带着财产和牲畜离开家园的人们。

20 世纪 70 年代末至 80 年代初
泰国，赫蒙族
聚酯纤维、棉
高 142 厘米，宽 172 厘米
馆藏编号 As1983,09.28

2. 项圈

在东南亚，首饰和衣服上的装饰品可以作为家庭财富的一种储存方式。它们还能显示身份地位，为未婚女性吸引追求者。项圈传统上都是银制的，但这一件是铝制的，材料来自一架战争期间被击落的飞机的机身。许多地区日益贫困，银常被银色金属所取代。

20 世纪 60 年代
泰国北部
铝
宽 20.5 厘米
安德鲁·特尔顿（Andrew Turton）捐赠
馆藏编号 2018,3034.39

3. 日占时期的五卢比钞票

第二次世界大战中，日本一度占领东南亚。日本人宣称要建立"大东亚共荣圈"，但他们并没有与当地领导人分享权力，而是成了另一个殖民者。日本发行的货币结合了当地的图案与日文，正面是卡罗巴塔克人的传统房屋，反面是一位头戴传统头巾的米南卡保妇女。纸币上的罗马字母和汉字表明，它的发行者为日本帝国政府。

1942~1945
印度尼西亚，日本帝国政府
纸
宽 15 厘米，高 7 厘米
馆藏编号 1980,1212.4

4. 昏果岛（Con Co），范达（Van Da）和阮秋（Nguyen Thu）绘制

在抗美救国战争中，越南北方的艺术家创作了大量描绘战斗和后方生活的画作。1962 年，美国开始使用凝固汽油弹、橙剂等武器来对付越南游击队。这些有毒化学物质杀死了当地的一切生物，留下了图中昏果岛树木这样的烧焦残骸，并保存了几十年。这些化学品还造成许多新生儿出现先天缺陷。

1965
越南
纸上炭笔画
高 27.5 厘米，宽 39 厘米
大英博物馆之友捐赠
馆藏编号 1999,0630,0.12

7 | 2 现代货币

在从殖民者手中争取独立和建立现代民族国家的过程中，东南亚货币的制作和设计被强烈地政治化了，通常起到了有效的宣传作用。在大多数情况下，东南亚各国政府都会请德拉鲁公司（De La Rue）、捷德公司（Giesecke & Devrient）这样的国际货币企业印制钞票，或借助他们的专业知识建立印刷厂，就像缅甸在 20 世纪 70 年代早期所做的那样。自独立以来，本土货币设计师取代了外国设计师。

许多纸币上都展示了民族英雄或独立运动中的重要人物，例如缅甸的昂山将军、菲律宾的黎刹、印度尼西亚的苏加诺和越南的胡志明（1，3，5）。第二次世界大战刚结束时，印度尼西亚有三种货币——日占时期纸币、荷属东印度群岛盾和印度尼西亚政府发行的印度尼西亚卢比。独立后的印度尼西亚首任总统苏加诺曾形容革命就像一座喷发的火山，起初是破坏性的，但最终是富有成效的，因此在荷兰－印度尼西亚战争（1945~1949）期间发行的钞票上印有火山的图案（4）。还有一些钞票设计会借鉴本国文化元素和古代文明的图像，如缅甸神话中类似狮子的猛兽钦特（Chinthe）和泰国、柬埔寨的历史古迹，以展示统一、稳定的国家拥有共同的历史或宗教（2）。这种共同性对政府来说越来越重要，因为许多国家在独立后经历的种种冲突会撕裂共识。在经历共产主义革命的政权中，图像是以社会主义现实主义风格呈现的（1，2，3）。"红色高棉"在 1975 年至 1979 年控制柬埔寨期间，曾短暂发行过硬币和纸币，后来完全废除了货币（2）。在统一后的越南，纸币上的农业工人、工人和工厂形象强调了政府的目标（1）。

1. 2000 越南盾纸币
这张纸币的正面是胡志明的肖像，他是越南独立的象征和引领者，自 20 世纪 40 年代初开始领导越南，直到 1969 年去世。背面描绘了纺织厂中工作的妇女，传达了工业化和劳动的正面形象，与其他不同面值的纸币组合在一起，可以显示出工作的多样性。

1988
越南国家银行
纸
宽 13.3 厘米，高 6.5 厘米
馆藏编号 2007,4125.17

2.5 柬埔寨瑞尔纸币

柬埔寨的"红色高棉"在废除货币之前发行了他们自己的货币，上面印有农业、军事图像以及吴哥窟等建筑杰作。他们从根本上重组了社会，强迫城市居民搬到农村严重管理不善的集体农庄去耕种，引发了饥荒。再加上其他原因，1975~1979 年，150 万至 300 万柬埔寨人（约占总人口四分之一至二分之一）丧生。

1975
柬埔寨国家银行
纸
宽 12 厘米，高 5.7 厘米
馆藏编号 2017,4036.4

3.45 缅元纸币

1987 年，缅甸联邦社会主义共和国政府取消了 25、35 和 75 缅元纸币的法定货币地位，转而发行了 45 和 90 缅元纸币（奈温将军的幸运数字是 9）。在缅甸，占星术和命理学对于确定何时开始旅行、修建寺院或建造房屋等非常重要。在这次货币变更中，大多数人的积蓄都化为乌有。这张纸币正面描绘的是反英独立运动的领导人德钦波拉吉（Thakin Po Hla Gyi），背面是油田和工人——德钦波拉吉就是一位石油工人。

1987
缅甸联邦银行
纸
宽 15.6 厘米，高 7.5 厘米
理查德·布勒顿（Richard Blurton）捐赠
馆藏编号 2006,0805.9

4.1 印度尼西亚卢比纸币

1945 年 8 月，苏加诺宣布印度尼西亚脱离荷兰独立，但直到 1949 年 12 月，历经艰苦的斗争，印度尼西亚才实现自治。在"多样性中求统一"的口号下，现代印度尼西亚在政治上融合了曾经属于荷属东印度群岛的众多文化。在许多民族的文化里，山脉扮演着重要的象征角色，是精神力量的源泉。1945 年发行的这张 1 印度尼西亚卢比纸币，正反两面都印有火山图案。

1945 年 10 月
印度尼西亚政府
纸
宽 13.9 厘米，高 6.5 厘米
馆藏编号 1980,0378.589

5.2 菲律宾比索纸币

这张 2 菲律宾比索纸币上印有黎刹（1861~1896）的头像，他是一位作家，曾呼吁政治改革，1896 年菲律宾革命开始后被西班牙人处死。1898 年短暂的美西战争后，美国取得了对菲律宾的殖民控制权。早期的菲律宾纸币仿照绿色的美元，1946 年独立后不久，菲律宾开始采用更加丰富多彩的本地设计。

1949
菲律宾中央银行
纸
宽 16 厘米，高 6.7 厘米
馆藏编号 1977,0802.10

7 | 3 伊斯兰化的趋势

文莱达鲁萨兰国和马来亚联合邦分别于 1984 年和 1957 年从英国独立，都将伊斯兰教定为国教。印度尼西亚是全世界穆斯林最多的国家，但它却选择了政教分离的国体。20 世纪 60 年代，经济繁荣带来更多前往沙特阿拉伯的麦加朝圣的机会，更多留学生前往中东学习，东南亚与全球伊斯兰社区的联系更加紧密。阿拉伯人因为同伊斯兰教发源地的联系而被视为宗教上正确的人，石油资源丰富的中东国家、富裕且有影响力的个人通过商业、教育和文化投资来推广伊斯兰观念。20 世纪 80 年代初，安瓦尔·易卜拉欣（Anwar Ibrahim，生于 1947 年）推动了马来西亚国家行政的伊斯兰化。文莱独立后，哈桑纳尔·博尔基亚（Hassanal Bolkiah）苏丹（1967 年在位至今）通过马来伊斯兰君主制的国家意识形态，将自己的立场定位于信仰的捍卫者。2014 年，文莱正式通过伊斯兰教法。

20 世纪末，持续的伊斯兰化对东南亚的文化表达产生了影响。妇女越来越倾向于穿着遮挡身体的衣服并戴头巾，只是这些衣服和头巾一般都是用蜡染布等本地的多彩布料制成，而不是黑色织物。衣服上常有使用宋吉锦织造技术织出的《古兰经》句子或信仰宣言（1）。本地艺术在 19~20 世纪初被伊斯兰化，如爪哇岛的小丑半神塞马尔（2）。外部资金也在支持中东风格清真寺的建设（3）。

1.《古兰经》挂毯
21 世纪初，潘代锡克（Pandai Sikek）的织工开始使用宋吉锦织造技术（见第 224~225 页）制作有宗教经文的家用挂毯。这种纺织技术本是用来服务高等级、高声望人群的，因此人们认为很适合用它来织出阿拉伯文《古兰经》的第一章第一节。这段文字是在赞美、感谢真主，并祈求真主的怜悯和指引。

2016
印度尼西亚，苏门答腊岛，潘代锡克
棉布、金属线
高 51 厘米、宽 69 厘米
馆藏编号 2016,3065.4

2. 小丑半神塞马尔的反向玻璃画，拉斯蒂卡（Rastika）绘制
塞马尔是印度尼西亚神话中的半神，也是爪哇皮影戏中最重要的小丑（punakawan）。皮影戏通常表演的是当地版本的《摩诃婆罗多》和《罗摩衍那》，但随着时间的推移，伊斯兰教的概念和信仰也被融入其中。在一出皮影戏中，塞马尔前往麦加朝觐。塞马尔通常身着表示其神性的方格布，但在这幅画中，他的形象是由展现伊斯兰信条的阿拉伯语书法组成的。印度尼西亚的反向玻璃画在 19 世纪才发展起来。

20 世纪 90 年代初
印度尼西亚，西爪哇
玻璃、颜料
高 70 厘米、宽 49.5 厘米
馆藏编号 2016,3020.2

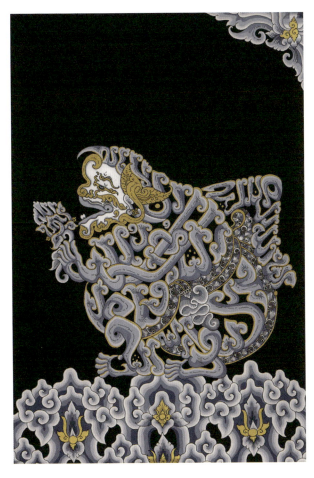

3. 新加坡苏丹回教堂的明信片

新加坡的第一座清真寺由柔佛的胡先沙（Hussain Shah）苏丹于 1826 年建造，采用传统的东南亚风格，屋顶为双层金字塔形。1924 年，由于规模太小，无法满足日益壮大的穆斯林社区的需求，在双迈（Swan & Maclaren）建筑公司的设计师丹尼斯·桑特里（Denis Santry）主持下重建。它有类似中东和印度的风格，建有宣礼塔和圆顶。后来这座清真寺成为著名的旅游景点，1975 年被宣布为国家古迹。

20 世纪 60 年代
新加坡，马来亚彩色景观公司
纸、印刷油墨
高 9 厘米，宽 13.8 厘米
馆藏编号 EPH-ME.1760

1. 布画

巴厘岛在 20 世纪初成为热门旅游地，自那时起就迅速调整了自己的艺术，迎合外国口味。20世纪 30 年代，乌布的统治者、当地艺术家和西方艺术家提倡在纸上表现巴厘岛人的生活、节日和风景。这在一定程度上是对西方艺术的回应。随着时间的推移，这种画的制作逐渐标准化，并扩展到布上作画，如这一件。这些图像将充满动感的人物与枝叶繁茂且抽象重复的装饰性风景结合在一起，与传统绘画形成鲜明对比。

20 世纪 70 年代至 80 年代初
印度尼西亚，巴厘岛，乌布
棉布，颜料
长 39 厘米，宽 32 厘米
馆藏编号 As1984,13.20

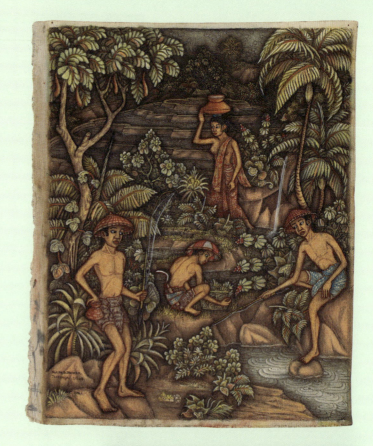

2. 毗湿奴蜡染画

这幅蜡染画描绘的是皮影戏中的毗湿奴骑在他的坐骑神鸟迦楼罗上。20 世纪 60 年代，随着东南亚旅游业的发展，爪哇蜡染画越来越受欢迎，现在已经非常常见，各种品质的产品都有。蜡染画是在棉布或合成纤维布上使用多种工具制作而成，包括传统的悬臂喷杯。涂蜡、染色、再涂蜡、再染色，直到达到理想效果，这一过程始终不变。如今，工厂还会印制蜡染复制品。

20 世纪 70 年代至 80 年代初
印度尼西亚，爪哇岛
棉布
长 61 厘米，宽 45 厘米
馆藏编号 As1984,13.24

旅游和商业化

20 世纪 80 年代之前，东南亚主要通过出口农产品和原材料与国际经济接轨，这是两千多年来的传统。但自 19 世纪末运输技术大发展以来，旅游业也在进步。1865~1942 年，伊洛瓦底江船队有限公司在缅甸的伊洛瓦底江沿岸经营客运和货运服务；20 世纪 30 年代，荷属东印度群岛旅游信息局将巴厘岛、爪哇岛和苏门答腊岛捆绑成"彩色奇岛"进行营销。但这些同 20 世纪 80 年代迅猛发展的旅游业相比，就是小巫见大巫。来自中国香港、中国台湾、日本、韩国和后来来自中国大陆等地区的游客，以及东南亚国家联盟内部的旅行者，使东南亚的旅游业日益昌盛。由于东南亚日益繁荣，包括宗教朝圣和参观国家历史古迹在内的本地旅游业得到了极大的发展。个别国家为吸引游客而开展的营销活动取得了成功，如 1987 年的泰国旅游年。可能是受其启发，东盟国家在 1992 年举办东盟旅游年，共同推广东南亚。许多东南亚人开始在经济上依赖旅游业。旅游业经历了持续的增长，当然也遭遇了波折。1997 年的金融危机、2003 年的 SARS 疫情、2004 年的海啸、21世纪初的各种恐怖袭击事件以及 2020 年以来的新冠疫情都造成了旅游业的严重衰退，给许多人带来了经济灾难。

旅游业为东南亚的艺术和手工艺品生产带来了影响。在某些情况下，旅游目的地会对本土艺术进行修改和调整，以适应游客的需求，这反过来又会成为文化主流的一部分。爪哇宫廷的戏剧表演，传统上都伴有食物，现在则演变成在招待会上表演。印度尼西亚的学校会组织儿童到婆罗浮屠和普兰巴南参观，以了解过去和重申民族身份。朝圣一直是佛教的一部分，旅游公司会为前往缅甸和泰国参观著名佛塔、寺庙和佛像的游客提供服务。为这些游客制作的物品，包括传统和现代形式的宗教用品，供他们在家中供奉（5，6）。虽然为旅游市场制作的产品往往比传统手工艺品简单，但它们代表了为新市场而进行的调整（1），乃至工业化生产。新的外形（如把作品放入相框）和新的艺术形式（如蜡染画，2）开始变得常见，旅游业也刺激了模型和微型画的进一步生产（见第 120~123 页）。摄影技术的发展催生了描绘当地景点和民族的游览卡与明信片。起初，在基督教传教士的鼓励下，泰国北部的赫蒙族、克伦族等少数民族开始生产他们的纺织品，如衬衫和裤子，出售给游客（3）。这样做的结果之一是随着少数群体及其艺术商品化，旅游业开始与身份认同问题联系在一起。生产纪念品（有时是流水线生产）的作坊、销售旅游纪念品的场所和出口公司同时激增，成为旅游经济的重要组成部分。在越南和泰国，供出口的陶瓷生产与供本地使用的陶瓷生产共同成为这种技术的产业支柱（4）。

3. 斯高克伦马甲

这件马甲是用刺绣织锦棉布制成，菱形图案是根据不晚于19世纪的设计制作的。像这件马甲这样，用克伦族纺织品制作西式物品的历史已经有一个多世纪了，它们是作为礼物送给殖民地官员和传教士家庭的。在与缅族的持续战争中，一部分克伦族流离失所，被安置在泰国的难民营中，因此纺织品制作成了他们重要的收入来源。20世纪八九十年代，许多纺织作坊应运而生。

20世纪中叶
泰国，斯高克伦族
棉布
长59厘米，宽58厘米（下摆处）
馆藏编号 As1981,21.28

4. 青花瓷碗

陶瓷是越南经济的重要组成部分，每年出口额达数亿美元。陶瓷业借鉴了青瓷和釉下彩等古老的装饰类型，开发出了适合国际市场的新设计。这只碗创新性地将青瓷和青花装饰结合在一起。

1995~1996
越南
瓷器
直径18.3厘米，高9厘米
比奇·泰勒捐赠
馆藏编号 1996,0510.19

5. 成功佛海报

朝圣在佛教中非常重要，人们会购买宗教纪念品，如海报，挂在家中、神龛或是公共场所，来提醒人们关注佛陀及其教义。许多海报都描绘了著名的佛像和重要的朝圣地。这张海报上印制的是建于1357年的帕西雷达纳玛哈泰寺中的成功佛（Phra Buddha Chinnaraj）。上面的文字记载了佛像、寺院和所在地的名称，还教导大家"慈爱（metta）是世界的支柱"。

1990
泰国，曼谷，暹罗画廊有限公司
纸、印刷油墨
高53厘米，宽38.5厘米
馆藏编号 1991,1022,0.27

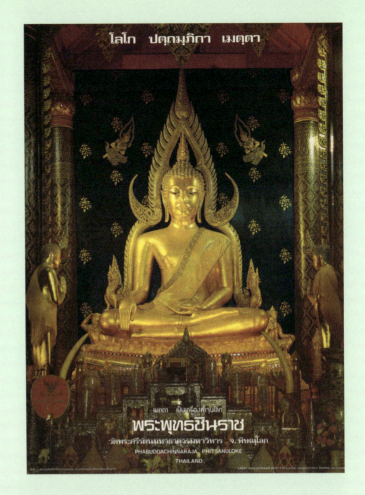

6. 五 佛 寺（Phaung Daw Oo）造像复制品，吴拉貌（U Hla Maung）制作

吴拉貌大量复制佛像出售给朝圣者。缅甸茵莱湖边的五佛寺中有五尊备受尊崇的佛像，由于贴了太多金箔而失去了原来的形状。这些复制品是用黏土混合供奉给佛祖的香灰和鲜花制成的，并上了漆和镀了金。佛像被安放在金属宝座（Palin）上，宝座上装饰着代表星期的动物，这些动物是缅甸占星术的重要元素。

2017
缅甸，掸邦，莱查（Lae Char）
烧制黏土、金箔、漆、金属
高4.2~8.5厘米
吉利安·格雷厄姆和罗恩·格雷厄姆捐赠
馆藏编号 2017,3086.1.a–j

西方游客在访问东南亚时寻求体验"传统"文化，但往往要么认为该地区深陷过去的泥潭，要么认为正在发生翻天覆地的变化，然而这两种处于两个极端的假设并不一定准确。一些传统技艺相关的文化知识已经失传，但东南亚人也调整和发展出了新的形式，既显示了与现代世界的积极互动，也保留了早期的社会习俗和活动。例如，通过广播和互联网举办《古兰经》朗读比赛，通过光盘或社交媒体提供佛教僧侣的讲经（1）。泰国国王普密蓬·阿杜德在 1996 年出版了自己的漫画版《摩诃旃纳卡本生经》。正如第 5 章所述，许多戏剧类型已不再像以前那样流行，但艺术家们正在使用现代乐器为表演伴奏，发展新旧混合的哇扬嘻哈（Wayang Hip Hop）等创新形式的表演（2），并创作当代故事。不过，也有一些艺术家积极致力于恢复古老的表演形式，为其注入现代元素（3），以确保它们不被遗忘。

1. 佛教讲经光盘

这张光盘收录了图中 5 位僧侣的 5 次讲经。在缅甸，僧侣们的讲经经常被录制成 CD 和 DVD，在市场、路边摊和宗教场所出售。讲经内容可以从网站上下载。它们让信徒与特定僧侣建立联系，使僧侣能够广泛传播他们的思想。

2013~2014
缅甸
塑料、纸
直径 11.9 厘米
馆藏编号 2014,3026.1

2. 小丑塞马尔和话筒，哇扬嘻哈皮影，恰度·昆科罗（Catur Kuncoro）制作

小丑塞马尔是爪哇传统皮影戏中的重要角色，在此作为哇扬嘻哈的角色亮相。哇扬嘻哈是操偶师恰度·昆科罗在 2010 年创造的一种戏剧形式，将爪哇嘻哈歌曲与当代主题的滑稽小品相结合。这个皮影角色穿着现代服装和时尚的运动鞋，戴着 3D 眼镜，对着麦克风唱歌，但他的身形和面部特征却能让人一眼认出这就是小丑塞马尔。

2015~2016
印度尼西亚，爪哇岛，日惹
兽皮、牛角、竹
高 81.4 厘米（小丑），高 51.7 厘米（麦克风）
馆藏编号 2016,3035.1，
2016,3035.5

3. 口簧琴（angkuoch daek），
槟松（Bin Song）制作

柬埔寨的口簧琴通常是用竹子制
作的，但这一把用的是铁。制作
者槟松尝试使用了一种新材料，
这是在古老基础上进行的创新。

2020
柬埔寨
铁
长 12 厘米，宽 2.3 厘米
濒危材料知识计划
（Endangered Material
Knowledge Programme）捐赠
馆藏编号 2020,3017.1

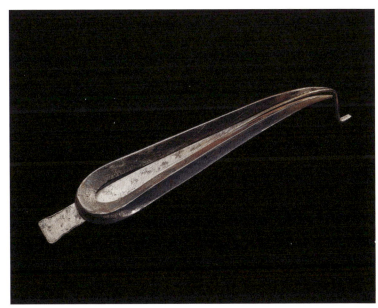

7 | 5 当代艺术

19~20 世纪，东南亚艺术家对西方媒介和技术进行了调整和改造，将其与个人风格和本地元素相结合来进行表达。人们通常将现当代艺术与传统艺术分开看待，但艺术家们会使用新方法重新诠释和探索他们的世界，现代与传统早已密不可分。越南、菲律宾、泰国和印度尼西亚的当代艺术圈自 20 世纪八九十年代以来一直非常活跃。缅甸在 21 世纪初结束了与世隔绝，放松了审查制度，当代艺术开始蓬勃发展。一些艺术家，如缅甸的敏威昂（Min Wae Aung），专注细致写实的创作（2），而另一些艺术家，如何塞·乔亚（José Joya）和费尔南多·佐巴尔·德·阿亚拉（Fernando Zóbal de Ayala），在菲律宾开创了抽象主义并推动其发展（3）。许多东南亚艺术家因 20 世纪的战争而离开家乡，散居海外，他们为故乡提供了国际视角，作品往往同时涉及地区和全球社会政治问题，如美籍越南艺术家蒂芙尼·钟（Tiffany Chung）的作品（1）。

1. 联合国难民署红点系列，追踪叙利亚人道主义危机，2012 年 4 月至 12 月（九之第九），蒂芙尼·钟创作

蒂芙尼·钟于 1969 年出生在越南，1975 年举家迁往美国。2000 年，她迁回胡志明市。2007 年，她开始将从档案资料、新闻、协议、回忆和访谈中收集到的信息叠加到地图上，探索全球不同地区的政治创伤、流离失所、移民以及冲突。在绘制地图的过程中，她将国际性和地方性结合起来，通过表现城市地区的衰落或消失，揭示政治意识形态对个人经历的影响。

2014~2015
越南
纸、油彩、墨
高 21 厘米，宽 30 厘米
英国政府捐赠
馆藏编号 2020,3018.9

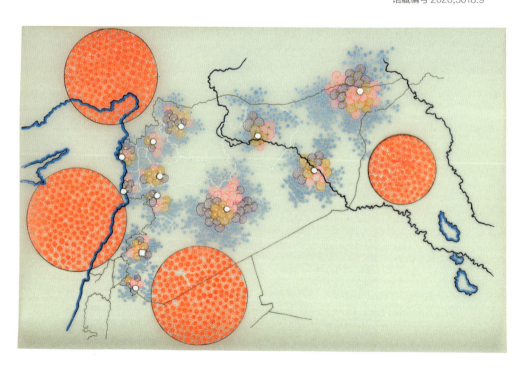

2. 小沙弥和狗，敏威昂绘制

敏威昂于 1960 年出生于缅甸的德努漂（Danubyu），当时这个国家正处于军事政变前夕，之后的事情导致国家陷入孤立。敏威昂从仰光国立美术学院毕业后，从事商业平面设计工作。1993~1994 年，他前往美国和日本旅行，之后确立了以纯色空间中的中心图像为特色的写实美学，并成为首批获得国际赞誉的缅甸艺术家之一。他的作品与佛教关系密切。这幅画是他于2000 年根据一张照片创作的。

2000
缅甸
纸上铅笔画
高 30.3 厘米、宽 37.8 厘米
B. D. G. 立维顿（B. D. G. Leviton）基金会捐赠
馆藏编号 2017,3083.1

3. 构成研究，何塞·乔亚创作

何塞·乔亚（1931~1995）是一位多才多艺的艺术家，能绘画和创作版画，同时还是混合媒介艺术家和陶艺家，引领了菲律宾抽象主义的发展，曾荣获国家艺术家奖。乔亚认为，在艺术创作中，艺术家在以具体的形式进行交流。他的作品以大胆的线条和图案意象为特点。在这幅版画中，可以看到圆形与方形的并置，以及突出的形状轮廓。

1967
菲律宾
石版版画
高 37.5 厘米、宽 28 厘米
约翰·阿迪斯（John Addis）捐赠
馆藏编号 1984,0203,0.66

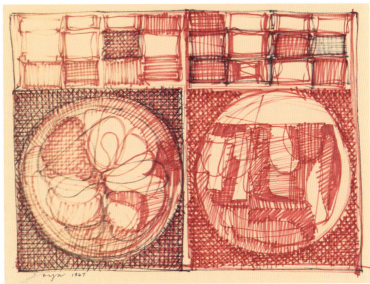

参考文献

以下为本书在编写过程中参考的文献著作，列于此处便于读者进一步阅读查询。但这些文献未能全面覆盖本书主题。

全书综合

Baker, Chris & Phongpaichit, Pasuk, 2009, *A History of Thailand*, Bangkok.

Bennett, James (ed.), 2006, *Crescent Moon: Islamic Art and Civilisation in Southeast Asia*, Adelaide.

Bonnefoy, Yves, 1993, *Asian Mythologies*, Chicago.

Brown, Roxanna M., 1988, *The Ceramics of South-East Asia: Their Dating and Identification*, Kuala Lumpur.

Cribb, Joe, et al., 1999, *The Coin Atlas: A Comprehensive View of the Coins of the World throughout History*, New York.

Dallapiccola, Anna L. & Verghese, Anila (eds), 2017, *India and Southeast Asia: Cultural Discourses*, Mumbai.

Girard-Geslan, Maud, et al., 1994, *Art of Southeast Asia*, Paris.

Guise, Lucien de, 2005, *The Message and the Monsoon: Islamic Art of Southeast Asia*, Kuala Lumpur.

Hall, K., 2011, *A History of Early Southeast Asia: Maritime Trade and Societal Development*, Lanham, MD.

Kerlogue, Fiona, 2004, *Arts of Southeast Asia*, London.

Lieberman, Victor B., 2003 and 2009, *Strange Parallels: Southeast Asia in Global Context, c. 800–1830*, Vols 1–2, Cambridge.

Miksic, John, 2010, *The A to Z of Ancient Southeast Asia*, Toronto.

Miksic, John & Goh, Geok Yian, 2017, *Ancient Southeast Asia*, New York.

Nguyen-Long, Kerry, 2013, *The Arts of Viet Nam, 1009–1945*, Ha Noi.

Osborne, Milton, 2016, *Southeast Asia: An Introductory History*, Sydney.

Reid, Anthony, 1992, 'Southeast Asia: A Region and a Crossroad', in *Cultures at Crossroads: Southeast Asian Textiles from the Australian National Gallery*, Canberra, pp. 8–17.

Scott, Rosemary & Guy, John (eds), 1994, *South East Asia and China: Art, Interaction and Commerce*, London.

Sumner, Christina, 2001, *Arts of Southeast Asia from the Powerhouse Museum Collection*, Sydney.

Tarling, Nicholas (ed.), 1992, *Cambridge History of Southeast Asia*, Vols 1 & 2, Cambridge.

Wolters, O. W., 1999, *History, Culture, and Region in Southeast Asian Perspectives*, revised edition, Ithaca, NY.

Zwalf, W. (ed.), 1985, *Buddhism: Art and Faith*, London.

第 1 章

Bacus, Elisabeth A., 2004, 'The archaeology of the Philippine Archipelago', in Ian Glover & Peter Bellwood (eds), *Southeast Asia: From Prehistory to History*, New York, pp. 257–81.

Bellina, Bérénice, et al. (eds), 2010, *50 Years of Archaeology in Southeast Asia: Essays in Honour of Ian Glover*, Bangkok.

Bellwood, Peter, 1985, *Prehistory of the Indo-Malaysian Archipelago*, Canberra.

Bellwood, Peter, 2017, *First Islanders: Prehistory and Human Migration in Island Southeast Asia*, Hoboken, NJ.

Borell, Brigitte, Bellina, Bérénice & Boonyarit, Chaisuwan, 2014, 'Contacts between the Upper Thai-Malay Peninsula and the Mediterranean World', in Nicolas Revire & Stephen A. Murphy (eds), *Before Siam: Essays in Art and Archaeology*, Bangkok, pp. 98–117.

Calo, Ambra, 2008, 'Heger I Bronze Drums and the Relationships between Dian and Dong Son Cultures', in Elisabeth A. Bacus, Ian C. Glover & Peter D. Sharrock (eds), *Interpreting Southeast Asia's Past: Monument, Image and Text*, Singapore, pp. 208–24.

Calo, Ambra, 2014, *Trails of Bronze Drums across Early Southeast Asia*, Singapore.

Carter, Alison, 2016, 'The Production and Exchange of Glass and Stone Beads in Southeast Asia from 500 BCE to the Early Second Millennium CE: An Assessment of the Work of Peter Francis in Light of Recent Research', *Archaeological Research in Asia* 6, pp. 16–29.

Carter, Alison, Abraham, Shinu Anna & Kelly, Gwendolyn O., 2016, 'Updating *Asia's Maritime Bead Trade*: An Introduction', *Archaeological Research in Asia* 6, pp. 1–3.

Dussubieux, Laure & Gratuze, Bernard, 2010, 'Glass in Southeast Asia', in Bérénice Bellina, et al. (eds) *50 Years of Archaeology in Southeast Asia: Essays in Honour of Ian Glover*, Bangkok, pp. 247–59.

Glover, Ian, 1976, 'Ulu Leang Cave, Maros: A Preliminary Sequence of post-Pleistocene Cultural Development in South Sulawesi', *Archipel* 11, pp. 113–54.

Glover, Ian, 1981, 'Leang Burung 2: An Upper Palaeolithic Rock Shelter in South Sulawesi, Indonesia', *Modern Quaternary Res. SE Asia* 6, pp. 1–38.

Glover, Ian, 1999, 'The Archaeological Past of Island Southeast Asia', in Jean Paul Barbier (ed.), *Messages in Stone: Statues and Sculptures from Tribal Indonesia in the Collections of the Barbier-Mueller Museum*, Geneva, pp. 17–34.

Glover, Ian, 2010, 'Bronze Drums, Urns, and Bells in the Early Metal Age of Southeast Asia', in Louise Allison Cort & Paul Jett (eds), *Gods of Angkor: Bronzes from the National Museum of Cambodia*, Washington, DC, pp. 18–29.

Glover, Ian & Bellwood, Peter, 2004, *Southeast Asia: From Prehistory to History*, New York.

Glover, Ian, Hughes-Brock, Helen & Henderson, Julian (eds), 2003, *Ornaments from the Past, Bead Studies after Beck: A Book on Glass and Semiprecious Stone Beads in History and Archaeology for Archaeologists, Jewellery Historians and Collectors*, London.

Glover, Ian, Suchitta, Pornchai & Villiers, John (eds), 1992, *Early Metallurgy, Trade and Urban Centres in Thailand and Southeast Asia*, Bangkok.

Higham, Charles, 1989, *The Archaeology of Mainland Southeast Asia*, Cambridge.

Higham, Charles, 1996, *The Bronze Age of Southeast Asia*, Cambridge.

Higham, Charles, 2002, *Early Cultures of Mainland Southeast Asia*, Bangkok.

Karlström, Anna & Källén, Anna (eds), 2003, *Fishbones and Glittering Emblems: Southeast Asian Archaeology 2002*, Uppsala.

Klokke, Marijke & Degroot, Véronique (eds), 2013, *Unearthing Southeast Asia's Past: Selected Papers from the 12th International Conference of the European Association of Southeast Asian Archaeologists,* Vol. 1, Singapore.

Miksic, John, 2018, 'Archaeology, Pottery and Malay Culture', *Passage*, pp. 14–15.

Moore, Elizabeth H., 2007, *Early Landscapes of Myanmar*, Bangkok.

O'Connor, Sue, 2015, 'Rethinking the Neolithic in Island Southeast Asia, with Particular Reference to the Archaeology of Timor-Leste and Sulawesi', *Archipel* 90, pp. 15–47.

Olsen, Sandra & Glover, Ian, 2004, 'The Bone Industry of Ulu Leang 1 and Leang Burung 1 Rockshelters, Sulawesi, Indonesia, in its Regional Context', *Modern Quaternary Res. SE Asia* 18, pp. 273–99.

Peacock, B. A. V., 1959, 'A Short Description of Malayan Prehistoric Pottery', *Asian Perspectives* 3, pp. 121–56.

Tan, Noel Hidalgo, 2014, 'Rock Art Research in Southeast Asia: A Synthesis', *Arts* 3, 1, pp. 73–104.

Theunissen, Robert, 2003, *Agate and Carnelian Beads and the Dynamics of Social Complexity in Iron Age Mainland Southeast Asia*, PhD thesis, University of New England, Australia.

第 2 章

Anonymous, 2003, *Vietnamese Antiquities*, Hanoi.

Aung-Thwin, Michael, 1987, 'Heaven, Earth, and the Supernatural World: Dimensions of the Exemplary Center in Burmese History', in Bardwell Smith & Holly Baker Reynolds (eds), *The City as a Sacred Center: Essays in Six Asian Contexts*, Leiden, pp. 88–102.

Barnes, Ruth, 1997, *Indian Block-Printed Textiles in Egypt: The Newberry Collection in the Ashmolean Museum, Oxford*, 2 vols, Oxford.

Bautze-Picron, Claudine, 2002, 'The Biography of the Buddha in Indian Art: How and When?' in Andreas Schüle (ed.), *Biography as a Religious and Cultural Text*, Berlin, pp. 197–239.

Bautze-Picron, Claudine, 2015, 'Textiles from Bengal in Pagan (Myanmar) from the Late Eleventh Century and Onwards', in Mokammal H. Bhuiyan (ed.), *Studies in South Asian Heritage: Essays in Memory of M. Harunur Rashid*, Dhaka, pp. 19–29.

Borell, Brigitte, 2017a, 'Gold Coins from Khlong Thom', *Journal of the Siam Society*, 107, 1, pp. 151–77.

Borell, Brigitte, 2017b, 'Gold Coins from Khlong Thom', *Journal of the Siam Society*, 107, 2, pp. 155–58.

Brown, Robert L., 1990, 'God on Earth: The Walking Buddha in the Art of South and Southeast Asia', *Artibus Asiae* 50, 1, 2, pp. 73–107.

Brown, Robert L., 1991, 'Ganesa in Southeast Asian Art: Indian Connections and Indigenous Developments', in Robert L. Brown (ed.), *Ganesh: Studies of an Asian God*, Albany, pp. 171–233.

Brown, Robert L., 1992, 'Indian Art Transformed: The Earliest Sculptural Styles of Southeast Asia', in Ellen M. Raven & Karel R. van Kooij (eds), *Panels of the VIIth World Sanskrit Conference* 10, *Indian Art and Archaeology*, Leiden, pp. 40–53.

Brown, Robert L., 2008, 'The Act of Naming Avalokiteśvara in Ancient Southeast Asia', in Elisabeth A. Bacus, Ian C. Glover & Peter D. Sharrock (eds), *Interpreting Southeast Asia's Past: Monument, Image and Text*, Singapore, pp. 263–74.

Brown, Robert L., 2011, 'The Importance of Gupta-period Sculpture in Southeast Asian Art History', in Pierre-Yves Manguin, A. Mani & Geoff Wade, *Early Interactions between South and Southeast Asia: Reflections on Cross-cultural Exchange*, Singapore, pp. 317–31.

Chandler, David P., 1993, *A History of Cambodia*, Chiang Mai.

Chutiwongs, Nandana, 1999, 'Early Buddhist Sculpture of Thailand: Circa sixth–thirteenth century', in Robert L. Brown (ed.), *Art from Thailand*, Mumbai, pp. 19–33.

Cort, Louise, 2000, 'Khmer Stoneware Ceramics', in Louise Allison Cort, Massumeh Farhad & Ann C. Gunter (eds), *Asian Traditions in Clay: The Hauge Gifts*, Washington DC, pp. 91–149.

Diskul, M. C. Subhadradis, et al., 1980, *The Art of Śrīvijaya*, Singapore.

Feener, R. Michael, et al., 2021, 'Islamisation and the Formation of Vernacular Muslim Material Culture in 15th-century Northern Sumatra', *Indonesia and the Malay World* 49, pp. 1–41.

Fontein, Jan, 1990, *The Sculpture of Indonesia*, Washington, DC.

Frédéric, Louis, 1994, *Borobudur*, New York.

Galloway, Charlotte, 2002, 'Relationships Between Buddhist Texts and Images of the Enlightenment During the Early Bagan Period', in Alexandra Green & T. Richard Blurton (eds), *Burma: Art and Archaeology*, London, pp. 45–54.

Galloway, Charlotte, 2010, 'Ways of Seeing a Pyu, Mon and Dvaravati Artistic Continuum', *Bulletin of the Indo-Pacific Prehistory Association* 30, pp. 70–78.

Galloway, Charlotte, 2013, 'Buddhist Narrative Imagery during the Eleventh Century at Pagan, Burma: Reviewing Origins and Purpose', in Alexandra Green (ed.), *Rethinking Visual Narratives from Asia: Intercultural and Comparative Perspectives*, Hong Kong, pp. 159–74.

Giteau, Madeleine, 1976, *The Civilization of Angkor*, New York.

Glover, Ian, 2010, 'The Dvaravati Gap: Linking Prehistory and History in Early Thailand', *Bulletin of the Indo-Pacific Prehistory Association* 30, pp. 79–86.

Griffiths, Arlo, 2014, 'Written Traces of the Buddhist Past: Mantras and Dharanis in Indonesian Inscriptions', *Bulletin of the School of Oriental and African Studies* 77, 1, pp. 137–94.

Guillon, Emmanuel, 2001, *Cham Art: Treasures from the Dà Nang Museum, Vietnam*, London.

Gutman, Pamela, 2001, *Burma's Lost Kingdoms: Splendours of Arakan*, Bangkok.

Guy, John, 2014, (ed.), *Lost Kingdoms: Hindu-Buddhist Sculpture of Early Southeast Asia*, New Haven, CT.

Harris, P., 2007, *Zhou Daguan: A Record of Cambodia, the Land and its People*, Bangkok.

Harrison-Hall, Jessica, 2002, 'Vietnamese Ceramics in the British Museum', *Apollo: The International Magazine of Arts* 489, pp. 3–11.

Higham, Charles, 2001, *The Civilisation of Angkor*, London.

Jarrige, Jean-François & Maud Girard-Geslan, 1999, *Indonesian Gold: Treasures from the National Museum, Jakarta*, South Brisbane.

Jessup, Helen Ibbitson & Zéphir, Thierry (eds), 1997, *Millennium of Glory: Sculpture of Angkor and Ancient Cambodia*, Washington, DC.

Kinney, Ann R., 2003, *Worshipping Siva and Buddha: The Temple Art of East Java*, Honolulu.

Klokke, Marijke J., 1994, 'The Iconography of the So-called Portrait Statues in Late East Javanese Art', in Marijke J. Klokke & Pauline Lunsingh Scheurleer (eds), *Ancient Indonesian Sculpture*, Leiden.

Klokke, Marijke J. & Scheurleer, Pauline Lunsingh (eds), 1994, *Ancient Indonesian Sculpture*, Leiden.

Krahl, Regina, Guy, John, Wilson, J. Keith & Raby, Julian (eds), 2010, *Shipwrecked: Tang Treasures and Monsoon Winds*, Washington, DC.

Lambourn, Elizabeth, 2004, 'Carving and Communities: Marble Carving for Muslim Patrons at Khambhāt and around the Indian Ocean Rim, Late Thirteenth–Mid-Fifteenth Centuries', *Ars Orientalis* 34, pp. 99–133.

Lambourn, Elizabeth, 2008, 'Tombstones, Texts, and Typologies: Seeing Sources for the Early History of Islam in Southeast Asia', *Journal of the Economic and Social History of the Orient* 51, 2, pp. 252–86.

Lammerts, D. Christian (ed.), 2017, *Buddhist Dynamics in Premodern and Early Modern Southeast Asia*, Singapore.

Lankton, James W., Dussubieux, Laure & Rehren, Thilo, 2008, 'A Study of Mid-First Millenium CE Southeast Asian Specialized Glass Beadmaking Traditions', in Elisabeth A. Bacus, Ian C. Glover & Peter D. Sharrock (eds), *Interpreting Southeast Asia's Past: Monument, Image and Text*, Singapore, pp. 335–56.

Luce, G. H., 1969, *Old Burma Early Pagan*, Vols 1–3, Locust Valley, NY.

Mabbett, I. W., 1983, 'The Symbolism of Mount Meru,' *History of Religions* 23, 1, pp. 64–83.

Mabbett, Ian & Chandler, David, 1995, *The Khmers*, Oxford.

Mahlo, Dietrich, 2012, *The Early Coins of Myanmar (Burma): Messengers from the Past*, Bangkok.

Manguin, Pierre-Yves, 1991, 'The Merchant and the King: Political Myths of Southeast Asian Coastal Polities', *Indonesia* 51, pp. 41–54.

Manguin, Pierre-Yves, Mani, A. & Wade, Geoff, 2011, *Early Interactions between South and Southeast Asia: Reflections on Cross-cultural Exchange*, Singapore.

Miksic, John, 1990a, *Borobudur: Golden Tales of the Buddhas*, Boston.

Miksic, John, 1990b, *Old Javanese Gold*, Singapore.

Mitchiner, Michael, 1998, *The History and Coinage of Southeast Asia until the Fifteenth Century*, London.

Moore, Elizabeth H., 2007, *Early Landscapes of Myanmar*, Bangkok.

Murphy, Stephen A., 2018, 'Revisiting the Bujang Valley: A Southeast Asian Entrepôt Complex on the Maritime Trade Route', *Journal of the Royal Asiatic Society* 28, 2, pp. 355–89.

Nguyen, Van Huy and Kendall, Laurel (eds), 2003, *Vietnam: Journeys of Body, Mind, and Spirit*, Berkeley, CA.

Postma, Antoon, 1992, 'The Laguna Copper-Plate Inscription: Text and Commentary', *Philippine Studies* 40, 2, pp. 183–203.

Reichle, Natasha, 2007, *Violence and Serenity: Late Buddhist Sculpture from Indonesia*, Honolulu.

Revire, Nicolas & Murphy, Stephen A. (eds), 2014, *Before Siam: Essays in Art and Archaeology*, Bangkok.

Romain, Julie, 2011, 'Indian Architecture in the "Sanskrit Cosmopolis": The Temples of the Dieng Plateau', in Pierre-Yves Manguin, A. Mani & Geoff Wade (eds), *Early Interactions between South and Southeast Asia: Reflections on Cross-cultural Exchange*, Singapore, pp. 299–316.

Scheurleer, Pauline Lunsingh & Klokke, Marijke J., 1988, *Divine Bronze: Ancient Indonesian Bronzes from AD 600 to 1600*, Leiden.

Sen, Tansen, 2009, 'The Military Campaigns of Rajendra Chola and the Chola-Srivijaya-China Triangle', in Herman Kulke, K. Kesavapany & Vijay Sakuja (eds), *Nagapattinam to Suvarnadwipa: Reflections on the Chola Naval Expeditions to Southeast Asia*, Singapore.

Skilling, Peter, 2008, 'Buddhist Sealings in Thailand and Southeast Asia: Iconography, Function, and Ritual Context', in Elisabeth A. Bacus, Ian C. Glover & Peter D. Sharrock (eds), *Interpreting Southeast Asia's Past: Monument, Image and Text*, Singapore, pp. 248–62.

Szczepanowska, H. & Ploeger, R., 2019, 'The Chemical Analysis of Southeast Asian Lacquers Collected from Forests and Workshops in Vietnam, Cambodia, and Myanmar', *Journal of Cultural Heritage* 40, pp. 215–25.

Tan, Heidi (ed.), 2012, *Enlightened Ways: The Many Streams of Buddhist Art in Thailand*, Singapore.

Wade, Geoff, 2010, 'Early Muslim Expansion in Southeast Asia, Eighth to Fifteenth Centuries', in David O. Morgan & Anthony Reid, *The New Cambridge History of Islam*, Vol. 3, pp. 366–408.

Wade, Geoff, 2014, 'Beyond the Southern Borders: Southeast Asia in Chinese Texts to the Ninth Century', in John Guy (ed.), *Lost Kingdoms: Hindu-Buddhist Sculpture of Early Southeast Asia*, New Haven and London, pp. 25–31.

Wicks, Robert S., 1992, *Money, Markets, and Trade in Early Southeast Asia: The Development of Indigenous Monetary Systems to AD 1400*, Ithaca, NY.

Wolters, O. W., 1969, *Early Indonesian Commerce: A Study of the Origins of Srivijaya*, Ithaca, NY.

Wolters, O. W., 1970, *The Fall of Srivijaya in Malay History*, Ithaca, NY.

Woodward, H., 1995, 'Thailand and Cambodia: The Thirteenth and Fourteenth Centuries. Studies and Reflections on Asian Art History and Archaeology', in Khaisri Sri-Aroon, et al. (eds), *Essays in Honour of H.S.H. Professor Subhadradis Diskul*, Bangkok, pp. 335–42.

Woodward, Hiram W., Jr., 1997, *The Sacred Sculpture of Thailand*, Baltimore.

第3~6章

Adams, Kathleen M. & Gillogly, Kathleen A., 2011, *Everyday Life in Southeast Asia*, Bloomington, IN.

Andaya, Barbara Watson, 2003a, 'Aspects of Warfare in Premodern Southeast Asia', *Journal of the Economic and Social History of the Orient* 46, 2, pp. 139–42.

Andaya, Barbara Watson, 2003b, 'History, Headhunting and Gender in Monsoon Asia: Comparative and Longitudinal Views', *South East Asia Research* 12, 1, pp. 13–52.

Andaya, Barbara Watson & Andaya, Leonard Y., 2015, *A History of Early Modern Southeast Asia, 1400–1830*, Cambridge.

Appleton, Naomi, 2010, *Jātaka Stories in Theravada Buddhism: Narrating the Bodhisatta Path*, Aldershot and Burlington, VA.

Appleton, Naomi, Shaw, Sarah & Unebe, Toshiya, 2013, *Illuminating the Life of the Buddha: An Illustrated Chanting Book from Eighteenth-Century Siam*, Oxford.

Baker, C. & Pasuk Phongpaichit, 2009, *A History of Thailand*, Bangkok

Barbier, Jean Paul & Newton, Douglas (eds), 1988, *Islands and Ancestors: Indigenous Styles of Southeast Asia*, Munich.

Barley, Nigel & Sandaruppa, Stanislaus, 1991, *The Toraja Ricebarn*, London.

Barnes, Ruth, 1993, 'South-East Asian Basketry', *Journal of Museum Ethnography* 4, pp. 83–102.

Barnes, Ruth, 2006, 'Indian Textiles for Island Taste: The Trade to Eastern Indonesia', in Rosemary Crill (ed.), *Textiles from India: The Global Trade*, Calcutta, pp. 99–116.

Barnes, Ruth & Kahlenberg, Mary Hunt, 2010, *Five Centuries of Indonesian Textiles: The Mary Hunt Kahlenberg Collection*, Munich.

Beemer, Bryce, 2009, 'Southeast Asian Slavery and Slave-Gathering Warfare as a Vector for Cultural Transmission: The Case of Burma and Thailand', *The Historian* 71, 3, pp. 481–506.

Bell, Edward N., 1907, *A Monograph: Iron and Steel Work in Burma*, Rangoon.

Bennett, James (ed.), 2011, *Beneath the Winds: Masterpieces of Southeast Asian Art from the Art Gallery of South Australia*, Adelaide.

Bjork, Katharine, 1998, 'The Link that Kept the Philippines Spanish: Mexican Merchant Interests and the Manila Trade, 1571–1815', *Journal of World History* 9, 1, pp. 25–50.

Blurton, T. Richard, 1999, '"Looking very gay and bright": Burmese Textiles in the British Museum', *Apollo: The International Magazine of Arts* 453, pp. 38–42.

Boisselier, Jean, 1976, *Thai Painting*, Tokyo.

Brandon, James R., 2009, *Theatre in Southeast Asia*, Cambridge, MA.

Brinkgreve, Francine, 2016, *Lamak: Ritual Objects in Bali*, Oxfordshire.

Brinkgreve, Francine & Sulistianingsih, Retno (eds), 2009, *Sumatra: Crossroads of Cultures*, Leiden.

Brown, C. C., 1953, 'Sejarah Melayu or "Malay Annals", a translation of Raffles Ms 18', *Journal of the Malayan Branch of the Royal Asiatic Society* 25, 2 and 3

Brown, Roxanna, 2009, *The Ming Gap and Shipwreck Ceramics in Southeast Asia: Towards a Chronology of Thai Trade Ware*, Bangkok.

Brownrigg, Henry, 1992, *Betel Cutters from the Samuel Eilenberg Collection*, Stuttgart.

Casal, Father Gabriel, et al. (eds), 1981, *The People and Art of the Philippines*, Los Angeles, CA.

Cate, Sandra & Lefferts, Leedom, 2012, 'Becoming Active/Active Becoming: Prince Vessantara Scrolls and the Creation of a Moral Community', in Julius Bautista (ed.), *The Spirit of Things: Materiality and Religious Diversity in Southeast Asia*, Ithaca, NY, pp. 165–82.

Césard, Nicolas, 2013, 'Heirlooms and Marriage Payments: Transmission and Circulation of Prestige Jars in Borneo', *Indonesia and the Malay World* 42, 122, pp. 1–26.

Chalermpow, Paritta, 1981, *A popular drama in its social context: nang talung shadow puppet theatre of South Thailand*, PhD dissertation, University of Cambridge.

Chandavij, Natthapatra & Pramualaratana, Promporn, 1998, *Thai Puppets and Khon Masks*, Bangkok.

Charney, Michael W., 2004, *Southeast Asian Warfare, 1300–1900*, Leiden.

Charney, Michael W., 2018, 'Warfare in Premodern Southeast Asia', in *Oxford Research Encyclopedia, Asian History*, Oxford.

Charney, Michael W. & Wellen, Kathryn (eds), 2018, *Warring Societies of Pre-Colonial Southeast Asia: Local Cultures of Conflict within a Regional Context*, Copenhagen.

Ché-Ross, Raimy, 2012, 'Malay Silverware', *Arts of Asia* 42, 1, pp. 68–83.

Chin, Edmond, 1991, *Gilding the Phoenix: The Straits Chinese and Their Jewellery*, Singapore.

Chiu, Angela, 2017, *The Buddha in Lanna: Art, Lineage, Power, and Place in Northern Thailand*, Honolulu.

Ch'ng, David, 1986, 'Malay Silver', *Arts of Asia* 16, 2, pp. 102–9.

Chong, Alan (ed.), 2016, *Christianity in Asia: Sacred Art and Visual Splendour*, Singapore.

Chutiwongs, Nandana, 1995, 'The Role of Narrative Sculpture and Painting in Thailand', in K. R. van Kooij & H. van der Veere (eds), *Function and Meaning in Buddhist Art*, Groningen, pp. 167–78.

Clayre, Beatrice & Nicholson, Julia, 1999, 'Melanau Sickness Images in the Pitt Rivers Museum', *Sarawak Museum Journal* 54, pp. 105–42.

Cohn, Bernard S., 1996, *Colonialism and its Forms of Knowledge: The British in India*, Princeton, NJ.

Conway, Susan, 2001, 'Power Dressing: Female Court Dress and Marital Alliances in Lan Na, the Shan States, and Siam', *Orientations* 32, 4, pp. 42–49.

Conway, Susan, 2006, *The Shan: Culture, Art and Crafts*, Bangkok.

Cort, Louise Allison & Lefferts, Leedom, 2010–11, 'Pots and How They are Made in Mainland Southeast Asia', *Transactions of the Oriental Ceramic Society* 75, pp. 1–16.

Couderc, Pascal, 2012, 'Cultural and Literary Aspects of Uut Danum Patterned Plaiting', in Bernard Sellato (ed.), *Plaited Arts from the Borneo Rainforest*, Copenhagen, pp. 294–312.

Cribb, Joe, 1999, *Magic Coins of Java, Bali and the Malay Peninsula: A Catalogue Based on the Raffles Collection of Coin-Shaped Charms from Java in the British Museum*, London.

Crosby, Kate, 2013, *Theravada Buddhism: Continuity, Diversity and Identity*, Chichester.

Dell, Elizabeth & Dudley, Sandra (eds), 2003, *Textiles from Burma: Featuring the James Henry Green Collection*, Brighton.

Dixon, Charlotte, 2018, *Sailing the Monsoon Winds in Miniature: Model Boats as Evidence for Boat Building Technologies, Cultures, and Collecting*, PhD thesis, University of Southampton.

Djajasoebrata, Alit, 1999, *Shadow Theatre in Java: The Puppets, Performance and Repertoire*, Amsterdam.

Dubin, Lois Sherr, 2009, *The Worldwide History of Beads*, London.

Dudley, Sandra, 2008, 'Karenic Textiles', in Alexandra Green (ed.), *Eclectic Collecting: Art from Burma in the Denison Museum*, Singapore, pp. 19–48.

Eiseman, Fred, 1990, *Bali: Sekala and Niskala: Essays on Religion, Ritual, and Art*, Hong Kong.

Eiseman, Fred & Eiseman, Margaret, 1988, *Woodcarvings of Bali*, Singapore.

Endres, Kirsten W. & Lauser, Andrea (eds), 2011, *Engaging the Spirit World: Popular Beliefs and Practices in Modern Southeast Asia*, New York.

Feldman, Jerome (ed.), 1985, *The Eloquent Dead: Ancestral Sculpture of Indonesia and Southeast Asia*, Los Angeles, CA.

Fischer, Joseph, et al., 1994, *The Folk Art of Java*, Kuala Lumpur.

Fong Peng Khuan, 2012, 'Malay Brassware', *Arts of Asia* 42, 1, pp. 120–27.

Forbes, Henry O., 1885, *A Naturalist's Wanderings in the Eastern Archipelago: A Narrative of Travel and Exploration from 1878 to 1883*, New York.

Forge, Anthony, 1993, 'Balinese Painting: Revival or Reaction', in John Clark (ed), *Modernity in Asian Art*, Broadway, Australia.

Fowler, John, 1988, 'Classical Wayang Painting of Bali', *Orientations* 19, 1, pp. 47-57.

Fraser, David W. & Fraser, Barbara G., 2005, *Mantles of Merit: Chin Textiles from Myanmar, India and Bangladesh*, Bangkok.

Fraser-Lu, Sylvia, 1981a, 'Buddha Images from Burma: Sculptured in Stone, Part 1', *Arts of Asia* 11, 1, pp. 72–82.

Fraser-Lu, Sylvia, 1981b, 'Buddha Images from Burma: Bronze and Related Metals, Part 2', *Arts of Asia* 11, 2, pp. 62–72.

Fraser-Lu, Sylvia, 1981c, 'Buddha Images from Burma: Wood and Lacquer, Part 3', *Arts of Asia* 11, 3, pp. 129–36.

Fraser-Lu, Sylvia, 1982, 'Kalagas: Burmese Wall Hangings and Related Embroideries', *Arts of Asia* 12, 4, pp. 73–82.

Fraser-Lu, Sylvia, 1988, *Handwoven Textiles of Southeast Asia*, Singapore.

Fraser-Lu, Sylvia, 1989, *Silverware of South-East Asia*, Singapore.

Fraser-Lu, Sylvia, 1994, *Burmese Crafts: Past and Present*, Kuala Lumpur.

Fraser-Lu, Sylvia, 2000, *Burmese Lacquerware*, Bangkok.

Fraser-Lu, Sylvia & Stadtner, Donald M., 2015, *Buddhist Art of Myanmar*, New Haven, CT.

Fujimoto, Helen, 1988, *The South Indian Muslim Community and the Evolution of the Jawi Peranakan in Penang up to 1948*, Tokyo.

Gallop, Annabel Teh, 1995, *Early Views of Indonesia: Drawings from the British Library*, London.

Gallop, A. T., 2004, 'An Achenese Style of Manuscript Illumination', *Archipel* 68, pp. 193–240.

Gallop, A. T., 2007, 'The Art of the Qur'an in Southeast Asia', in Fahmida Suleman (ed.), *Word of God, Art of Man: The Qur'an and its Creative Expressions: Selected Proceedings from the International Colloquium, London, 18–21 October 2003*, Oxford, pp. 191–204.

Gallop, A. T., 2012, 'The Art of the Malay Qur'an', *Arts of Asia* 42, 1, pp. 84–95.

Galloway, Charlotte, 2001, 'An Introduction to the Buddha Images of Burma,' *TAASA Review* 10, 2, pp. 8–10.

Gavin, Traude, 2004, *Iban Ritual Textiles*, Singapore.

Ginsburg, Henry, 2000, *Thai Art and Culture: Historic Manuscripts from Western Collections*, Chiang Mai.

Ginsburg, Henry, 2005, 'Ayutthaya Painting', in Forrest McGill (ed.), *The Kingdom of Siam: The Art of Central Thailand, 1350–1800*, San Francisco, CA, pp. 95–110.

Ginsburg, Henry & Chakrabonse, Narisa, 2020, '*Phra Bot*: Thai Buddhist Paintings on Cloth', *Arts of Asia* 50, 1, pp. 142–50.

Gittinger, M., 1989, *To Speak with Cloth: Studies in Indonesian Textiles*, Los Angeles, CA.

Gommans, Jos & Leider, Jacques (eds), 2002, *The Maritime Frontier of Burma: Exploring Political, Cultural, and Commercial Interactions in the Indian Ocean World*, Amsterdam.

Green, Alexandra (ed.), 2008, *Eclectic Collecting: Art from Burma in the Denison Museum*, Singapore.

Green, Alexandra, 2011, 'From Gold Leaf to Buddhist Hagiographies: Contact with Regions to the East Seen in Late Burmese Murals,' *Journal of Burma Studies* 15, 2, pp. 305–58.

Green, Alexandra, 2015, 'Space and Place in a Burmese Cosmology Manuscript at the British Museum', in Justin McDaniel & Lynn Ransom (eds), *From Mulberry Leaves to Silk Scrolls: New Approaches to the Study of Asian Manuscript Traditions*, The Lawrence J. Schoenberg Studies in Manuscript Culture, Vol. 1, Philadelphia, PA, pp. 42–69.

Green, Alexandra, 2018, 'Pattern of Use and Reuse: South Asian Trade Textiles and Burmese Wall Paintings,' in Anna Dallapiccola & Anila Verghese (eds), *India and Southeast Asia: Cultural Discourses*, Mumbai, pp. 459–84.

Green, Alexandra & Blurton, T. Richard (eds), 2002, *Burma: Art and Archaeology*, London.

Green, Gillian, 2003, *Traditional Textiles of Cambodia: Cultural Threads and Material Heritage*, Bangkok.

Griffiths, A., Acri, Andrea & Creese, H. M. (eds), 2010, *From Lanka Eastwards: The Ramayana in the Literature and Visual Arts of Indonesia*, Leiden.

Groneman, Isaäc. 2009, *The Javanese Kris*, Leiden.

Guha-Thakurta, Tapati, 2004, *Monuments, Objects, Histories: Institutions of Art in Colonial and Postcolonial India*, New York.

Guy, John, 1998, *Woven Cargoes: Indian Textiles in the East*, London.

Håbu, Anne & Rooney, Dawn F. (eds), 2013, *Royal Porcelain from Siam: Unpacking the Ring Collection*, Oslo.

Hales, Robert, 2013, *Islamic and Oriental Arms and Armour: A Lifetime's Passion*, Farnham Common, UK.

Hamilton, Roy W. & Barrkman, Joanna (eds), 2014, *Textiles of Timor: Island in the Woven Sea*, Los Angeles, CA.

Hauser-Schäublin, Brigitta, Nabholz-Kartaschoff, Marie-Louise & Ramseyer, Urs, 1991, *Balinese Textiles*, London.

Hemmet, Christine, 1996, *Nang Talung: The Shadow Theatre of South Thailand*, Amsterdam.

Heppell, Michael, 2005, *Iban Art: Sexual Selection and Severed Heads*, Amsterdam.

Herbert, Patricia M., 1992, *The Life of the Buddha*, London.

Herbert, Patricia, 1999, 'Burmese Court Manuscripts,' in Donald Statdner (ed.), *The Art of Burma: New Studies*, Bombay, pp. 89–102.

Herbert, Patricia, 2002, 'Burmese Cosmological Manuscripts', in Alexandra Green & T. Richard Blurton (eds), *Burma: Art and Archaeology*, London, pp. 77–98.

Herbert, Patricia, 2006, 'Myanmar Manuscript Art', in Teruko Saito & U Thaw Kaung (eds), *Enriching the Past: Preservation, Conservation and Study of Myanmar Manuscripts*, Tokyo, pp. 23–41.

Heringa, Rens, 2010, 'Upland Tribe, Coastal Village, and Inland Court: Revised Parameters for Batik Research', in Ruth Barnes & Mary Hunt Kahlenberg (eds), *Five Centuries of Indonesian Textiles: The Mary Hunt Kahlenberg Collection*, Munich, pp. 121–31.

Heringa, Rens & Veldhuisen, Harmen C., 1996, *Fabric of Enchantment: Batik from the North Coast of Java*, Los Angeles, CA.

Ho Wing Meng, 1987, *Straits Chinese Beadwork and Embroidery*, Singapore.

Hobart, Angela, 1987, *Dancing Shadows of Bali: Theatre and Myth*, London.

Hobart, Angela, Ramseyer, Urs & Leeman, Albert, 1996, *The Peoples of Bali*, Oxford.

Honda, Hiromu & Shimazu, Noriki, 1997, *The Beauty of Fired Clay: Ceramics from Burma, Cambodia, Laos, and Thailand*, Oxford.

Howard, Michael C., 1999, *Textiles of the Hill Tribes of Burma*, Bangkok.

Isaacs, Ralph & Blurton, T. Richard, 2000, *Visions from the Golden Land: Burma and the Art of Lacquer*, London.

Janowski, Monica, 1998, 'Beads, Prestige and Life among the Kelabit of Sarawak, East Malaysia', in Lidia Sciama & Joanne Eicher (eds), *Beads: Gender, Making and Meaning*, Oxford, pp. 213–46.

Janowski, Monica, 2014, *Tuked Rini, Cosmic Traveller: Life and Legend in the Heart of Borneo*, Copenhagen.

Janowski, Monica, 2020, 'Stones Alive! An Exploration of the Relationship between Humans and Stone in Southeast Asia', *Bijdragen Tot De Taal-, Land- En Volkenkunde* 176, pp. 105–46.

Jessup, Helen Ibbitson, 1990, *Court Arts of Indonesia*, New York.

Johnson, Irving Chan, 2012, *The Buddha on Mecca's Verandah: Encounters, Mobilities, and Histories Along the Malaysian-Thai Border*, Seattle.

Jory, Patrick, 2002, 'The *Vessantara Jataka*, *Barami*, and the *Bodhisatta*-Kings: The Origin and Spread of a Premodern Thai Concept of Power', *Crossroads: An Interdisciplinary Journal of Southeast Asian Studies* 16, 1, pp. 152–94.

Jose, R. T., 2004, 'Image', in R. T. Jose & R. N. Villegas (eds), *Power + Faith + Image: Philippine Art in Ivory from the 16th to the 19th Century*, Philippines, pp. 97–133.

Kahlenberg, Mary Hunt, 2006, 'Who Influenced Whom? The Indian Textile Trade to Sumatra and Java', in Rosemary Crill (ed.), *Textiles from India: The Global Trade*, Kolkata, pp. 135–52.

Kaiser, Thomas, Lefferts, Leedom, & Wernsdorfer, Martina, 2017, *Devotion: Image, Recitation, and Celebration of the Vessantara Epic in Northeast Thailand*, Stuttgart.

Keeler, Ward, 1992, *Javanese Shadow Puppets*, Oxford.

Kerlogue, F., 2001, 'Islamic Talismans: The Calligraphy Batiks', in Itie van Hout (ed.), *Batik: Drawn in Wax: 200 Years of Batik Art from Indonesia in the Tropenmuseum Collection*, Amsterdam, pp. 124–35.

Khazeni, A., 2019, 'Indo-Persian Travel Writing at the Ends of the Mughal World', *Past and Present* 243, 1, pp. 141–74.

King, Victor T., 1993, *The Peoples of Borneo*, Oxford.

Koentjaraningrat, 1985, *Javanese Culture*, Singapore.

Lammerts, Christian, 2010, 'Notes on Burmese Manuscripts: Text and Images', *Journal of Burma Studies* 14, pp. 229–53.

Lee, Peter, 2014, *Sarong Kebaya: Peranakan Fashion in an Interconnected World, 1500–1950*, Singapore.

Lefferts, Leedom, Cate, Sandra & Tossa, Wajuppa, 2012, *Buddhist Storytelling in Thailand and Laos*, Singapore.

Lewis, Paul & Lewis, Elaine, 1998, *Peoples of the Golden Triangle*, London.

Lieberman, Victor B., 1978, 'Ethnic Politics in Eighteenth-Century Burma', *Modern Asian Studies* 12, 3, pp. 455–82.

Lopetcharat, Somkiart, 2000, *Lao Buddha: The Image and Its History*, Bangkok.

Maxwell, Robyn, 1990, *Textiles of Southeast Asia: Tradition, Trade and Transformation*, Hong Kong.

Maxwell, Robyn, 2010, *Life, Death, and Magic. 2000 Years of Southeast Asian Ancestral Art*, Canberra.

Mackenzie Private 16, 'Copy of an Historical Account of the Island of Great Java by François Van Boeckholtz'. British Library.

McGill, Forrest (ed.), 2005, *The Kingdom of Siam: The Art of Central Thailand, 1350–1800*, San Francisco, CA.

McGill, Forrest (ed.), 2009, *Emerald Cities: Arts of Siam and Burma 1775–1950*, San Francisco, CA.

McGill, Forrest (ed.), 2016, *The Rama Epic: Hero, Heroine, Ally, Foe*, San Francisco, CA.

Miksic, John (ed.), 2003, *Earthenware in Southeast Asia*, Singapore.

Morris, Stephen, 1991, *The Oya Melanau*, Kuching, Sarawak, Malaysia.

Munan, Heidi, 2005, *Beads of Borneo*, Kuala Lumpur.

Munan, Heidi, 2012, 'Hornbill Wood Carvings', *Arts of Asia* 42, 1, pp. 106–13.

Murphy, Stephen A. (ed.), 2016, *Cities and Kings: Ancient Treasures from Myanmar*, Singapore.

Murphy, Stephen A., Wang, Naomi & Green, Alexandra (eds), 2019, *Raffles in Southeast Asia: Revisiting the Scholar and Statesman*, Singapore.

Nguyen-Long, Kerry, 2002, 'Lacquer Artists of Vietnam', *Arts of Asia* 39, 1, pp. 27–39.

Niessen, Sandra, 2009, *Legacy in Cloth: Batak Textiles of Indonesia*, Leiden.

Novellino, Dario, 2006, 'Weaving Traditions from Island Southeast Asia: Historical Context and Ethnobotanical Knowledge', *Proceedings of the IVth International Congress of Ethnobotany*, pp. 307–16.

Peacock, A. C. S. & Gallop, Annabel Teh, 2015, 'Islam, Trade and Politics Across the Indian Ocean: Imagination and Reality', *Proceedings of the British Academy* 200, pp. 1–23.

Pollock, Polly, 1993, 'Basketry: Tradition and Change', *Journal of Museum Ethnography*, December, pp. 1–24.

Pourret, Jess G., 2002, *The Yao: the Mien and Mun Yao in China, Vietnam, Laos and Thailand*, London.

Prapatthing, Songsri (ed.), 1993, *Thai Minor Arts*, Bangkok.

Rafee, Yaup Mohd, et al., 2017, 'Bilum: A Cultural Object of the Pagan Melanau', *Journal of Engineering and Applied Sciences* 12, pp. 6968–73.

Ramseyer, Urs, 2002, *The Art and Culture of Bali*, Basel.

Reid, Anthony, 1988, *Southeast Asia in the Age of Commerce, 1450–1680*, New Haven, CT.

Richards, Thomas, 1993, *The Imperial Archive: Knowledge and the Fantasy of Empire*, London.

Richman, Paula, 1991, *Many Rāmāyaṇas: The Diversity of a Narrative Tradition in South Asia*, Berkeley, CA.

Richter, Anne, 2000, *The Jewelry of Southeast Asia*, London.

Ricklefs, M. C., Voorhoeve, P. & Gallop, A. T., 2014, *Indonesian Manuscripts in Great Britain. New Edition with Addenda et Corrigenda*, Jakarta.

Rogers, Susan, 1985, *Power and Gold: Jewelry from Indonesia, Malaysia, and the Philippines*, Geneva.

Rooney, Dawn F., 1993, *Betel Chewing Traditions in South-East Asia*, Kuala Lumpur.

Ross, Lauri Margot, 2016, *The Encoded Cirebon Mask: Materiality, Flow, and Meaning along Java's Islamic Northwest Coast*, Leiden.

Sadan, Mandy, 2008, 'Kachin Textiles', in Alexandra Green (ed.), *Eclectic Collecting: Art from Burma in the Denison Museum*, Singapore, pp. 75–96.

San San May & Igunma, Jana (2018), *Buddhism Illuminated: Manuscript Art from Southeast Asia*, London.

Schefold, Reimar (ed.), 2013, *Eyes of the Ancestors: the Arts of Island Southeast Asia*, New Haven, CT.

Schober, Juliane, 1980, 'On Burmese Horoscopes', *The South East Asian Review* 5, 1, pp. 43–56.

Scott, P., 2019, *Vietnamese Lacquer Painting: Between Materiality and History*. Online: https://www.nationalgallery.sg/magazine/vietnamese-lacquer-painting-between-materiality-and-history [Accessed 28 July 2021].

SEAMEO-SPAFA, 2015, *100 Everyday Objects from Southeast Asia and Korea*, Bangkok.

Sellato, Bernard (ed.), 2012, *Plaited Arts from the Borneo Rainforest*, Copenhagen.

Shaw, J. C., 1989, *Northern Thai Ceramics*, Chiang Mai.

Sibeth, Achim, 1991, *The Batak: Peoples of the Island of Sumatra*, London.

Singer, Noel, 1989, 'The Ramayana at the Burmese Court', *Arts of Asia* 19, 6, pp. 90–103.

Singer, Noel F., 2002, 'Myanmar Lacquer and Gold Leaf: From the Earliest Times to the 18th Century', *Arts of Asia* 32, 1, pp. 40–52.

Singh, Saran, 1986, *The Encyclopaedia of the Coins of Malaysia, Singapore, and Brunei*, Kuala Lumpur.

Skeat, W. W. & Blagden C. O., 1906, *The Pagan Races of the Malay Peninsula*, 2 vols, London.

Skilling, Peter, 2006, '*Paṭa (Phra Bot)*: Buddhist Cloth Painting of Thailand', in François Lagirarde & Paritta Chalermpow Koanantakool (eds), *Buddhist Legacies in Mainland Southeast Asia*, Paris and Bangkok, pp. 223–76.

Skilling, Peter, 2013, 'Rhetoric of Reward, Ideologies of Inducement: Why Produce Buddhist "Art"?' in David Park, Kuenga Wangmo & Sharon Cather (eds), *Art of Merit: Studies in Buddhist Art and its Conservation*, London, pp. 27–37.

Skilling, Peter, 2007, 'For Merit and Nirvana: The Production of Art in the Bangkok Period', *Arts Asiatiques* 62, pp. 76–94.

Sng, Jeffery, et al. (eds), 2011, *Bencharong and Chinaware in the Court of Siam: The Surat Osathanugrah Collection*, Bangkok.

Stratton, Carol, 2004, *Buddhist Sculpture of Northern Thailand*, Chiang Mai.

Sumarsam, 1992, *Gamelan: Cultural Interaction and Musical Development in Central Java*. Chicago, IL.

Surakiat, Pamaree, 2006, *The Changing Nature of Conflict between Burma and Siam as Seen from the Growth and Development of Burmese States from the 16th to the 19th Centuries*, Singapore.

Suanda, Endo, 1985, 'Cirebonese Topeng and Wayang of the Present Day', *Asian Music* 16, 2, pp. 84–120.

Sweeney, Amin, 1972, *Malay Shadow Puppets*, London.

Sweeney, Amin, 1972, *The Ramayana and the Malay Shadow-Play*, Malaysia.

Sweeney, Amin, 1974, 'The Rama Repertoire in the Kelantan Shadow Play: A Preliminary Report', in Mohd Taib Osman (ed), *Traditional Drama and Music of Southeast Asia, Kuala Lumpur*, pp. 5–18.

Taylor, Paul M., Aragon, Lorraine V. & Rice, Annamarie L. (eds), 1991, *Beyond the Java Sea: Art of Indonesia's Outer Islands*, New York.

Than Htun (Dedaye), 2013, *Lacquerware Journeys: The Untold Story of Burmese Lacquer*, Bangkok.

Thaw Kaung, 2002, 'The *Ramayana* Drama in Myanmar', *Journal of the Siam Society* 90, 1, pp. 137–48.

Thompson, Ashley, 2017, 'Hiding the Female Sex: A Sustained Cultural Dialogue between India and Southeast Asia', in A. Dallapiccola & A. Verghese (eds), *Cultural Dialogues between India and Southeast Asia from the 7th and the 16th century*, Mumbai, pp. 125–44.

Tiffin, Sarah, 2006, *Southeast Asia in Ruins: Art and Empire in the Early 19th Century*, Singapore.

Tingley, Nancy, 2003, *Doris Duke: The Southeast Asian Art Collection*, New York.

Totton, Mary-Louise, 2005, 'Cosmopolitan Tastes and Indigenous Designs – Virtual Cloth in a Javanese *candi*', in Ruth Barnes (ed.), *Textiles in Indian Ocean Societies*, London, pp. 110–29.

Totton, Mary-Louise, 2009, *Wearing Wealth and Styling Identity: Tapis from Lampung, South Sumatra, Indonesia*, Hanover, NH.

Truong, Philippe, 2007, *The Elephant and the Lotus: Vietnamese Ceramics in the Museum of Fine Arts, Boston*, Boston.

Trusted, Marjorie, 2009, 'Propaganda and Luxury: Small-Scale Baroque Sculptures in Viceregal America and the Philippines', in Donna Pierce, et al. (eds), *Asia and Spanish America: Trans-Pacific Artistic and Cultural Exchange, 1500–1850*, Denver, CO, pp. 151–63.

Vandergeest, Peter and Chalermpow-Koanantakool, Paritta, 1993, 'The Southern Thai Shadowplay Tradition in Historical Context', *Journal of Southeast Asian Studies* 24, 2, pp. 307–29.

van Hout, Itie (ed.), 2001, *Batik: Drawn in Wax*, Amsterdam.

Vickers, Adrian, 2012, *Balinese Art: Paintings and Drawings of Bali 1800–2010*, Tokyo.

Vickers, Adrian, 2016, *Balinese Painting and Sculpture from the Krzysztof Musial Collection*, Clarendon, VT.

Waterson, Roxana, 1990, *The Living House: An Anthropology of Architecture in South-East Asia*, Oxford.

Wichienkeeo, Aroonrut, 2006, 'Buddha Images from Lan Na (Northern Thailand): A Study from Palm-leaf Texts and Inscriptions', in François Lagirarde & Paritta Chalermpow Koanantakool (eds), *Buddhist Legacies in Mainland Southeast Asia*, Paris and Bangkok, pp. 33–52.

Woolley, G. C., 1929, 'Some Notes On Murut Basketwork and Patterns', *Journal of the Malayan Branch of the Royal Asiatic Society* 10, 1, pp. 291–302.

Wright, Barbara Ann Stein, 1980, *Wayang Siam: An Ethnographic Study of the Malay Shadow Play of Kelantan*, PhD thesis, Yale University, New Haven, CT.

Yahya, Farouk, 2016, *Magic and Divination in Malay Illustrated Manuscripts*, Leiden.

第 7 章

Anderson, Benedict, 1991, *Imagined Communities: Reflections on the Origin and Spread of Nationalism*, London.

Bruntz, Courtney & Schedneck, Brooke, 2020, *Buddhist Tourism in Asia*, Honolulu.

Cribb, Robert, 1981, 'Political Dimensions of the Currency Question 1945–1947', *Indonesia* 31, pp. 113–36.

Dewhurst, Kurt C. & MacDowell, Marsha (eds), 1983, *Michigan Hmong Arts: Textiles in Transition*, Lansing, MI.

Geertz, Hildred, 1994, *Images of Power: Balinese Paintings Made for Gregory Bateson and Margaret Mead*, Honolulu.

Harrison, David & Hitchcock, Michael (eds), 2005, *The Politics of World Heritage: Negotiating Tourism and Conservation*, Buffalo, NY.

Harrison-Hall, Jessica, 2002, *Vietnam Behind the Lines: Images from the War 1965–1975*, London.

Hitchcock, Michael, King, Victor T. & Parnwell, Mike (eds), 2009, *Tourism in Southeast Asia: Challenges and New Directions*, Leiden.

Hockenhull, Tom, 2020, 'Peasants, Produce and Tractors: Farming Scenes on Communist Banknotes', *International Bank Note Society Journal* 59, 2, pp. 26–39.

Joya, José & Benesa, Leonidas V., 1981, *José Joya: A 30-year Retrospective*, Manila.

Ma Thanegi, 2000, *The Native Tourist: In Search of Turtle Eggs*, Yangon.

O'Neill, Hugh, 1994, 'South-East Asia', in M. Frishman and H. Khan (eds), *The Mosque: History, Architectural Development and Regional Diversity*, London, pp. 225–41.

Picard, Michel (ed.), 1997, *Tourism, Ethnicity, and the State in Asian and Pacific Societies*, Honolulu.

Riddell, P., 2001, *Islam and the Malay-Indonesian World: Transmission and Responses*, Honolulu.

Sabapathy, T. K., 2011, 'Developing Regionalist Perspectives in Southeast Asian Art Historiography (1996)', in Melissa Chiu & Benjamin Genocchio (eds), *Contemporary Art in Asia: A Critical Reader*, Cambridge, MA, pp. 47–61.

Taylor, Nora A., 1997, 'Orientalism/Occidentalism: The Founding of the l'École des Beaux-Arts d'Indochine and the Politics of Painting in Colonial Vietnam 1925–45', *Crossroads* 11, 2, pp. 1–33.

Taylor, Nora A. & Ly, Boreth (eds), 2012, *Modern and Contemporary Southeast Asian Art: An Anthology*, Ithaca, NY.

Taylor, Paul Michael (ed.), 1994, *Fragile Traditions: Indonesian Art in Jeopardy*, Honolulu.

网页

Anonymous, 2000, *Heilbrunn Timeline of Art History*, New York, https://www.metmuseum.org/toah/chronology/#!?geo=ss [accessed 1 August 2021].

Artoftheancestors.com [accessed 14 August 2021]

British Library blog post, 24 March 2014, *An Illuminated Qur'an manuscript from Aceh*, https://britishlibrary.typepad.co.uk/asian-and-african/2014/03/an-illuminated-quran-manuscript-from-aceh.html [accessed 14 August 2021].

British Library blog post, 28 November 2016, *Batak Manuscripts in the British Library*, https://blogs.bl.uk/asian-and-african/2016/11/batak-manuscripts-in-the-british-library.html [accessed 14 August 2021].

British Library blog post, 22 August 2019, *Monastic ordination in Theravada Buddhism*, https://blogs.bl.uk/asian-and-african/2019/08/monastic-ordination-in-theravada-buddhism.html [accessed 14 August 2021].

British Library blog post, 4 February 2021, *Qur'an manuscripts from Southeast Asia in the British Library*, https://blogs.bl.uk/asian-and-african/2021/02/quran-manuscripts-from-southeast-asia-in-the-british-library.html [accessed 14 August 2021].

British Library blog post, 14 June 2021, *Three Qur'an Manuscripts from Aceh in the British Library*, https://blogs.bl.uk/asian-and-african/2021/06/three-quran-manuscripts-from-aceh-in-the-british-library.html [accessed 14 August 2021].

Min Wae Aung images at Karin Weber Gallery: https://www.karinwebergallery.com/artists/min-wae-aung/ [accessed 17 August 2021].

Nationaal Museum van Wereldculturen, *The Great Pustaha*, https://artsandculture.google.com/story/GAVBQ-bzRQMA8A?hl=fr [accessed 25 August 2020].

Smithsonian Southeast Asian ceramics information: https://asia.si.edu/collections-area/southeast-asian/southeast-asia-objects/southeast-asian-art-ceramics/ and https://archive.asia.si.edu/publications/seaceramics/default.php [accessed 15 August 2021].

Tattoo pattern block and equipment: http://web.prm.ox.ac.uk/bodyarts/index.php/permanent-body-arts/tattooing/168-tattoo-pattern-block-and-equipment.html [accessed 15 August 2021].

Tiffany Chung: Vietnam, Past is Prologue: https://americanart.si.edu/exhibitions/chung [accessed 17 August 2021].

Tiffany Chung (biography and works): http://www.trfineart.com/artist/tiffany-chung/#artist-works [accessed 17 August 2021].

致　谢

本书中的藏品只代表了东南亚多样艺术中的一小部分，同样，它们也只是大英博物馆众多东南亚藏品中的一小部分。藏品、文化和国家的多样性意味着我需要感谢许多同事和朋友，他们慷慨地奉献了自己的时间和专业知识来帮助我。特蕾莎·麦卡洛（Theresa McCullough）、菲奥娜·凯洛格（Fiona Kerlogue）和伦纳德·安达亚（Leonard Andaya）从头到尾阅读了全书，安吉拉·赵（Angela Chiu）和阿什利·汤普森（Ashley Thompson）阅读了大部分章节，我非常感谢他们提出的宝贵意见、建议和忠告。莫妮卡·雅诺夫斯基（Monica Janowski）在加里曼丹岛的部分对我进行了指导，因为这对我来说是一个全新的课题。乔·克里布（Joe Cribb）在东南亚钱币方面也做了同样的工作，安娜贝尔·加洛普（Annabel Gallop）在伊斯兰部分协助了我。我还非常感谢其他许多人，他们对各章、各节和各主题发表了意见，或提供了资料和译文，感谢：迈克尔·巴克曼（Michael Backman）、奈杰尔·巴利（Nigel Barley）、露丝·巴恩斯（Ruth Barnes）、安布拉·卡洛（Ambra Calo）、芭比·坎贝尔·科尔（Barbie Campbell Cole）、陈秀芳（Sau Fong Chan）、迈克尔·查尼（Michael Charney）、大卫·克林尼克（David Clinnick）、帕梅拉·克罗斯（Pamela Cross）、夏洛特·迪克森（Charlotte Dixon）、R. 迈克尔·费纳（R. Michael Feener）、芭芭拉·弗雷泽和大卫·弗雷泽（Barbara and David Fraser）、特劳德·加文（Traude Gavin）、吉莉安·格林（Gillian Green）、阿尔弗雷德·哈夫特（Alfred Haft）、杰西卡·哈里森－霍尔（Jessica Harrison–Hall）、迈克尔·希区柯克（Michael Hitchcock）、汤姆·霍肯赫尔（Tom Hockenhull）、欧文·陈·约翰逊（Irving Chan Johnson）、克里斯蒂娜·胡安（Cristina Juan）、泽娜·克林克－霍普（Zeina Klink–Hoppe）、詹姆斯·兰克顿（James Lankton）、彼得·李（Peter Lee）、利多姆·莱弗茨（Leedom Lefferts）、宝琳·伦辛·舍尔勒（Pauline Lunsingh Scheurleer）、瓦莱丽·马什曼（Valerie Mashman）、福雷斯特·麦吉尔（Forrest McGill）、埃德蒙·麦金农（Edmund McKinnon）、斯蒂芬·墨菲（Stephen Murphy）、桑德拉·尼森（Sandra Niessen）、凯瑞·阮龙（Kerry Nguyen–Long）、克里斯·里德（Chris Reid）、马里昂·帕斯特·罗切斯（Marion Pastor Roches）、泰勒·罗林斯（Tyler Rollins）、杰弗里·萨巴（Geoffrey Saba）、诺尔·伊达尔戈·谭（Noel Hidalgo Tan）、诺拉·泰勒（Nora Taylor）、阿普里尔·蒂贾姆（Aprille Tijam）、玛丽－路易斯·托顿（Mary–Louise Totton）、阿德里安·维克斯（Adrian Vickers）、海伦·王（Helen Wang）、王美心（Mei Xin Wang）、王娜奥米（Naomi Wang）、皮姆·韦斯特坎普（Pim Westerkamp）和迈克尔·威利斯（Michael Willis）。

大英博物馆和泰晤士＆哈德逊出版社的许多人慷慨地与我分享了他们的时间、技能和知识，与我合作完成了这本书。没有他们，这本书就不可能问世。在出版方面，大英博物馆的克劳迪娅·布洛赫（Claudia Bloch）、贝瑟妮·霍姆斯（Bethany Holmes）和劳拉·米切姆（Laura Meachem），以及泰晤士＆哈德逊出版社的菲利普·沃森（Philip Watson）、梅丽莎·梅勒（Melissa Mellor）和苏珊娜·英格拉姆（Susanna Ingram）给予了我极大的支持。卡罗琳·琼斯（Carolyn Jones）和本·普拉姆里奇（Ben Plumridge）以敏锐的眼光编辑了这本书，对此我非常感激。彼得·道森（Peter Dawson）的设计非常出色，并非常耐心地满足了我的细微调整要求。博物馆的摄影部在处理大量未曾拍摄的资料时表现出色。我尤其要感谢乔安娜·费尔南德斯（Joanna Fernandes），她负责管理这项任务并进行摄影。还要感谢摄影师大卫·艾加尔（David Agar）、斯蒂芬·多德（Stephen Dodd）、凯文·洛夫洛克（Kevin Lovelock）、索尔·佩卡姆（Saul Peckham）、迈克尔·罗（Michael Row）、布拉德利·蒂姆斯（Bradley Timms）和约翰·威廉姆斯（John Williams）。亚洲、版画和素描、钱币和奖章以及纺织品收藏团队将看似无穷无尽的藏品运送到保护和摄影部门，然后又运送回来。我衷心感谢加文·贝尔（Gavin Bell）、保罗·奇恩赛德（Paul Chirnside）、亨利·弗林（Henry Flynn）、阿曼达·格里高利（Amanda Gregory）、吉姆·彼得斯（Jim Peters）、西蒙·普伦蒂斯（Simon Prentice）、斯蒂芬妮·理查森（Stephanie Richardson）、克洛伊·温莎（Chloe Windsor）、海伦·沃尔夫（Helen Wolfe）、斯特拉·杨（Stella Yeung）和恩里克·扎诺尼（Enrico Zanoni）。特别要感谢伊莫金·莱恩（Imogen Laing）和本杰明·沃茨（Benjamin Watts）。文物保护部的蕾切尔·贝里奇（Rachel Berridge）、伊丽莎·多尔蒂（Eliza Doherty）、楠木恭子（Kyoko Kusunoki）、亚历克斯·欧文（Alex Owen）、莫尼克·普兰（Monique Pullan）、卡拉·罗素（Carla Russo）、斯蒂芬妮·瓦西里乌（Stephanie Vasiliou）尽管工作繁忙，仍慷慨地为与众多文物有关的工作提供了便利。我也非常感谢理查德·布勒顿（Richard Blurton）、雨果·查普曼（Hugo Chapman）、J.D. 希尔（J. D. Hill）、简·波特尔（Jane Portal）给予我的鼓励。

最后，我要感谢我的家人，感谢他们坚定不移的支持，以及耐心。不用说，书中若有讹误，责任全在于我。

图片版权说明

索　引

图书在版编目（CIP）数据

大英博物馆东南亚简史 /（英）亚历山德拉·格林
(Alexandra Green) 著；花蚀译 . -- 北京：社会科学
文献出版社，2024.10. -- ISBN 978-7-5228-3837-3

Ⅰ.K33

中国国家版本馆 CIP 数据核字第 2024CD1935 号

大英博物馆东南亚简史

著　　者 /［英］亚历山德拉·格林（Alexandra Green）
译　　者 / 花　蚀

出 版 人 / 冀祥德
组稿编辑 / 王　雪
责任编辑 / 胡圣楠
责任印制 / 王京美

出　　版 / 社会科学文献出版社（010）59367069
　　　　　　地址：北京市北三环中路甲29号院华龙大厦　邮编：100029
　　　　　　网址：www. ssap. com. cn
发　　行 / 社会科学文献出版社（010）59367028
印　　装 / 北京利丰雅高长城印刷有限公司

规　　格 / 开 本：787mm×1092mm　1/16
　　　　　　印 张：17.5　字 数：240千字
版　　次 / 2024年10月第1版　2024年10月第1次印刷
书　　号 / ISBN 978-7-5228-3837-3
著作权合同
登 记 号 / 图字01-2023-3154号
审 图 号 / GS（2024）2491号
定　　价 / 158. 00元

读者服务电话：4008918866